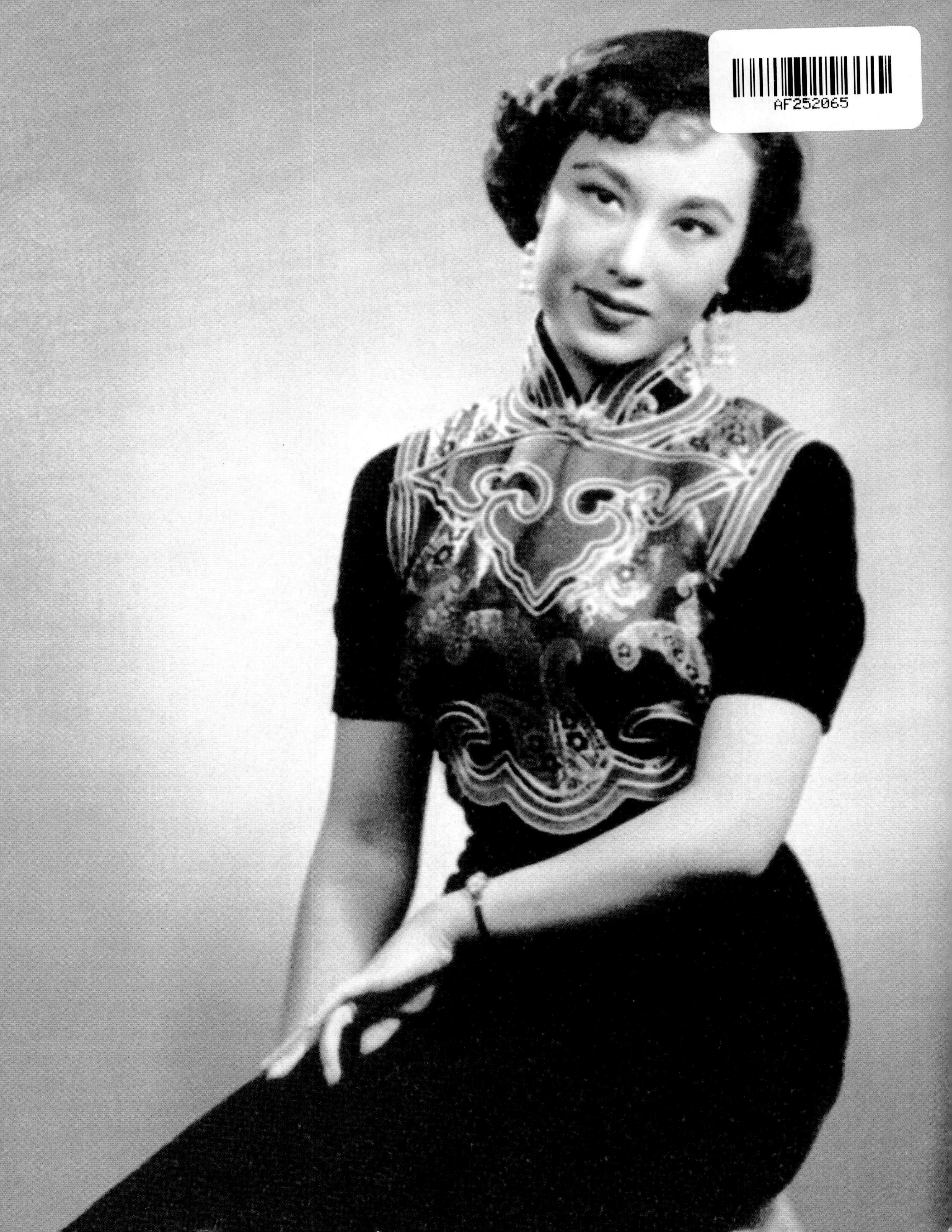

PEPIN®
Fashion, Textiles & Patterns

Is a series of books published by The Pepin Press in Amsterdam.
PEPIN® is a registered trademark of Pepin Holding BV.

The Pepin Press BV
P.O. Box 10349
1001 EH Amsterdam
The Netherlands
T +31 20 4202021
F +31 20 4201152
mail@pepinpress.com
www.pepinpress.com

Editor & designer: Pepin van Roojen
Editorial assistants & stylists: Evita Vervuurt & Femke van Eijk
Editor & translation co-ordinator: Kevin Haworth

Photography: Pepin van Roojen
except pages 63, 65, 67, 79, 96, 97, 102, 104, 108, 110, 130, 132,
134, 136, 138 & 140: Rene de Haan
and pages 21, 82 & 123: Jasmijn Tolk
Models: Njoek Huong, Linh Quack, Ling Wan, Marienel Rubio
Make-up: Roxanne Bierhuis and Maartje Willems
Line drawings: Inge Stevens

With special thanks to Anette van Roojen, Shirley Springman,
Naomi Yin-yin Szeto, Winson Saw, Chan Hock Kin, Claire Roberts,
Kathy Hackett & The Powerhouse Museum (Sydney).

ISBN 978 94 6009 001 1

10 9 8 7 6 5 4 3 2 1
2015 14 13 12 11 10

Printed & bound in Singapore by KHL Printing Pte. Ltd.

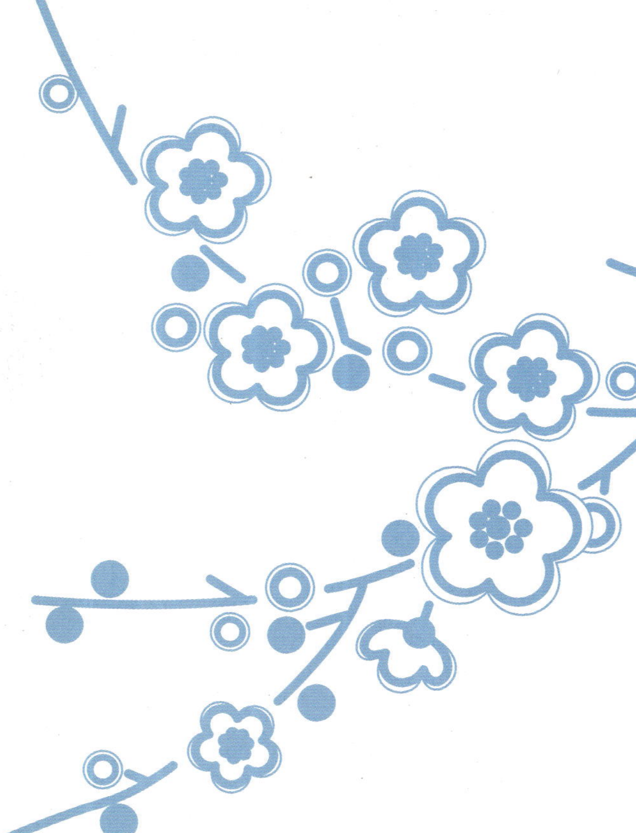

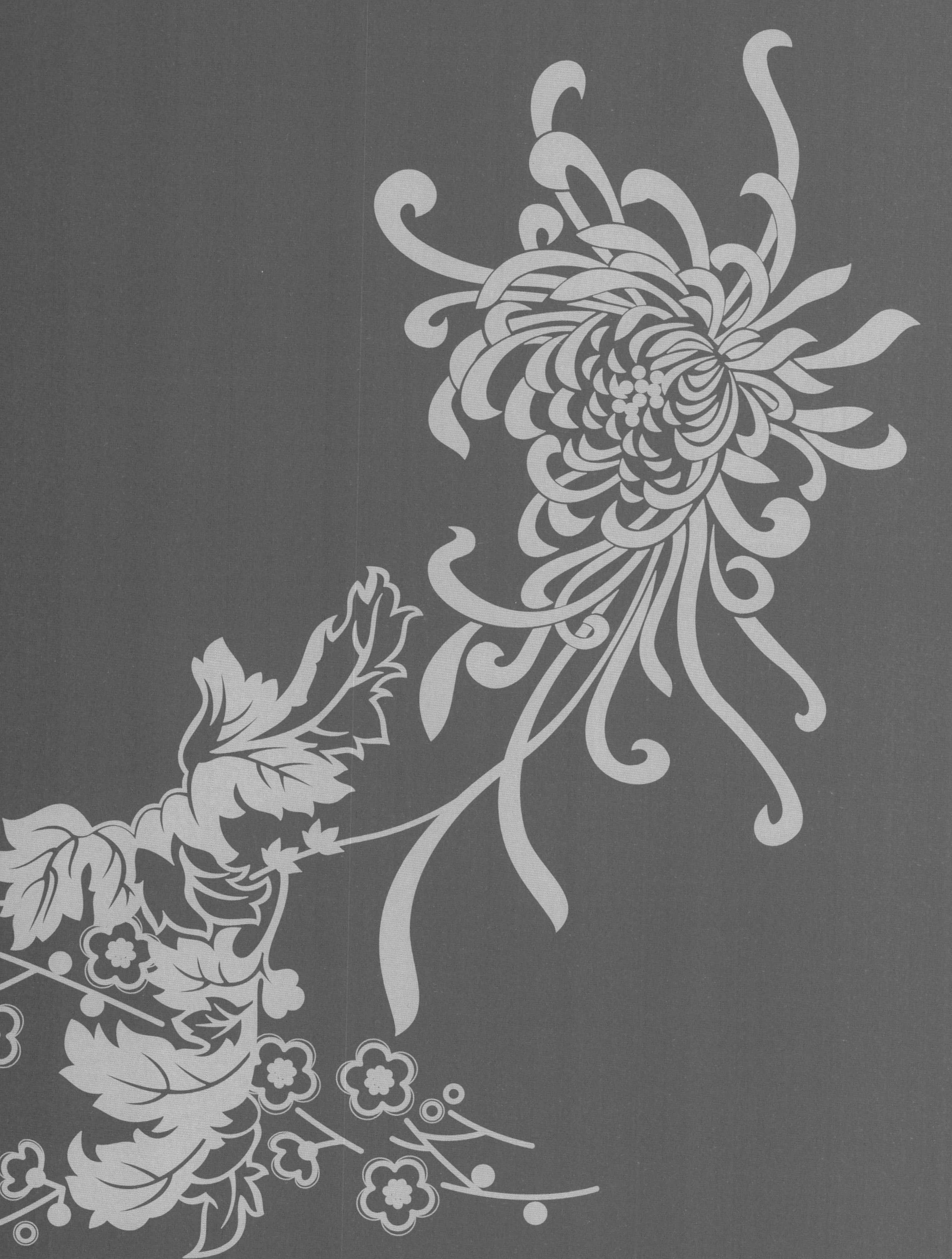

Detail of dress on page 148

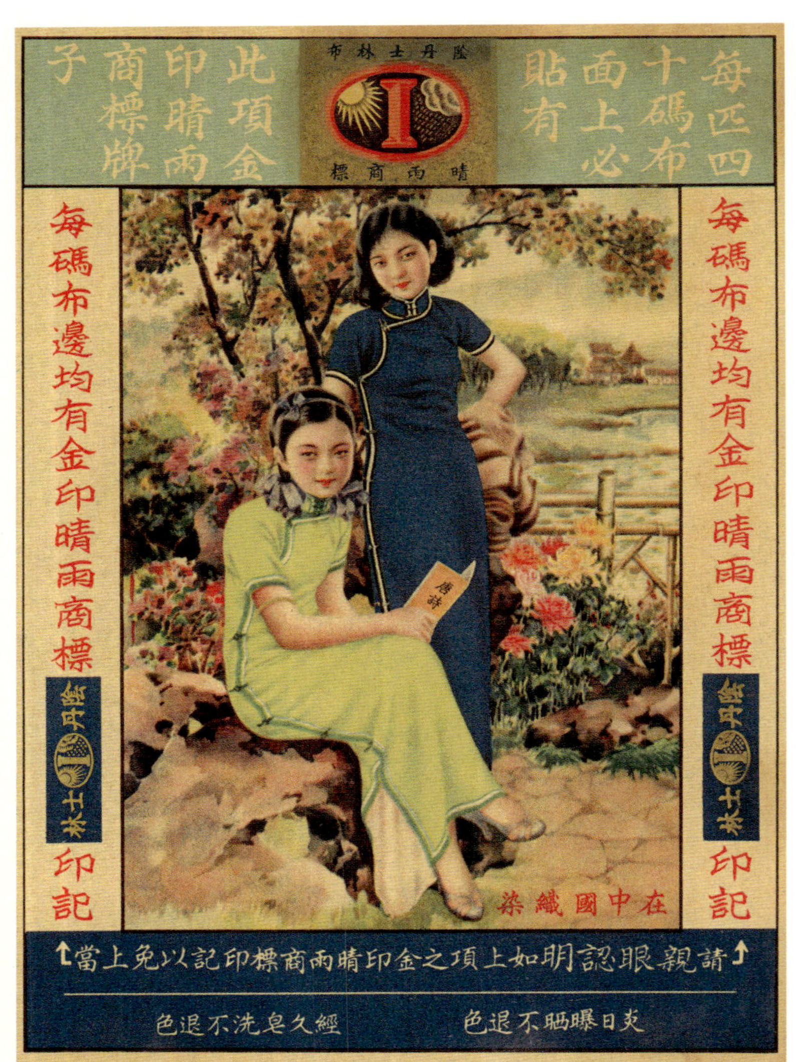

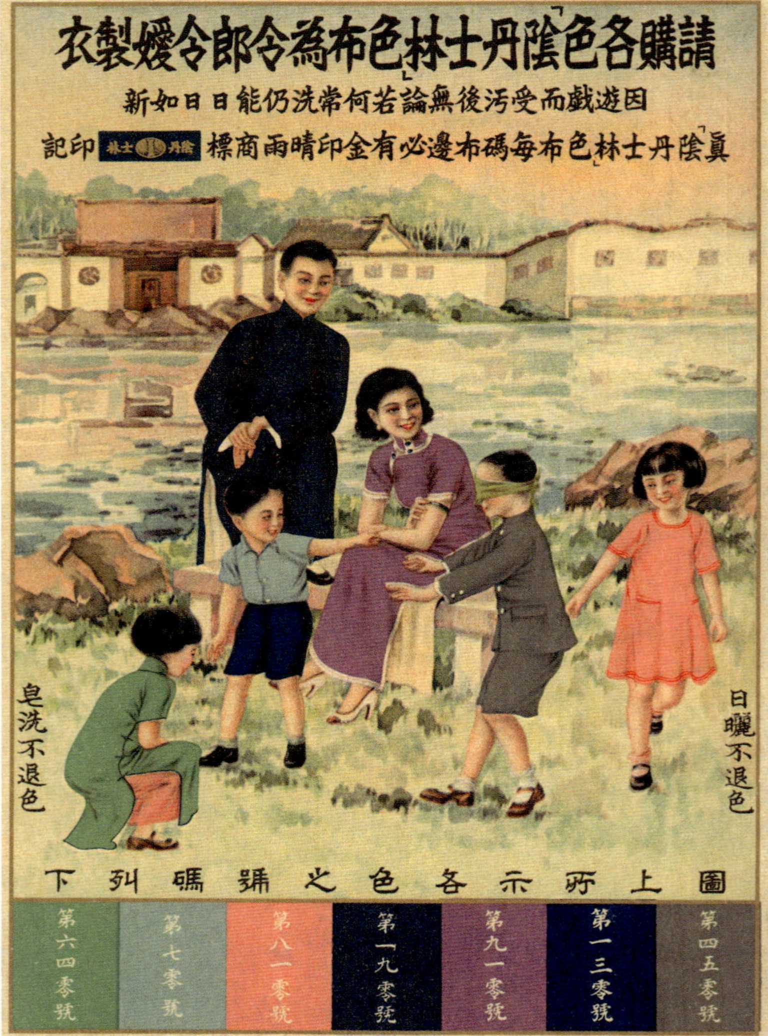

Advertisements for dyed fabrics, 1930s

CONTENTS

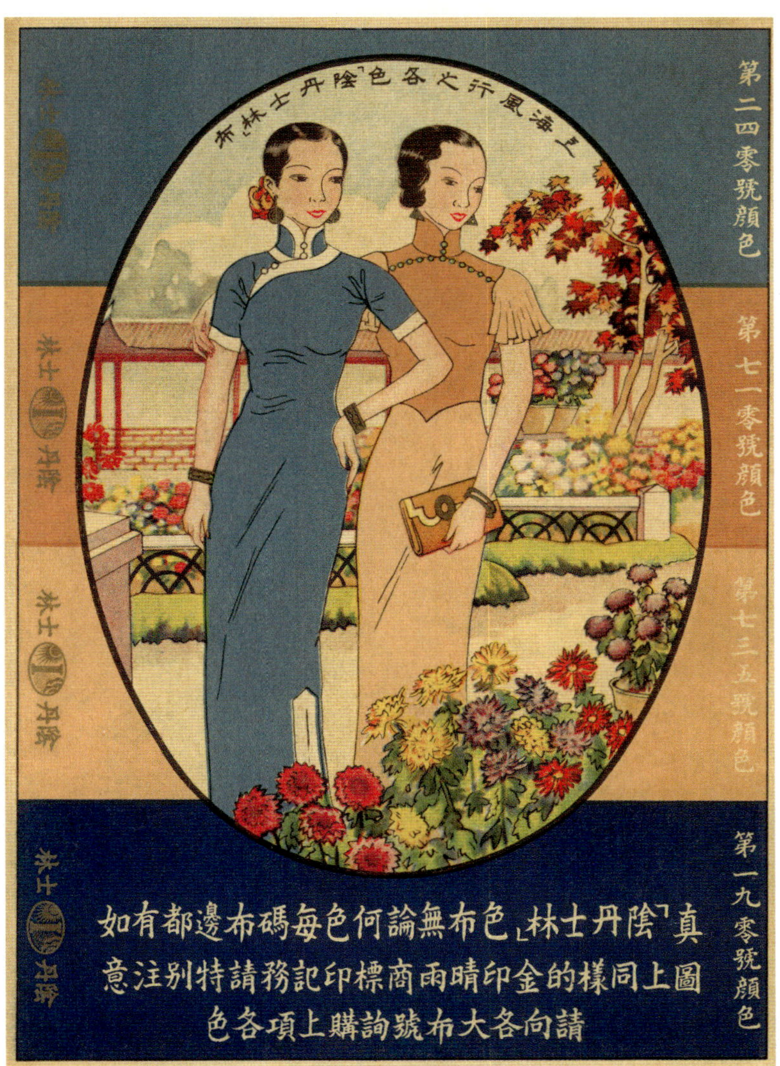

Introduction in English   9

Introduction en français   11

Introducción en español   13

Einführung auf Deutsch   15

Introduzione in italiano   17

Cheongsam: fashion, culture and gender   27

Le Cheongsam : mode, culture et sexisme   31

Cheongsam: moda, cultura y género   35

Cheongsam: Mode, Kultur, Geschlechterrollen   39

Cheongsam: moda, cultura e ruolo dei sessi   43

Cheongsam construction schemes   50-57

The Cheongsam attracts male stares and
    causes car accidents   85

Le cheongsam attire les regards masculins
    et provoque des accidents de voiture   87

El cheongsam atrae la mirada de los hombres
    y provoca accidentes de tráfico   89

Cheongsams ziehen Männerblicke auf sich und
führen zu Verkehrsunfällen   91

Il Cheongsam, un catalizzatore di sguardi
    maschili e incidenti stradali   93

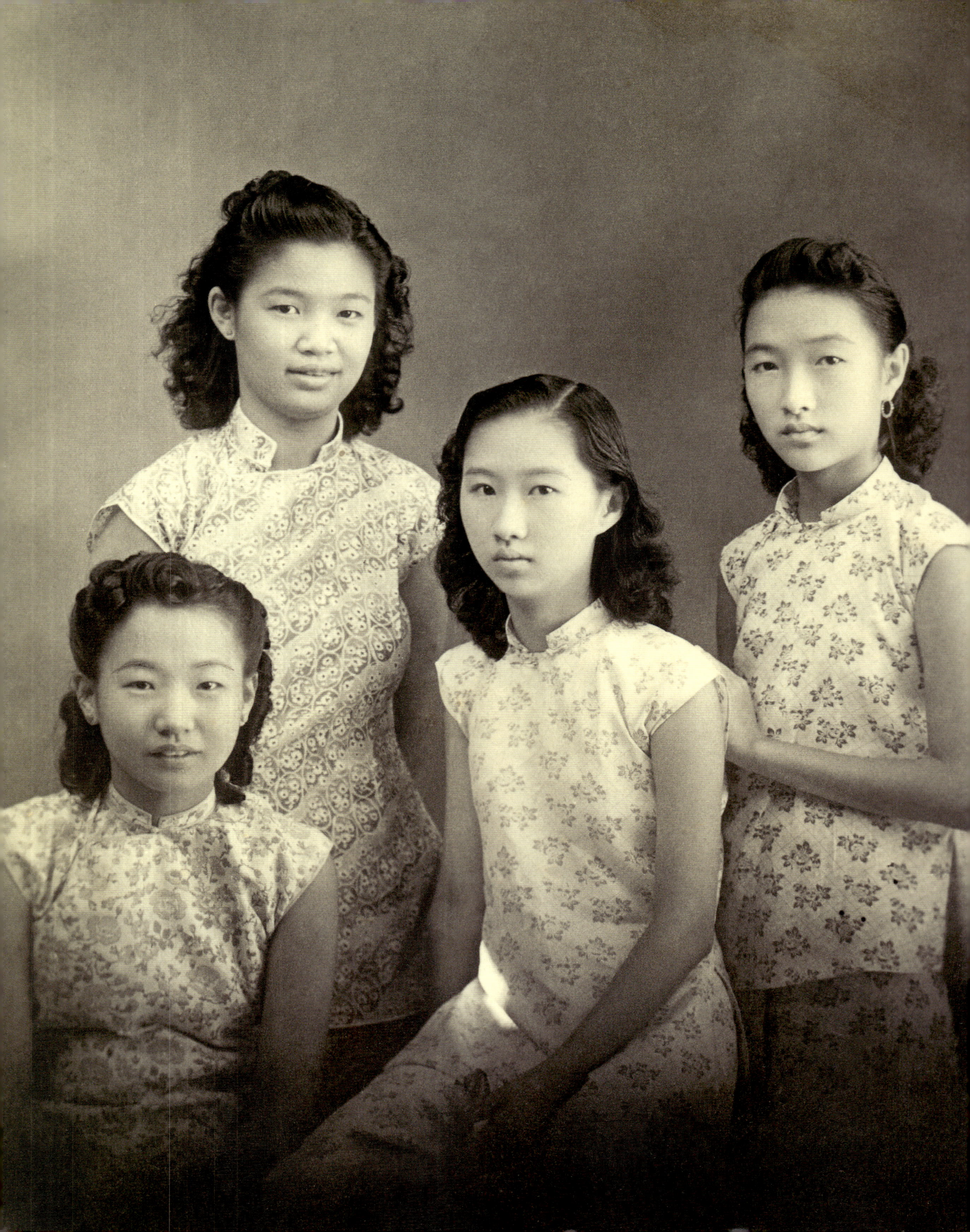

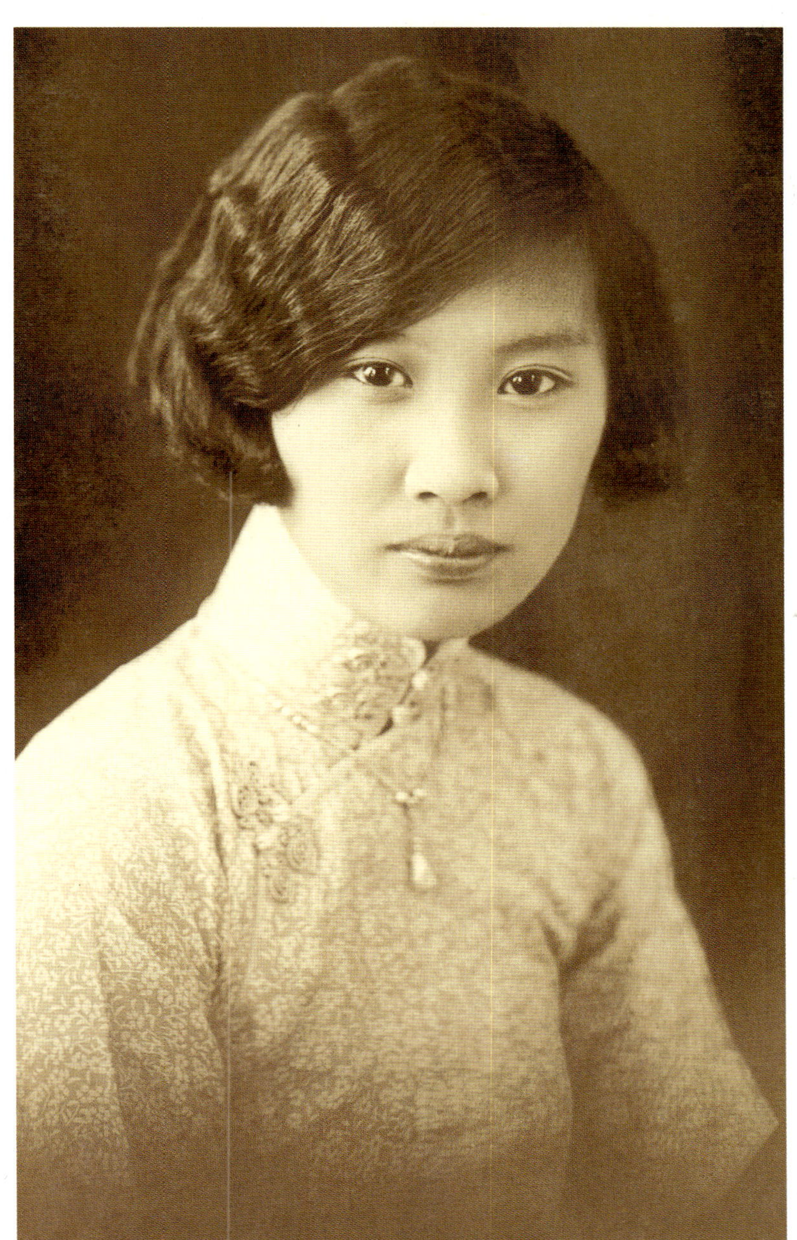 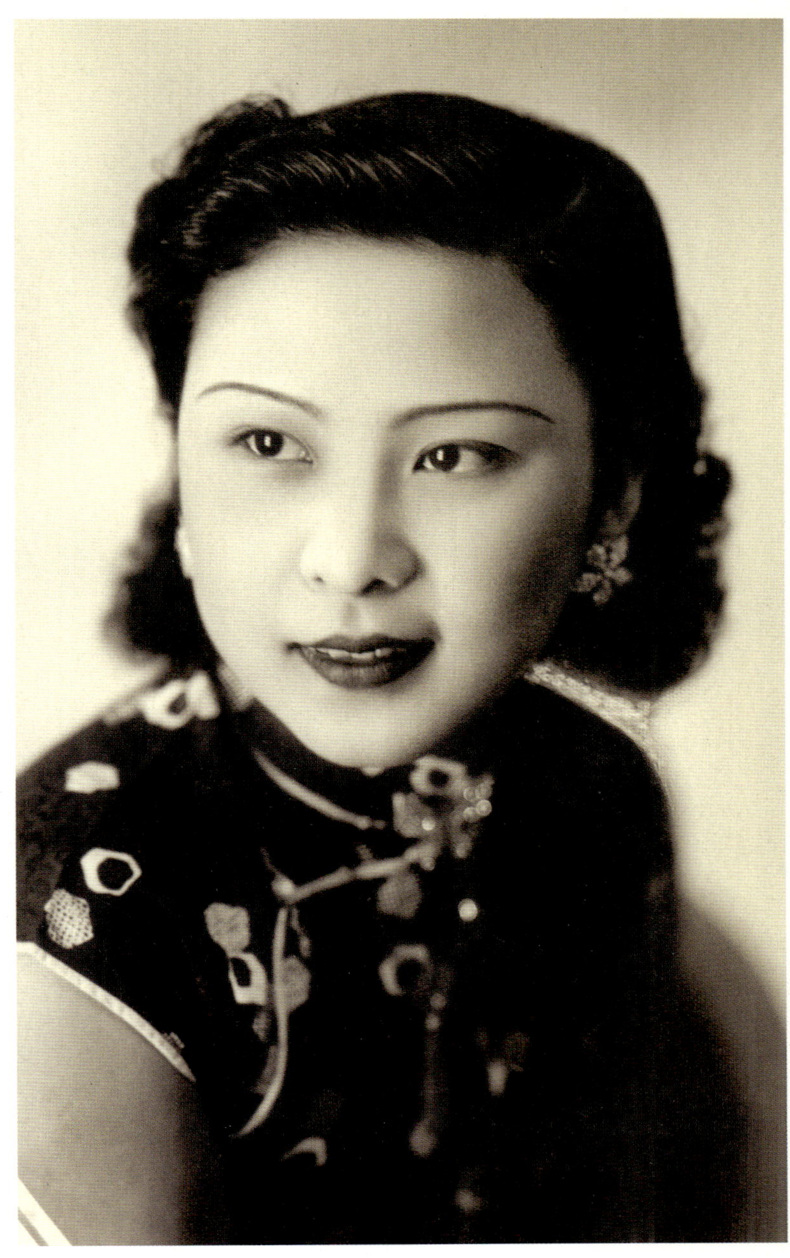

Early 20th century cheongsams

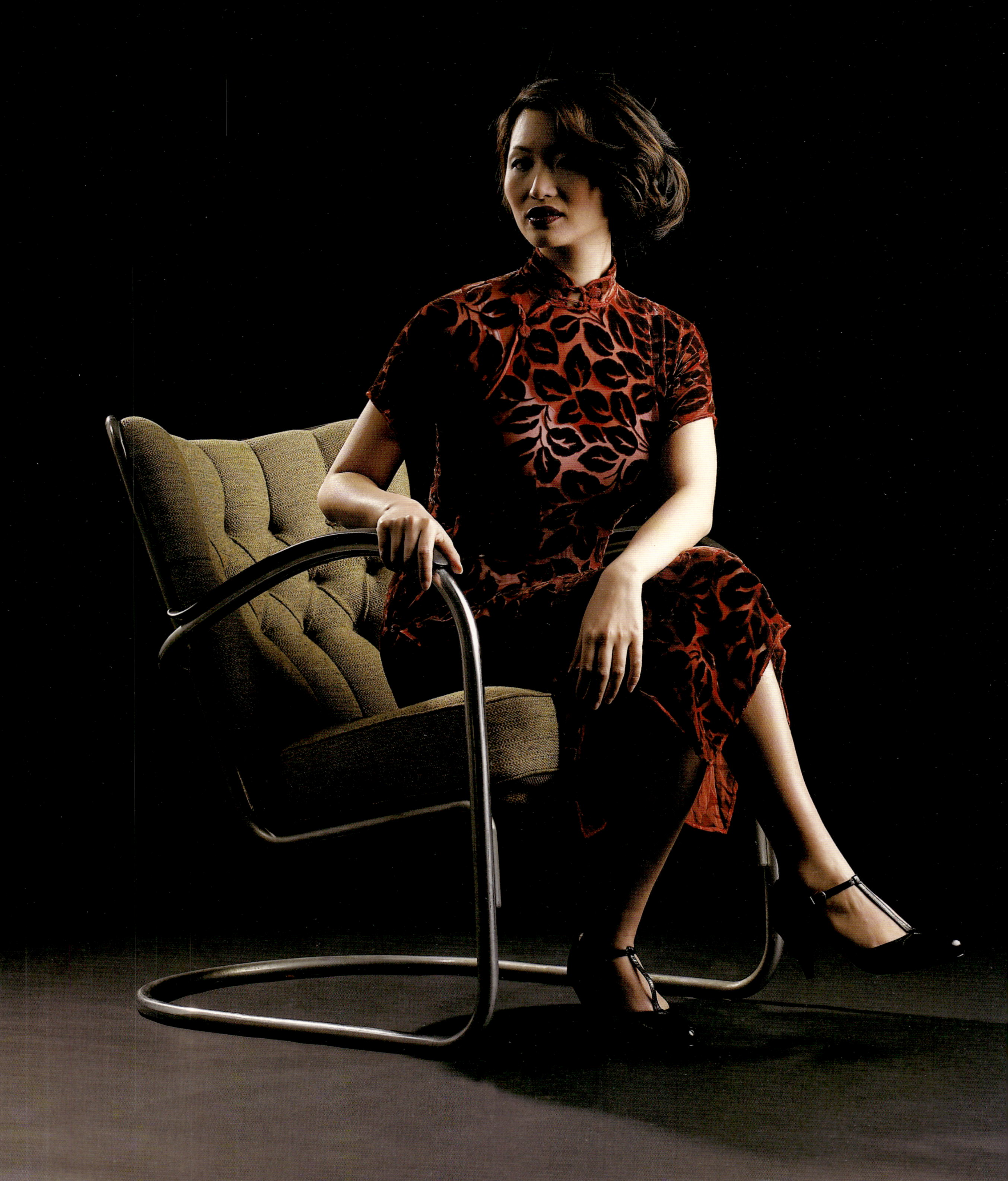

INTRODUCTION

by Pepin van Roojen

The extremely elegant and feminine Cheongsam is an archetypical Chinese women's dress of the 20th century. Until the 1920s, loosely cut two-piece ensembles were the norm for Chinese women. Shanghai was China's most cosmopolitan and fashionable place at that time and it was there that the one-piece, tight-fitting Cheongsam emerged. In essence, it is a fusion of traditional Chinese costume and western fashion. Quintessential Chinese elements are the high Mandarin collar and diagonal shoulder and side closures, often tied with 'frog' knot and loop fasteners. Western influence is in the tight fit and revealing side splits.

Later, Cheongsam design evolved primarily in Hong Kong and overseas Chinese communities, such as Taiwan, Singapore and Malaysia. From the 1940s until the late 1970s in mainland China modest and egalitarian dress was favoured in line with the prevailing ideology and doctrine. Hong Kong, however, was an important cultural centre open to outside influences. The continuing exposure to Western fashion brought about the incorporation of non-Chinese styles in Cheongsam design – see, for example, the typical 50s prints on the dresses on pages 132–141.

In this book, a large selection of Cheongsams from the early 20th century until the present day is presented. Most of them are tailor-made and of many it cannot be said with certainty where they come from. However, it can be assumed that the oldest specimen featured in this book are from Shanghai. The majority of dresses from the 1940s, 50s and 60s are probably from Hong Kong and to a lesser extent from Singapore and Malaysia. Quite a few were purchased in the American and Canadian West Coast cities of San Fansisco and Vancouver. In both places, there were (and still are a few) Chinese tailors offering bespoke Cheongsam-making.

On page 27 you will find the highly authoritative and informative text *Cheongsam: fashion, culture and gender* by Naomi Yin-yin Szeto, curator of the Hong Kong Heritage Museum. This text was previously published in *Evolution & Revolution: Chinese Dress 1700s–1990s*, (1997, Powerhouse Museum, Sydney, Australia). A less academic, but notheless interesting, contribution about the impact of tight-fitting Cheongsams in the early 1960s is offered by the reprinting on page 85 of Stanley Karnow's article *The Cheongsam attracts male stares and causes car accidents* (The Saturday Evening Post, 1964).

A note about spelling: we have decided to use the term Cheongsam, as this seems to be the best-known word and spelling to describe this particular garment internationally. It is a western interpretation of the original Cantonese term meaning 'long shirt'. Ms. Szeto originally uses a different spelling in her article: cheungsam. For the sake of standarization we have changed this to Cheongsam, even though 'cheungsam' is closer to the actual pronunciation in Cantonese. The proper Mandarin term is *qipao* (旗袍), literally meaning 'banner gown', with 'banner' in this context referring to the Manchu administrative and military divisions of pre-1912 Imperial times.

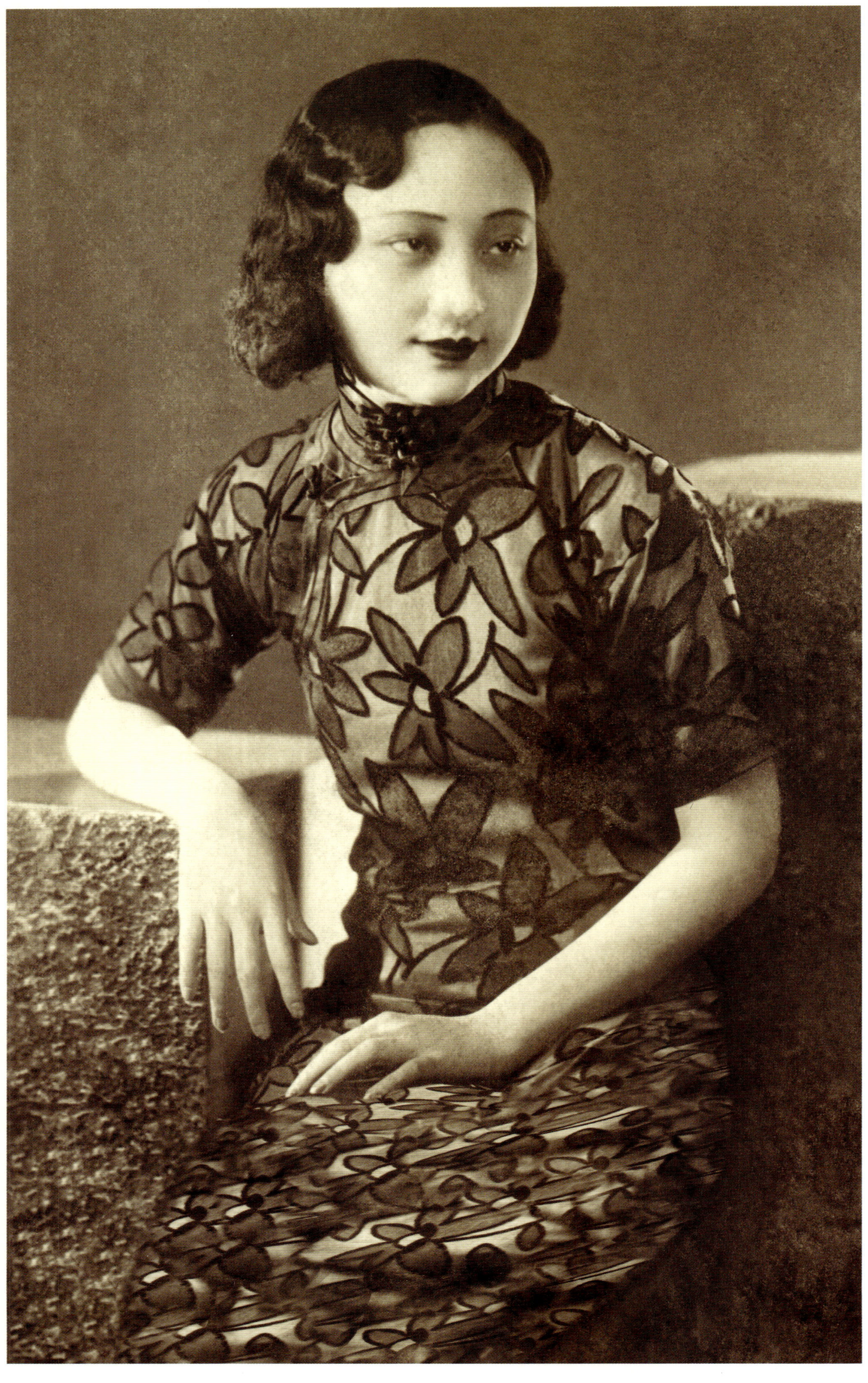

INTRODUCTION

par Pepin van Roojen

Le cheongsam, cette robe à la fois féminine et élégante, constitue le symbole même de la femme chinoise du XXe siècle. Jusque dans les années 20, les Chinoises portaient invariablement des ensembles composés d'un pantalon long et d'une chemise ample. Shanghai étant la ville chinoise la plus cosmopolite et la plus avant-gardiste de l'époque, c'est là que le cheongsam fit son apparition, sous la forme d'une robe d'une seule pièce épousant les courbes du corps. Le cheongsam est un véritable compromis entre le costume traditionnel chinois et les influences de la mode occidentale. Le grand col mandarin, les fermetures latérales et diagonales sur l'épaule, souvent agrémentées de boutonnages brandebourgs, sont les éléments typiquement chinois du cheongsam. La silhouette ajustée et les échancrures suggestives sur les côtés témoignent de l'influence occidentale.

Plus tard, le cheongsam moderne continua d'évoluer principalement à Hong Kong et dans les communautés chinoises d'outremer comme Taiwan, Singapour et la Malaisie. Entre les années 40 et la fin des années 70, la Chine continentale privilégia les robes simples et sans distinction, en conformité avec l'idéologie et la doctrine de l'époque. La ville de Hong Kong, quant à elle, était un important centre culturel ouvert aux influences externes. Le contact permanent avec la mode occidentale donna lieu à l'incorporation d'éléments non autochtones (voir, par exemple, les imprimés typiques des années 50 aux pages 132-141).

Ce livre présente un vaste choix de cheongsams datant du début du XXe siècle à nos jours. La plupart d'entre eux ont été faits sur mesure et leur provenance géographique n'est pas toujours connue avec certitude. Cependant, on peut supposer que les échantillons les plus anciens qui figurent dans ce livre viennent de Shanghai. La majorité des robes des années 40, 50 et 60 proviennent probablement de Hong Kong et, dans une moindre mesure, de Singapour et de Malaisie. Plusieurs d'entre elles furent achetées sur la côte Ouest des Etats-Unis et du Canada, à San Francisco et Vancouver. Dans ces deux villes, des tailleurs chinois confectionnaient des cheongsams sur mesure. On croise encore quelques-uns de ces tailleurs aujourd'hui.

À la page 31, vous trouverez un article très instructif et bien documenté, intitulé *Le Cheongsam : mode, culture et sexisme*, rédigé par Naomi Yinyin Szeto, conservatrice du Musée du patrimoine de Hong Kong. Ce texte a déjà été publié dans l'ouvrage *Evolution & Revolution: Chinese Dress 1700s-1990s*, (Sydney, Australie : Powerhouse Museum, 1997). À la page 87, la reproduction de l'article de Stanley Karnow, intitulé *Le Cheongsam attire les regards masculins et provoque des accidents de voiture* (The Saturday Evening Post, 1964) propose un point de vue moins académique, mais néanmoins intéressant, sur l'impact des cheongsams moulants au début des années 60.

Remarque concernant l'orthographe : nous avons retenu le mot cheongsam, car il semble que cette graphie et ce terme soient utilisés dans le monde entier pour décrire le vêtement. Il s'agit d'une interprétation occidentale du terme cantonais signifiant « longue chemise ». Dans l'article original, Mme Szeto utilise le terme cheungsam. Dans un souci de normalisation, nous l'avons remplacé par « cheongsam », même si, phonétiquement, « cheungsam » se rapproche davantage de la prononciation cantonaise. En mandarin, on utilise le terme qipao (旗袍), qui signifie littéralement « robe-bannière », le mot « bannière » désignant dans ce contexte les divisions administratives et militaires mandchoues de l'époque impériale d'avant 1912.

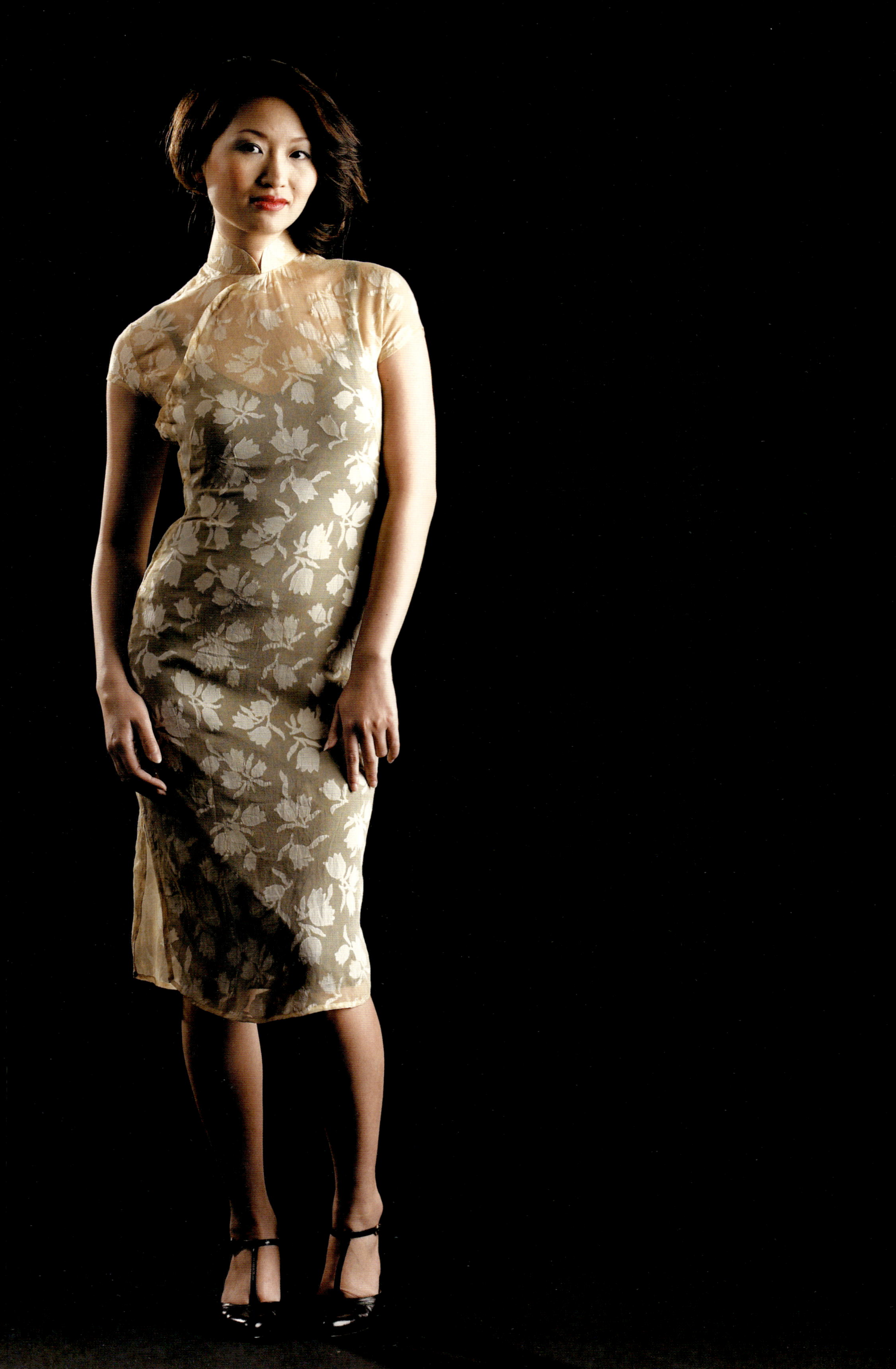

INTRODUCCIÓN

Texto de Pepin van Roojen

El cheongsam, extremadamente elegante y femenino, es el vestido por excelencia de la mujer china del siglo XX. Hasta la década de 1920, su indumentaria habitual consistía en un holgado conjunto de dos piezas. En aquella época, Shanghái era la ciudad más cosmopolita del país, la que marcaba las tendencias de la moda. Allí fue donde nació el cheongsam, entallado y de una sola pieza, que es esencialmente una fusión de la vestimenta china tradicional y la moda occidental. Sus elementos más típicamente chinos son el cuello mandarín, la sisa diagonal y los cierres laterales, generalmente formados por nudos chinos con presillas. Tanto el corte entallado del vestido como las atrevidas aberturas laterales revelan la influencia occidental.

Con los años, el diseño del cheongsam evolucionó sobre todo en Hong Kong y en las comunidades chinas de países como Taiwán, Singapur y Malasia. A partir de la década de 1940 y hasta la década de 1970, en la china continental se prefirió el uso de un vestido modesto e igualitario, en línea con la ideología y la doctrina vigentes en la época. Sin embargo, Hong Kong era un importante centro cultural abierto a las influencias externas y su continua exposición a la moda occidental hizo que el diseño del cheongsam incorporara elementos foráneos (véanse, por ejemplo, algunos estampados típicos de la década de 1950 en las páginas 132-141).

En este libro se presenta una amplia selección de cheongsam que datan desde comienzos del siglo XX hasta la actualidad. La mayoría están hechos a medida y en muchos casos no es posible determinar su procedencia con seguridad. No obstante, puede afirmarse que los ejemplares más antiguos que se muestran proceden de Shanghái. La mayoría de los vestidos creados en las décadas de 1940, 1950 y 1960 seguramente fueron confeccionados en Hong Kong y, en menor medida, en Singapur y Malasia. Gran parte de ellos fueron adquiridos en San Francisco y Vancouver. En ambas ciudades de la costa oeste americana y canadiense había (y sigue habiendo algunos) sastres chinos dedicados a la confección de cheongsam a medida.

En la página 35 encontrará un texto con abundante información contrastada, que lleva por título *Cheongsam: moda, cultura y género*, y es obra de Naomi Yin-yin Szeto, conservadora del Hong Kong Heritage Museum (Museo de la herencia de Hong Kong). Este texto ha sido publicado con anterioridad en *Evolution & Revolution: Chinese Dress 1700s~1990s*, (Sydney, Australia: Powerhouse Museum, 1997). Asimismo, en la página 89 aparece la reedición de un artículo de Stanley Karnow titulado *El cheongsam atrae la mirada de los hombres y provoca accidentes de tráfico* (*The Saturday Evening Post*, 1964), una contribución menos académica pero no por ello menos interesante sobre la influencia de los entallados cheongsam a comienzos de la década de 1960.

Observaciones sobre la terminología: el editor ha decidido emplear la forma *cheongsam* porque parece ser el término y la transliteración más conocidos internacionalmente para describir esta prenda concreta. Se trata de una interpretación occidental del término cantonés original, que significa 'camisa larga'. En su texto original, la Sra. Szeto emplea una forma distinta: *cheungsam*. Con el fin de unificar la terminología, lo hemos cambiado por *cheongsam*, a pesar de que *cheungsam* resulta más fiel a la pronunciación real del término en cantonés. El término *mandarín* correspondiente es *qipao* (旗袍), que significa literalmente 'vestido de la bandera'. En este contexto, bandera hace referencia a las divisiones administrativas y militares manchúes de la época imperial anterior a 1912.

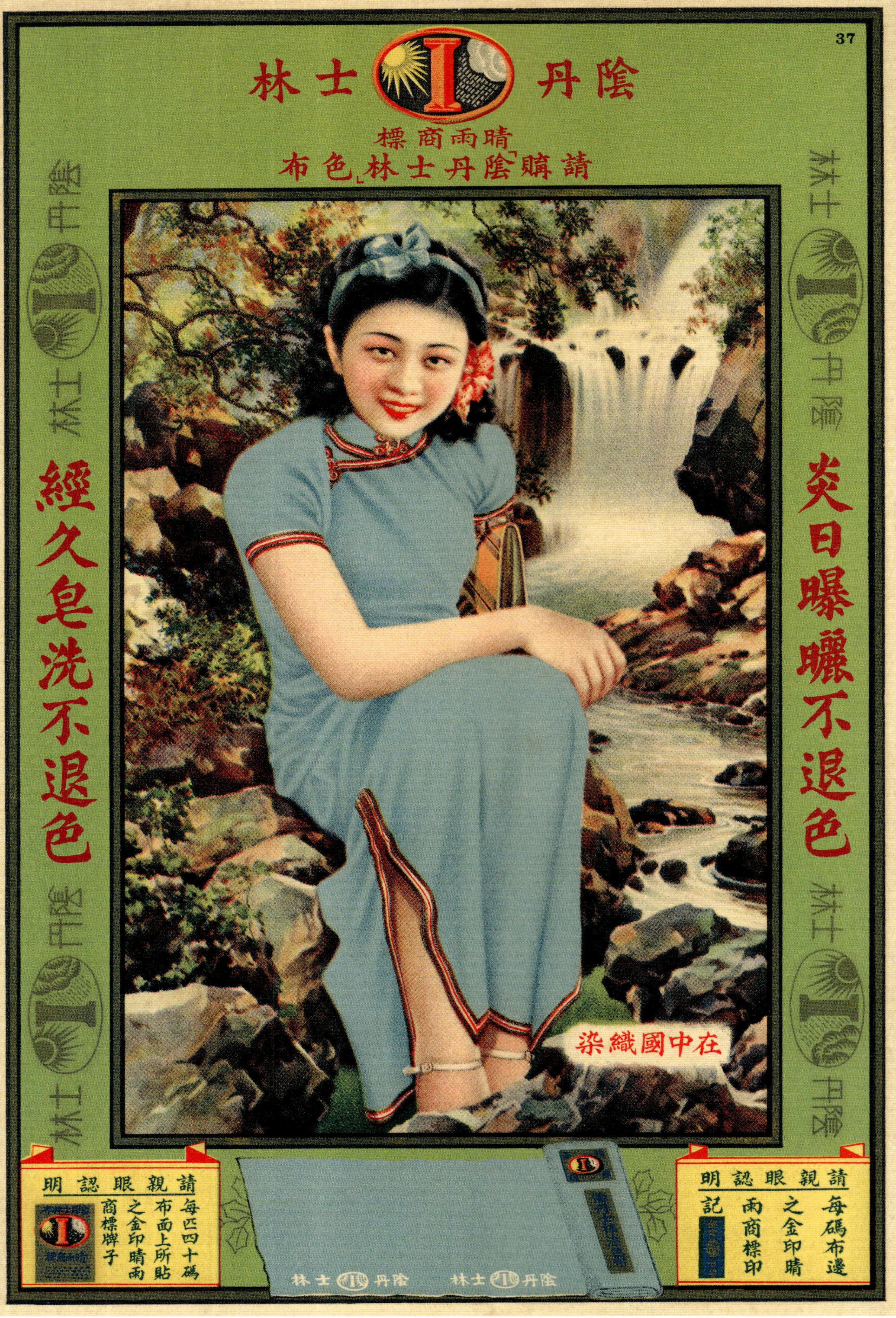
陰丹士林
晴雨商標
請購「陰丹士林」色布
經久皂洗不退色
炎日曝曬不退色
在中國織染
請親眼認明
每四十碼布面上所貼之金印晴雨商標牌子
認明
晴雨色布商標
請親眼認明每碼布邊之金印晴雨兩商標印記
林士丹陰

EINFÜHRUNG

von Pepin van Roojen

Ein unglaublich eleganter und femininer Klassiker der chinesischen Damenmode des 20. Jahrhunderts ist das Cheongsam. Bis in die 1920er-Jahre trugen Chinesinnen meist weit geschnittene Zweiteiler. Das einteilige, eng anliegende Cheongsam kam auf in Shanghai, damals Chinas weltoffenste und mondänste Stadt. Im Grunde stellt es eine Synthese aus traditioneller chinesischer Tracht und westlicher Mode dar. Typisch chinesisch sind der hohe Mandarinkragen und schräge Schulter- und Seitenverschlüsse, die oft von Schnurbesatzstücken und Schlaufen gehalten werden. Westliche Einflüsse verraten der enge Schnitt und die verführerischen Seitenschlitze.

Später wurden Cheongsam Schnitte vor allem in Hongkong und den chinesischen Communitys in Taiwan, Singapur und Malaysia weiter entwickelt. Von den 1940ern bis in die späten 1970er hinein dominierte in Festlandchina den damaligen Ideologien und Doktrinen entsprechend schlichte Einheitskleidung. Hongkong dagegen blieb ein wichtiges, für ausländischen Einfluss offenes kulturelles Zentrum. Dort führte der fortgesetzte westliche Einfluss dazu, dass auch westliche Stilelemente in die Cheongsam-Designs einflossen, zum Beispiel die für die 1950er typischen Druckmuster auf den Kleidern auf Seite 132-141.

Dieser Band präsentiert eine weit gespannte Palette von Cheongsams aus der Zeit vom frühen 20. Jahrhundert bis heute. Die meisten sind maßgeschneidert und oft lässt sich nicht genau sagen, woher sie stammen. Man darf aber davon ausgehen, dass die ältesten hier vorgestellten Modelle aus Shanghai kommen. Die meisten Kleider aus der Zeit zwischen 1940 und 1970 dürften aus Hongkong sein, einige auch aus Singapur und Malaysia. Nicht wenige sind aus den nordamerikanischen West-Coast-Metropolen San Francisco und Vancouver. In beiden Städten gibt es selbst heute noch einige chinesische Schneider, die Cheongsams auf Maß schneidern.

Den informativen und fundierten Aufsatz *Cheongsam: Mode, Kultur, Geschlechterrollen* von Naomi Yin-yin Szeto, Kuratorin des Hong Kong Heritage Museum, finden Sie auf Seite 39. Der Text erschien zuerst in *Evolution & Revolution: Chinese Dress 1700s~1990s*, (Sydney, Australien: Powerhouse Museum, 1997). Weniger wissenschaftlich, doch nicht minder interessant ist Stanley Karnows Artikel über die Auswirkungen eng sitzender Cheongsams in den frühen 1960ern, den wir auf Seite 91 abgedruckt haben (*Cheongsams ziehen Männerblicke auf sich und führen zu Verkehrsunfällen*, The Saturday Evening Post, 1964).

Zur Wortwahl: Wir haben uns für "Cheongsam" entschieden, da diese Transliteration der Benennung des titelgebenden Kleides international am bekanntesten ist. Cheongsam ist unsere westliche Transliteration des ursprünglich kantonesischen Wortes mit der Bedeutung 'langes Hemd'. Im Mandarin-Chinesischen heißt es *qipao* (旗袍), wörtlich "Bannerkleid", wobei das Wort "Banner" auf die kaiserzeitliche Militär- und Verwaltungsgliederung in der Mandschu-Dynastie vor 1912 zurückgeht.

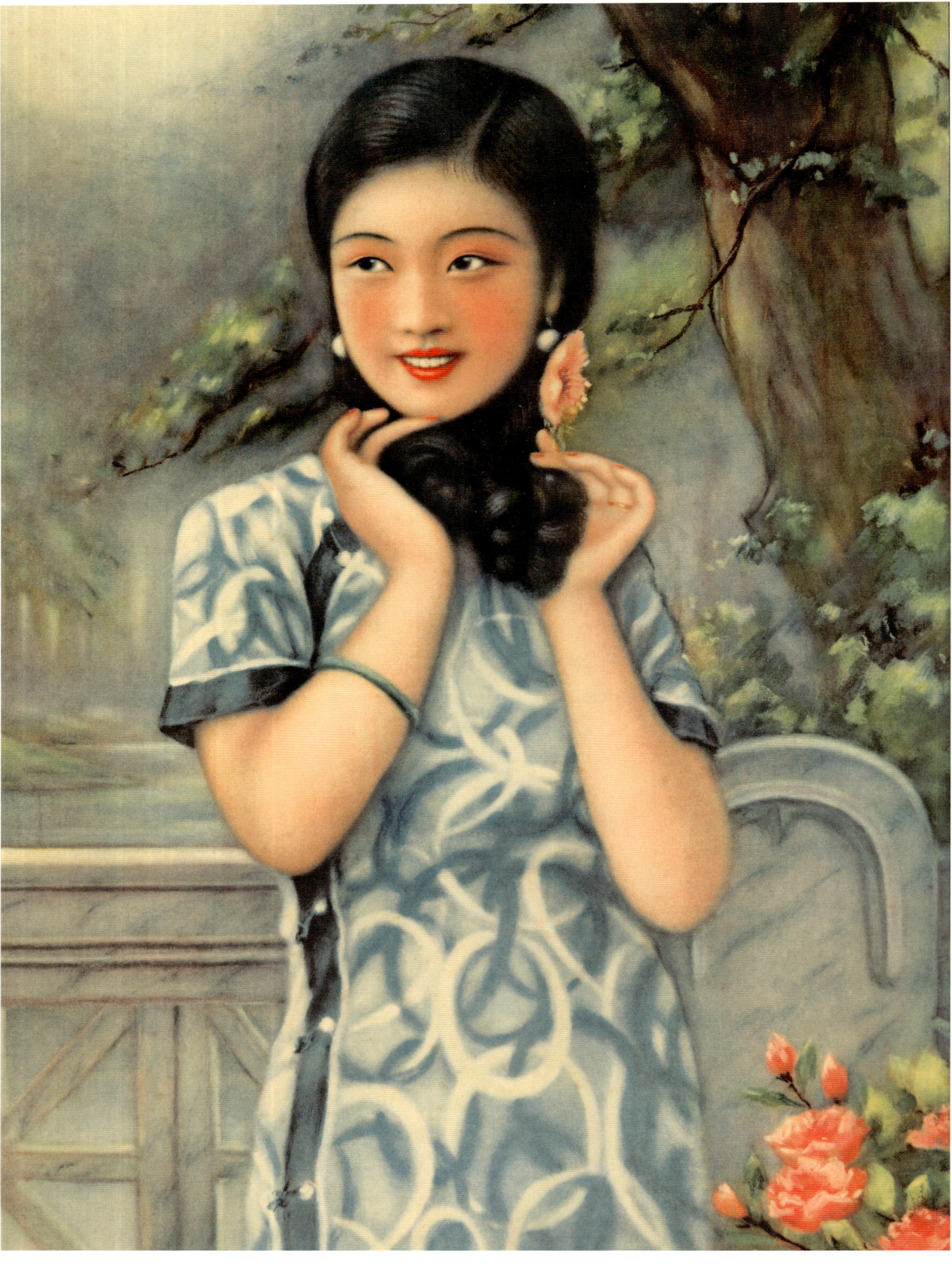

INTRODUZIONE

di Pepin van Roojen

Il cheongsam, con la sua straordinaria femminilità ed eleganza, è l'archetipo dell'abito femminile nella Cina del Novecento. Fino agli anni '20, le donne cinesi indossavano di norma completi due pezzi dal taglio ampio. Shanghai era a quel tempo la città più cosmopolita e alla moda della Cina, non a caso il cheongsam, un rivoluzionario abito intero e attillato, fece la sua comparsa proprio qui. Esso rappresenta essenzialmente la fusione tra vestito tradizionale cinese e moda occidentale. Elementi tipicamente cinesi sono il colletto alto e le abbottonature diagonali sul lato e in corrispondenza delle spalle, spesso fermate da raffinati alamari. L'influenza occidentale si manifesta invece nella linea aderente e nei profondi spacchi laterali.

L'evoluzione del cheongsam proseguì poi principalmente a Hong Kong e nelle comunità cinesi all'estero, come quelle di Taiwan, Singapore e Malesia. Tra gli anni '40 e la fine degli anni '70, infatti, nella Cina continentale si preferì un abbigliamento modesto ed egualitario, in linea con la dottrina ideologica dominante. Hong Kong, tuttavia, era un importante centro culturale aperto alle influenze esterne. Il continuo contatto con la moda d'oltreoceano portò all'integrazione di stili non cinesi nel design del cheongsam -- si vedano ad esempio le stampe tipicamente anni '50 dei vestiti a pagina 132-141.

Questo libro presenta un'ampia selezione di cheongsam che datano dai primi del Novecento ad oggi. La maggior parte sono capi realizzati su misura di cui spesso si ignora la provenienza. Si può comunque supporre che gli esemplari più antichi tra quelli raccolti in questo volume provengano da Shanghai. La maggioranza dei vestiti che risalgono invece agli anni '40, '50 e '60 sono probabilmente originari di Hong Kong e, in misura minore, di Singapore e della Malesia. Molti sono stati acquistati sulla Costa Occidentale di Stati Uniti e Canada, soprattutto a San Francisco e Vancouver dove erano presenti (e in parte lo sono tuttora) sarti cinesi in grado di realizzare cheongsam su misura.

A pagina 43 troverete un testo tanto autorevole quanto informativo: si tratta di *Cheongsam: moda, cultura e ruolo dei sessi* di Naomi Yin-yin Szeto, conservatrice dell'Heritage Museum di Hong Kong. Questo testo fu pubblicato per la prima volta all'interno di *Evolution & Revolution: Chinese Dress 1700s-1990s*, (Powerhouse Museum, Sydney, 1997). A pagina 93 viene inoltre riproposto l'articolo di Stanley Karnow *Il Cheongsam: un catalizzatore di sguardi maschili e incidenti stradali* (The Saturday Evening Post. 1964), un contributo meno accademico ma altrettanto interessante che testimonia l'impatto delle linee avvolgenti del cheongsam nella Cina dei primi anni '60.

Una nota sulla grafia: abbiamo deciso di utilizzare il termine *cheongsam* perché questa sembra essere la dicitura e la grafia più comune a livello internazionale per descrivere questo capo di abbigliamento. Si tratta di una traslitterazione del nome originale che in cantonese significa "lunga camicia". Nel suo articolo Ms. Szeto utilizza originariamente una diversa grafia: *cheungsam*. Per coerenza l'abbiamo trasformata in cheongsam, sebbene cheungsam sia più vicino alla reale pronuncia cantonese. In mandarino il nome corretto è *qipao* (旗袍), che letteralmente significa "vestito bandiera", dove "bandiera" si riferisce alle divisioni politiche e amministrative manciù in epoca pre-imperiale, ovvero prima del 1912.

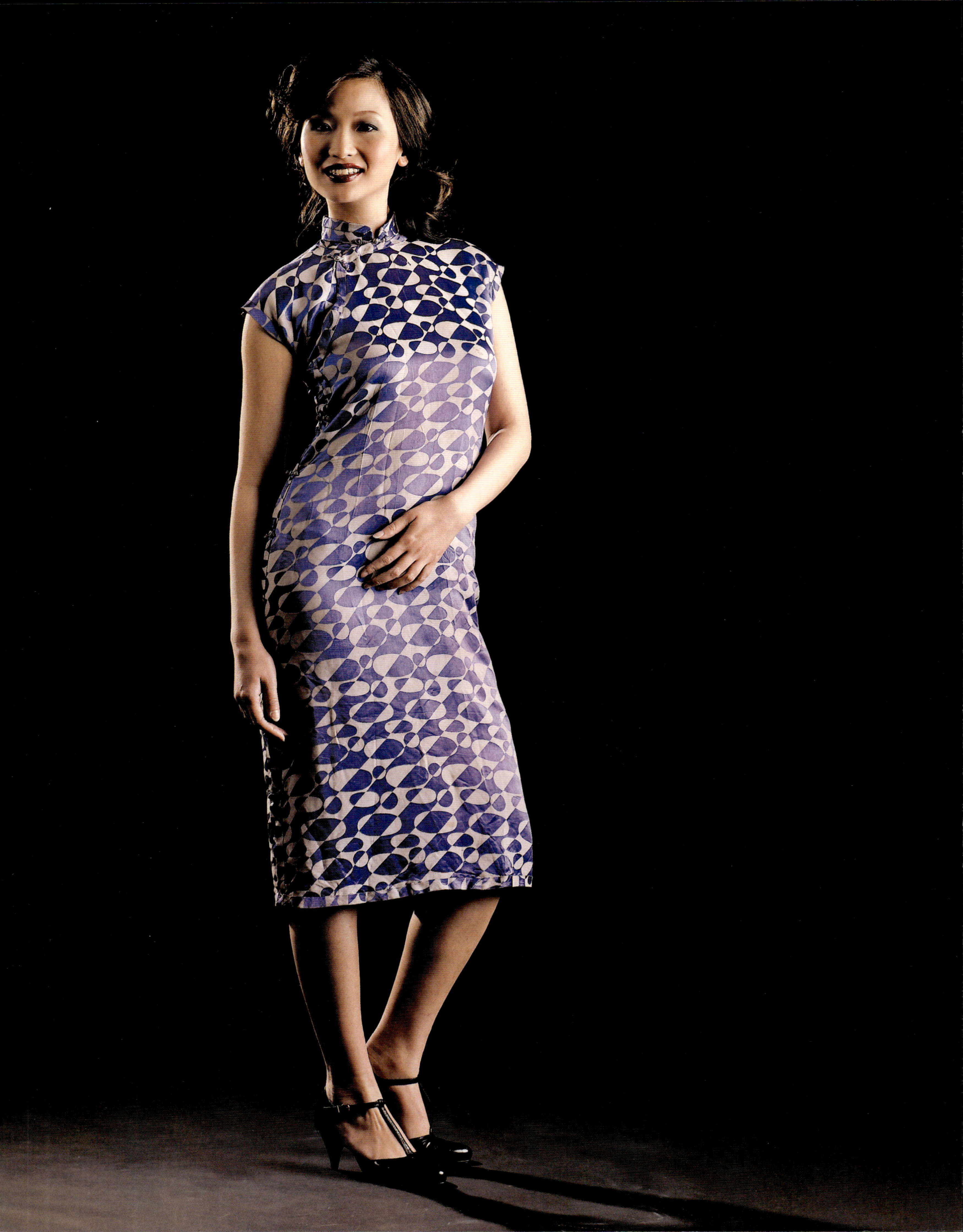

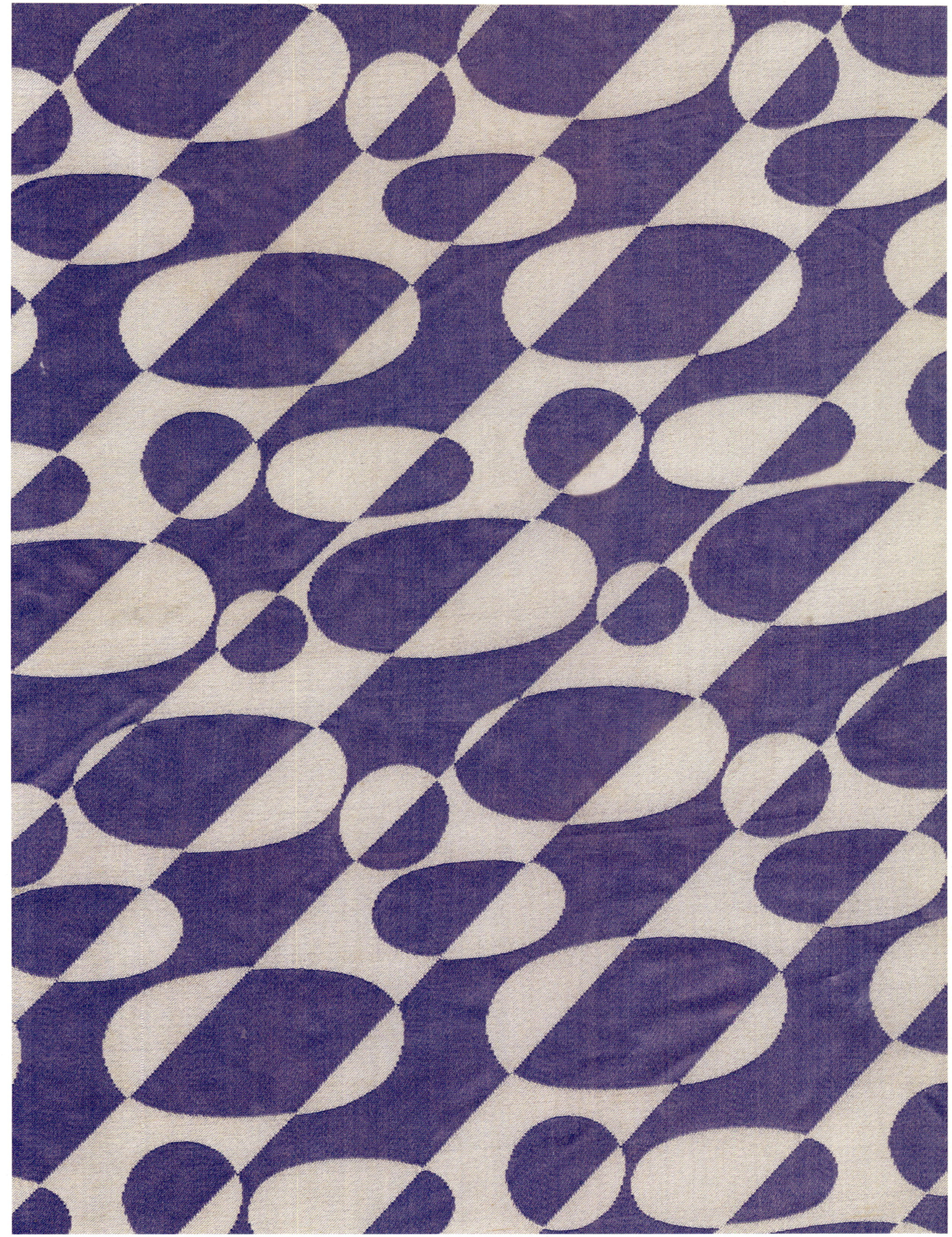

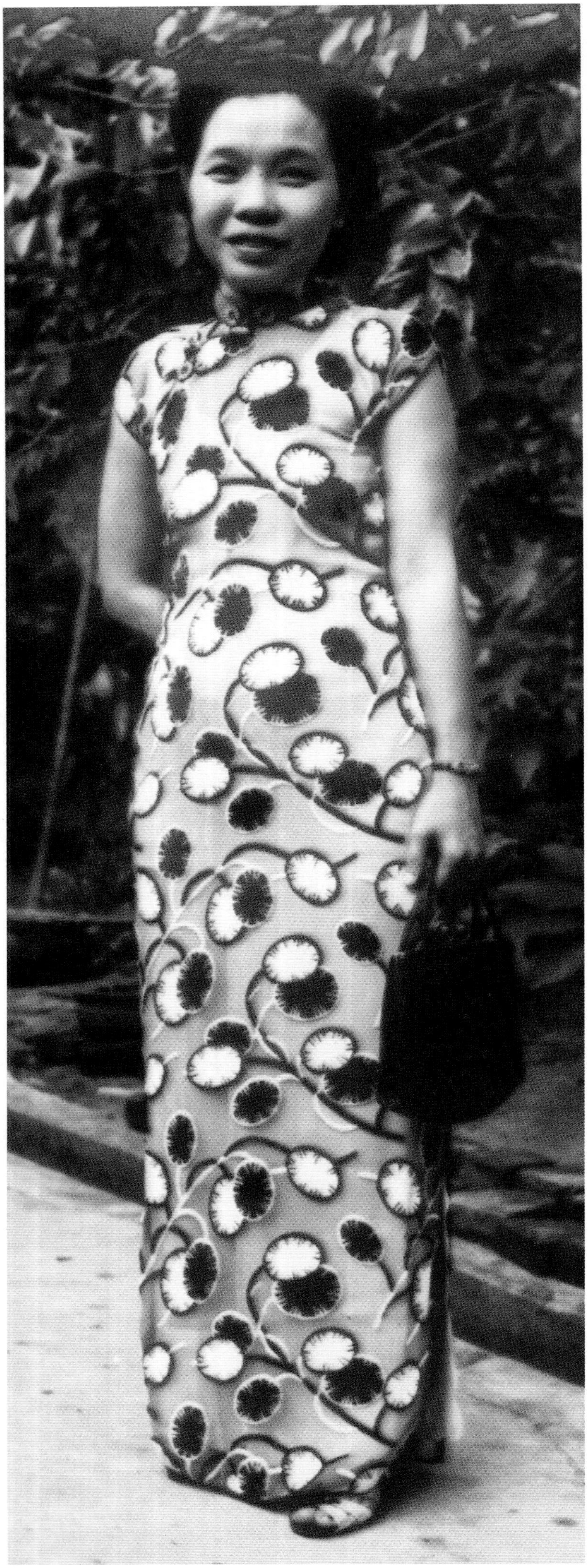

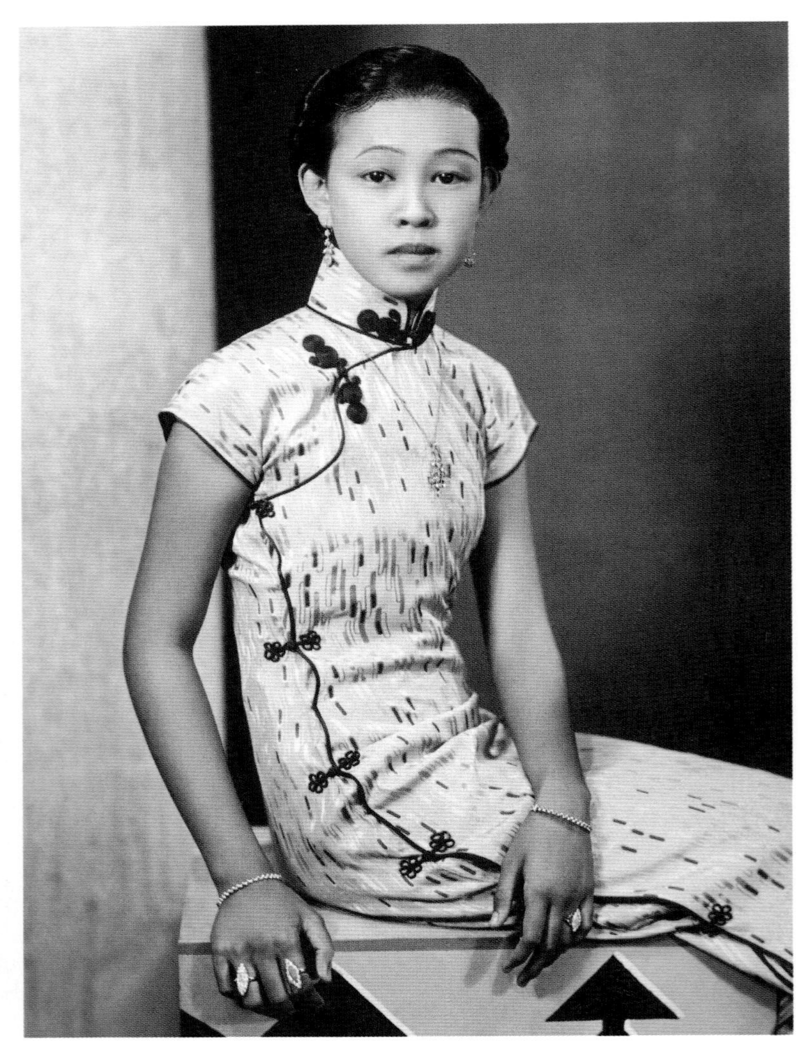

On pages 8-23 are cheongsams from
the first decades of the 20th century.
Some show distinct Art Deco designs
(see pages 16, 18 and 20).
On page 21 is a fabric detail of the
dress on page 23.

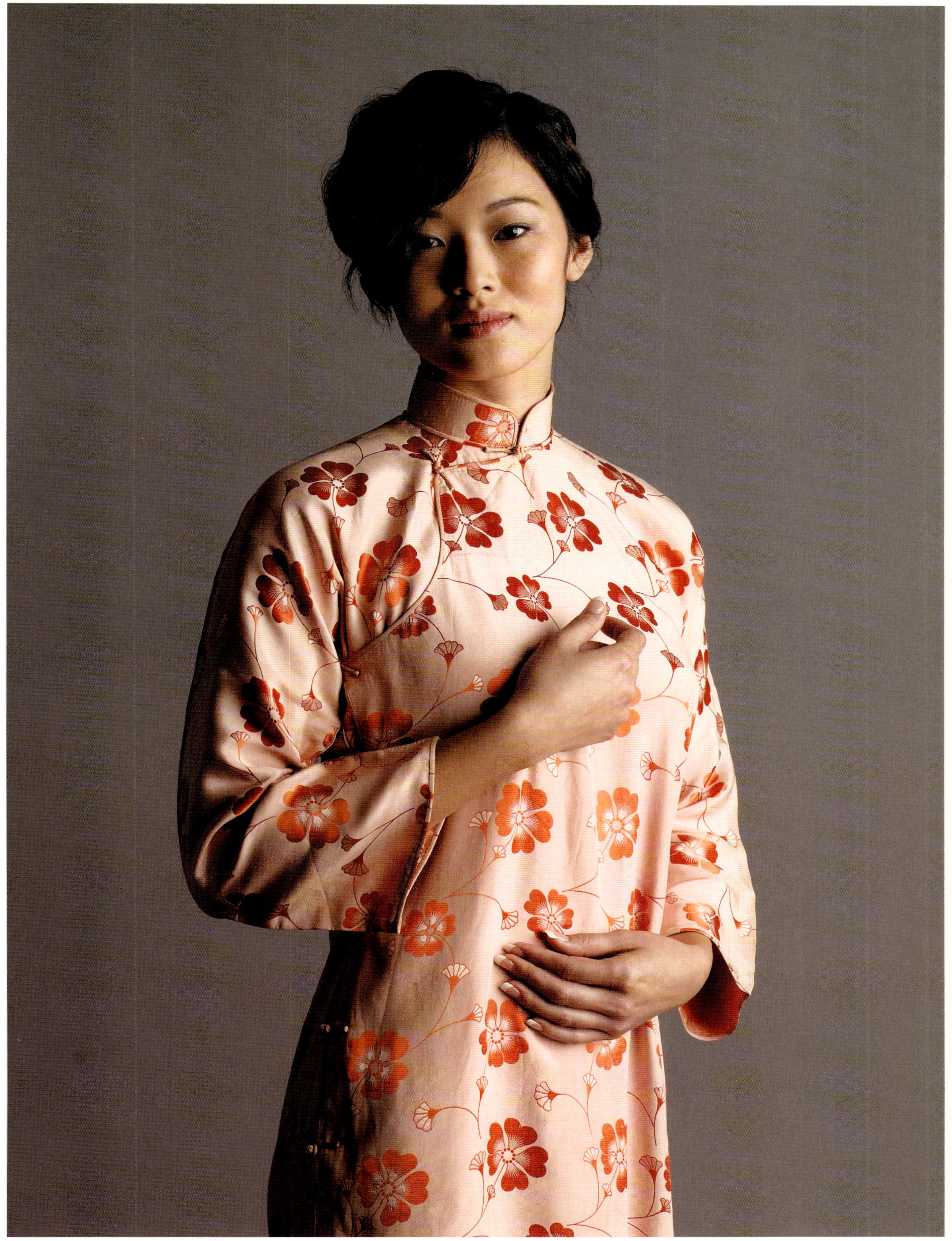

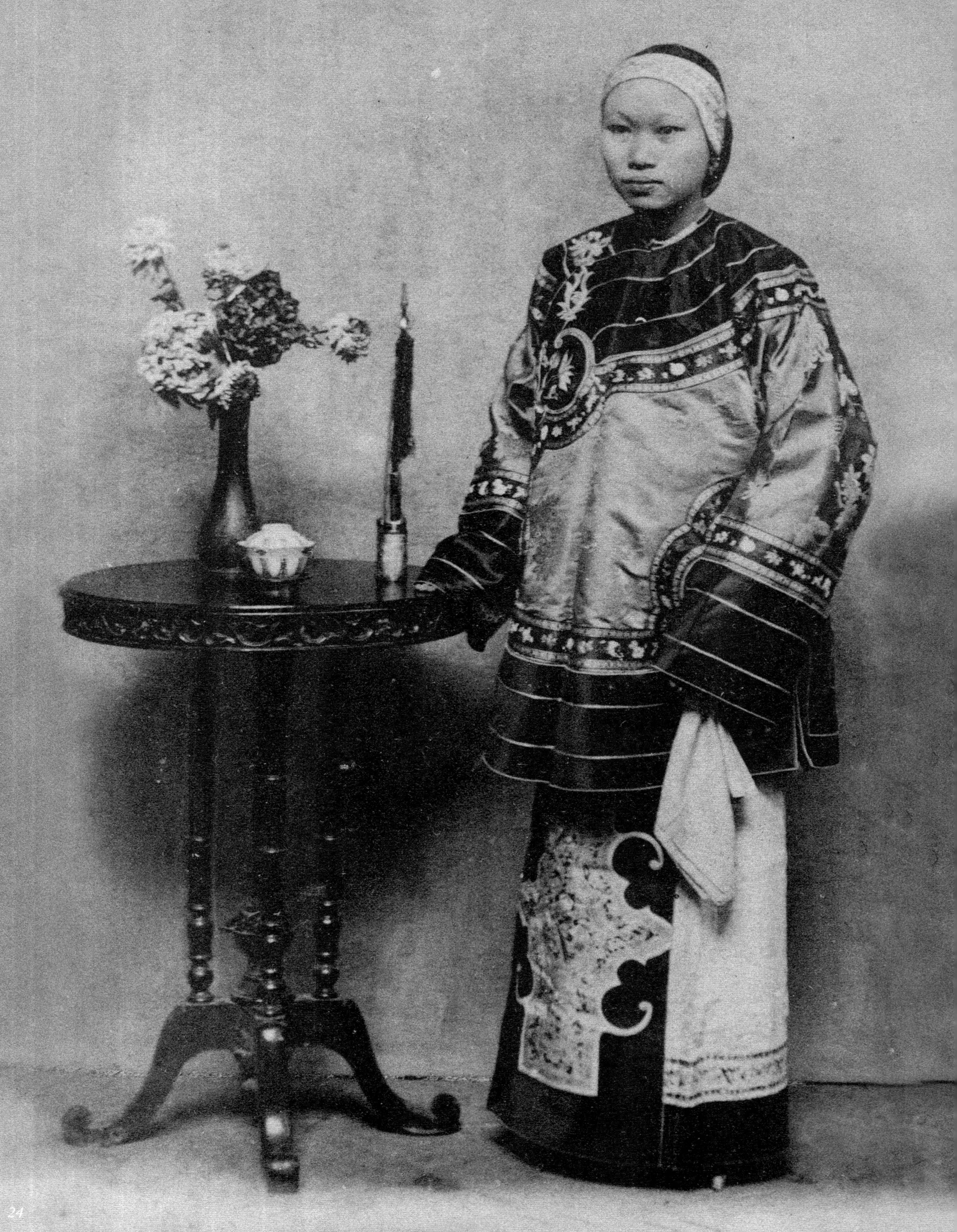

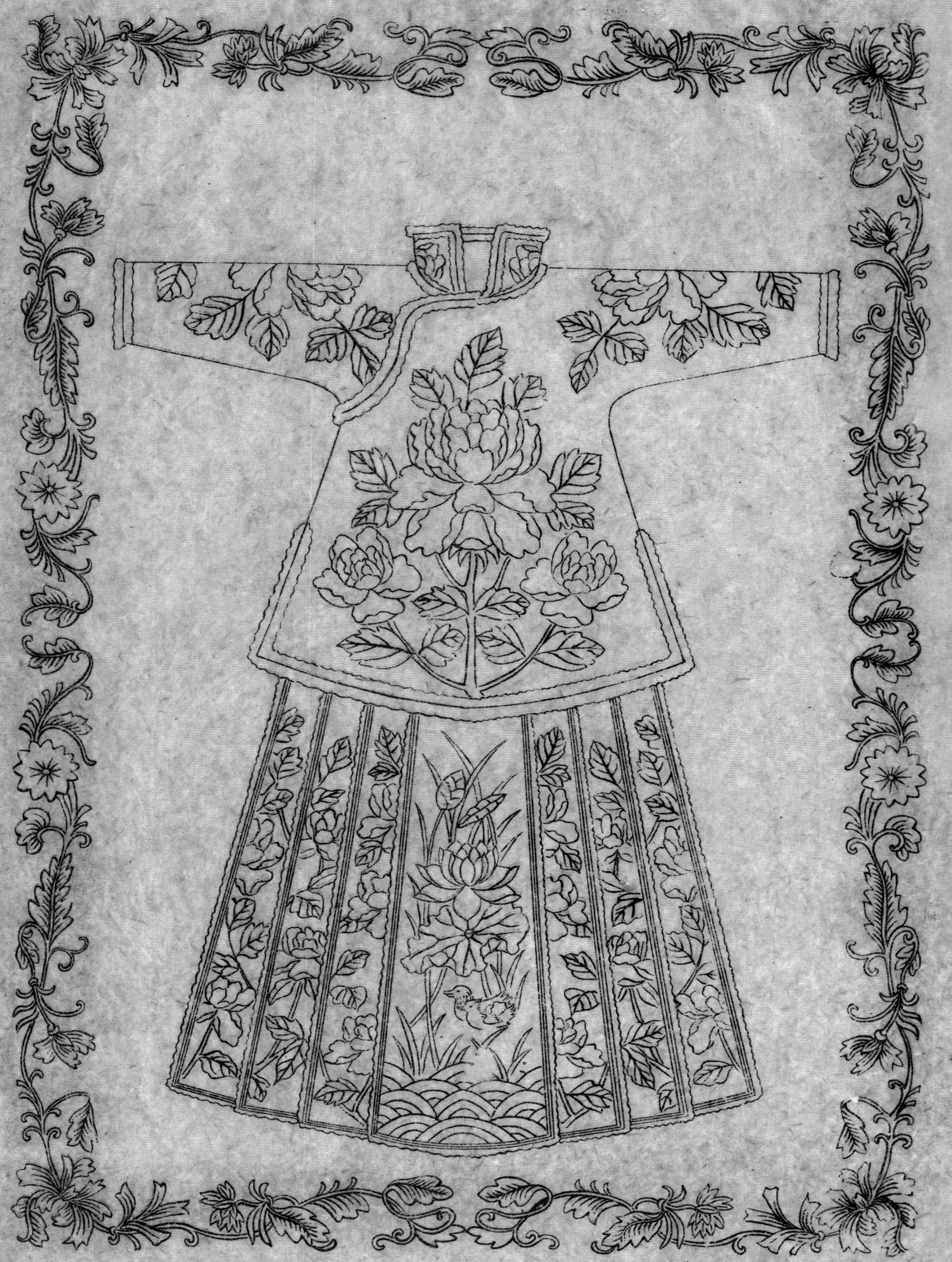

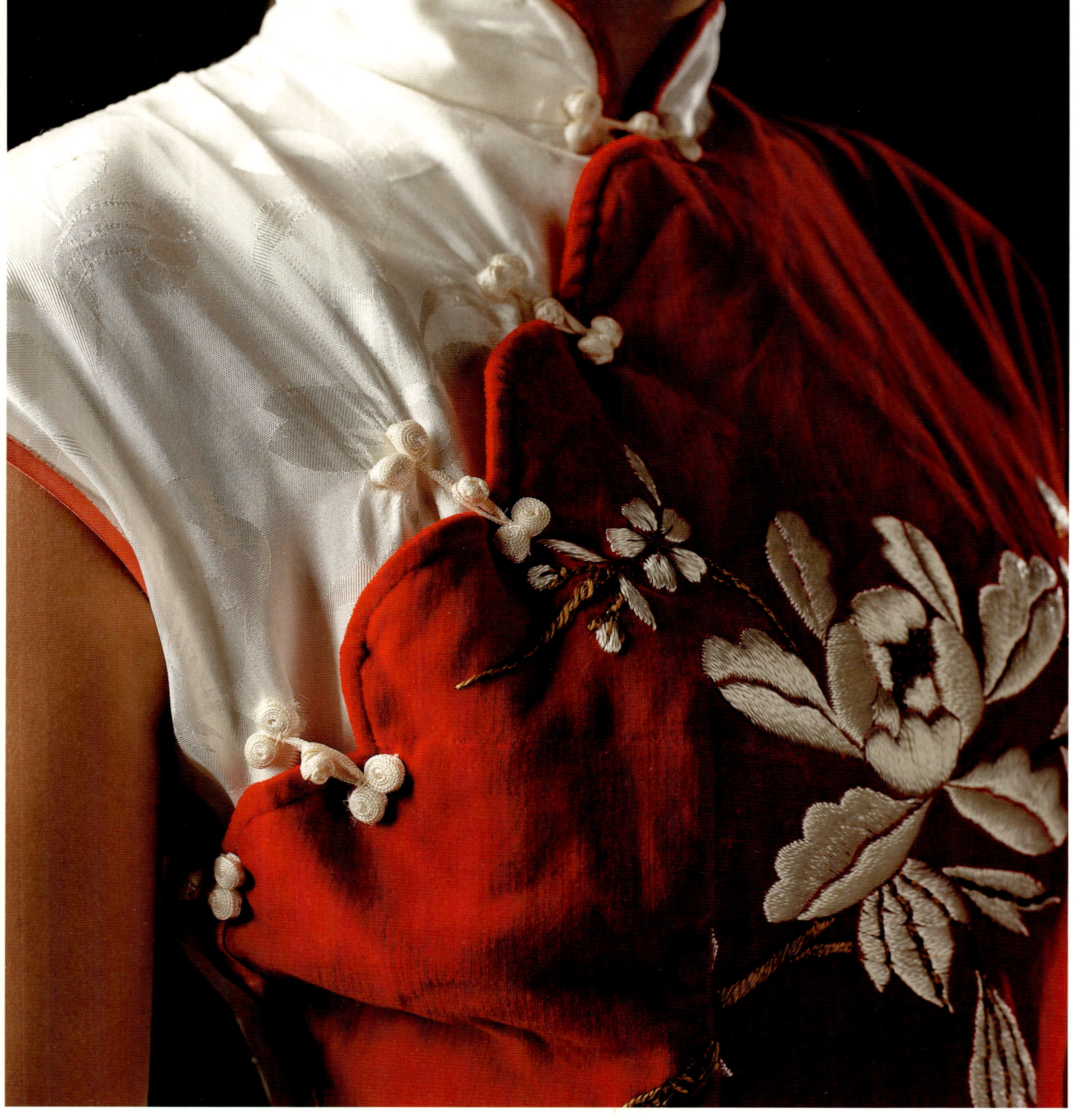

CHEONGSAM:
FASHION, CULTURE AND GENDER

by Naomi Yin-yin Szeto

Naomi Yin-yin Szeto is curator at the Hong Kong Museum of History. She has curated many exhibitions, including Dress in Hong Kong: a century of change and customs *(1992-1993), and* Of hearts and hands: Hong Kong's traditional trades and crafts *(1995), for which she also wrote the catalogues.*

HONG KONG STYLE: THE EVOLUTION OF THE CHEONGSAM

One of the most remarkable garments to emerge from China in the early 20th century was the cheongsam or qipao. *Cheongsam is a term used by Cantonese-speaking southern Chinese, and is more familiar to Westerners;* qipao *is a Mandarin word commonly used in northern China. From the mid-1930s to the 1950s, the cheongsam was regarded as the standard form of women's dress in Hong Kong. Its popularity has waned since then, but the cheongsam is still the preferred form of dress for beauty queens, certain girls' schools and professional women. With the handover of Hong Kong to Chinese rule in 1997, the cheongsam is undergoing a revival in Hong Kong and is also attracting attention in the West.*

When Hong Kong came under British rule in 1841, the prevailing dress codes were the same as those established by the Qing (Ch'ing) dynasty on the mainland. Like their counterparts in China, men were compelled to shave the front part of the tops of their heads and wear a queue (long plait); Han Chinese men wore long gowns called *changshan* (referred to as *changpao* in northern China), and on special occasions they might also have worn a skullcap. Women dressed in traditional Han style, in a loosely cut two-piece *aoqun* (jacket and skirt, see pages 24-25). For everyday dress, women wore aoku, or pant suits, which were also loosely cut.

The first few decades of the 20th century, however, witnessed dramatic political, economic and social changes in China. The success of the 1911 revolution led to the overthrow of the Qing dynasty and a series of social reforms that subsequently laid the foundation for innovation in dress as well. The Manchu-Qing dress code came to an end and men were allowed to cut off their queues. The Han practice of foot binding also gradually ceased, releasing women from a long-established feudal custom.

Indigenous social movements among intellectuals and the return of people from overseas promoted a liberal attitude in China, and the open policy of maritime trade brought an influx of Western culture and ideas. One of these new Western concepts was that of gender equality, and this encouraged community leaders in their campaign for women's freedom –to receive an education, to choose a career and determine their marriage partners. Educated women and those from wealthy families took the opportunity to experiment with these new possibilities.

Cigarette cards printed in the early 20th century (which were usually given as gifts to business customers) showed fashionable women of the period participating in 'modern' social activities – playing ball games, cycling, roller skating, fishing and playing Western musical instruments. None of these activities would have been dreamed of by women of previous generations. To go with this outgoing image, the modern woman began to give up her grandmother's baggy and bulky tops and clumsy pleated skirts.

CLOTHES FOR THE TIMES

Until the 20th century, most women had not been allowed the freedom of a full social life beyond the family circle. Standards of the time had also required women to dress modestly and this meant in over-sized, loose-fitting garments that concealed their figures. The favoured *aoqun*, mostly worn by wealthy married women, fulfilled this role. The *ao* (jacket) generally had a right-fastening lapel, and was amply cut to create a loose top with wide sleeves – the sleeves were sometimes long enough to reach the knee and so baggy that mothers could slip their babies inside to breastfeed without exposing their undergarments. A humorous classical saying describing the fashion of the period went: 'So long the tunic can sweep the floor; so wide the sleeve can create a breeze.'
The *qun* (skirt) of the *aoqun* set comprised two equal lengths of cloth attached to a waistband and wrapped around the body. During the Qing dynasty, skirts with pleated sides became particularly popular – to the point where there could be as many as 100 pleats, the garment thus bearing the name 'skirt of 100 pleats'. In the late Qing period, the most incredible skirts of all were those with rich embroidery embellishing the area between each pleat. When the pleats were stretched, they resembled fish scales, hence the name 'fish-scale skirt of 100 pleats'.
Women's dress was often vividly coloured, elaborate in styling and detail, showing excellent skill and craft. A rich variety of techniques, including embroidery and appliqué were employed to add auspicious symbols and graceful patterns to garments such as the *aoqun*.

A TASTE OF MODERNITY: BLENDING CHINESE AND WESTERN CULTURES

Fashionable men's and women's dress in the early 20th century could be characterised as traditional in style, elegant and loose-fitting. But with changing attitudes came changing fashions in dress. Women's *aoqun* and aoku remained popular but upper garments, skirts and trousers were shortened and narrowed, as were men's *changshan* and *magua*.
The renowned Chinese writer Lin Yutang (1895-1976) once stated, 'The philosophy behind Chinese and Western dress is that the latter tries to

reveal the human form, while the former tries to conceal it'. This movement towards closer fitting men's and women's clothing was not just for ease of movement or convenience. The growing desire to reveal the body shape was also a reflection of Westernisation.

The transition from traditional Chinese-style dress to Western dress in Hong Kong, nevertheless, took place over a long period – from the beginning of the 20th century until the 1960s and 1970s. The change was led by men – usually the wealthy class, merchants engaged in foreign trade, office personnel or well-educated students returning from abroad, who could be seen in Western-style shirts, ties, jackets or leather shoes. But most men and nearly all women were generally slower to adopt the new styles. For the first half of the 20th century, people dressed in a blend of Chinese and Western styles, cautiously experimenting with minor changes to headwear and accessories, and leaving the core body garments to change last. It was not unusual to see men of the period wearing *changshan* and *magua* and teaming these with a Western felt hat. Women in traditional *aoqun* sometimes wore Western high-heeled leather shoes. They might also have worn a Western-style fur coat and carried a fancy foreign-style handbag. In the 1920s and 1930s, fashionable brides wore a traditional Chinese wedding dress with a Western veil.

EVOLUTION OF THE CHEONGSAM

One of the most remarkable garments to come out of northern China in the early 20th century was the cheongsam. The cheongsam was regarded as the standard dress for Chinese women from the 1930s to the 1960s. During some of that time, it enjoyed enormous popularity in China's leading cities, but more enduringly in Hong Kong, Taiwan and in overseas Chinese communities.

It is believed the cheongsam first emerged as a modification of the long robe worn by Manchu women. What was most unusual about the cheongsam was that it was a one-piece garment, in contrast with the two-piece jacket-and-skirt women's ensemble of traditional Han style. In fact, because it resembled the one-piece men's gown, it was not initially considered appealing to most women, and only gained widespread popularity in the late 1920s and early 1930s.

The centre of Chinese fashion at the turn of the century was the coastal city of Shanghai. A leading and prosperous metropolis in China before World War II, Shanghai had such a reputation as a centre of women's fashion it was called 'the Paris of the East'. The evolution of the cheongsam in Hong Kong, along with other cities in China, kept abreast of the trends in Shanghai. The earliest style of cheongsam was loosely fitted and ankle length (see page 23). Over time, hem lines rose to mid-calf or knee length. Sleeves varied, from long to medium length to small capped sleeves, or a Western-style frilled sleeve might be added. Some

were sleeveless. The stand-up collars were sometimes stiffened and could go as high as the ears. The cheongsam became increasingly tight-fitting and side slits rose higher.

The materials used for making cheongsam varied from silk, brocade, velvet and lace in earlier years to synthetic fabrics in later years. Brocade, wool, cotton-padded or fur-lined cheongsam were worn on cooler days, while cotton, satin, lace and other lighter materials were favoured in the summer. In the early 1930s, fabrics dyed with Indanthrene (a dye originating in India) were popular with many women, particularly teachers and young students, who preferred a more conservative style.

Women in the vanguard of fashion often dressed themselves in elaborate multicoloured cheongsam, which could be heavily embroidered, sequinned or fancily trimmed. Early fabric designs and embroidery patterns showed traditional motifs, such as flowers and auspicious symbols. Later, more use was made of Western patterns.

While the cheongsam has varied over time in shape, colour, material and design features, one fundamental element has remained the same: this is the knotted buttons and loops generally known as *huaniu* or *panhuaniu*, with are stitched to fasten the collar and lapel. *Huaniu* may be a small feature but they should not be overlooked: they represent the soul of the cheongsam and provide a distinctive Chinese character. *Huaniu* are the product of thousands of years of traditional knotting craft, and the designs and compositions vary from plain to intricate. Traditional designs include floral, animal and insect motifs, and auspicious symbols, such as pomegranates and the Chinese character *shou*, signifying fertility and longevity respectively. Most huaniu on cheongsam are designed to match the pattern of the fabric and the colour of the braided trim on the collar, cuff and hem.

HONG KONG STYLE

In Hong Kong, wives and daughters of the wealthy upper class, movie stars, singers and even prostitutes were in the front line of setting new trends and promoting the wearing of the cheongsam. Tailors and dressmakers never hesitated to work with their customers to create brand new and spectacular designs. As a fashion item, the cheongsam received some special promotion in the 1920s and 1930s in Shanghai, Canton and Hong Kong on calendar posters produced by foreign and Chinese commercial enterprises, which were given to customers at the end of the lunar year. Images of beautiful women in fashionable dress were the most popular subjects for these advertising calendars, and the cheongsam was obviously popular with their painters. The calendars have become a major pictorial source for later students of the garment.

The cheongsam changed in interesting ways during the final stages of its glamour years. In the 1950s and 1960s, the dress became so popular that women of different ages and from all walks of life had at least one or two cheongsam in their wardrobe. Teenage students, clerks, housewives, waitresses and professional women found their own preferred style of cheongsam appropriate to their status. One of the most renowned styles is the 1960s mini cheongsam worn by the Suzie Wong character in the Hollywood movie *The World of Suzie Wong*. This set a trend for women in the entertainment industry in Hong Kong to wear exceedingly tight cheongsam, with high slits to show off their legs and figures. Tailors were requested to reinforce the garment around the waist and buttocks to stop the cheongsam from tearing when their wearers laughed or sneezed.

The cheongsam also had its critics. In the early 1960s, conservative members of Hong Kong society, leaders of women's associations and missionary organisations launched a campaign to promote conservative dress. Women were encouraged to do away with tight-fitting cheongsam with high slits. The press reported that some women working in night-clubs compromised by sewing a zipper into their slits so that the height of the slits could be adjusted to suit the situation.

By the 1960s and 1970s the cheongsam had passed its fashion peak in Hong Kong. Thereafter, it was worn mostly by middle-aged or elderly women, usually with a Western-style jacket of matching material for more formal events.

GENDER ROLES: WHO DECIDES WHAT WOMEN WEAR?

In male-oriented Chinese society, particularly before the 20th century, aesthetic and moral standards were often set by men, and men exerted a marked influence on the development of women's dress. The custom of foot binding, for example, which had prevailed since the Song dynasty (960-1279), was supported by the majority of men, who wanted their women vulnerable, submissive and ultimately under their control. Nearly all literary works discussing feminine beauty and women's lives were by male writers who set their own aesthetic standards for women, but it cannot be denied that women went along with men's ideas.

Throughout Chinese history, to a great extent, women have dressed to attract men and to win the approval of their fathers and husbands. In the 20th century, however, women have been given more freedom to develop their characters, including their personal tastes in fashion. The cheongsam – which was born alongside a growing awareness of women's rights – symbolised this transition. It is significant that Chinese women, after being released from such restrictive traditions, selected the cheong-sam as their national dress. The women portrayed on the calendar post-ers, dressed in sleeveless cheongsam with high side-slits, illustrate one aspect of women's new-found freedom.

Reasons for the popularity of the cheongsam are numerous: the garment has come to represent Chinese culture; it highlights femininity; and it can be modified to suit all stages of a Chinese woman's life. Elaborately decorated ankle-length cheongsam, for instance, give young women an air of elegance and culture. Loose-fitting and plain cheongsam can be worn by school children, while more sophisticated women can make the most of close-fitting, even see-through cheongsam. Although the cheongsam is not commonly seen in modern Hong Kong, some elderly women today still value their favourite cheongsam, such as those they received as part of their dowry in a traditional camphor-wood chest.

Note from the editors: In the original publication of this text, the spelling 'cheungsam' was favoured by the author. We have changed this to cheongsam for the sake of standardization throughout this book.

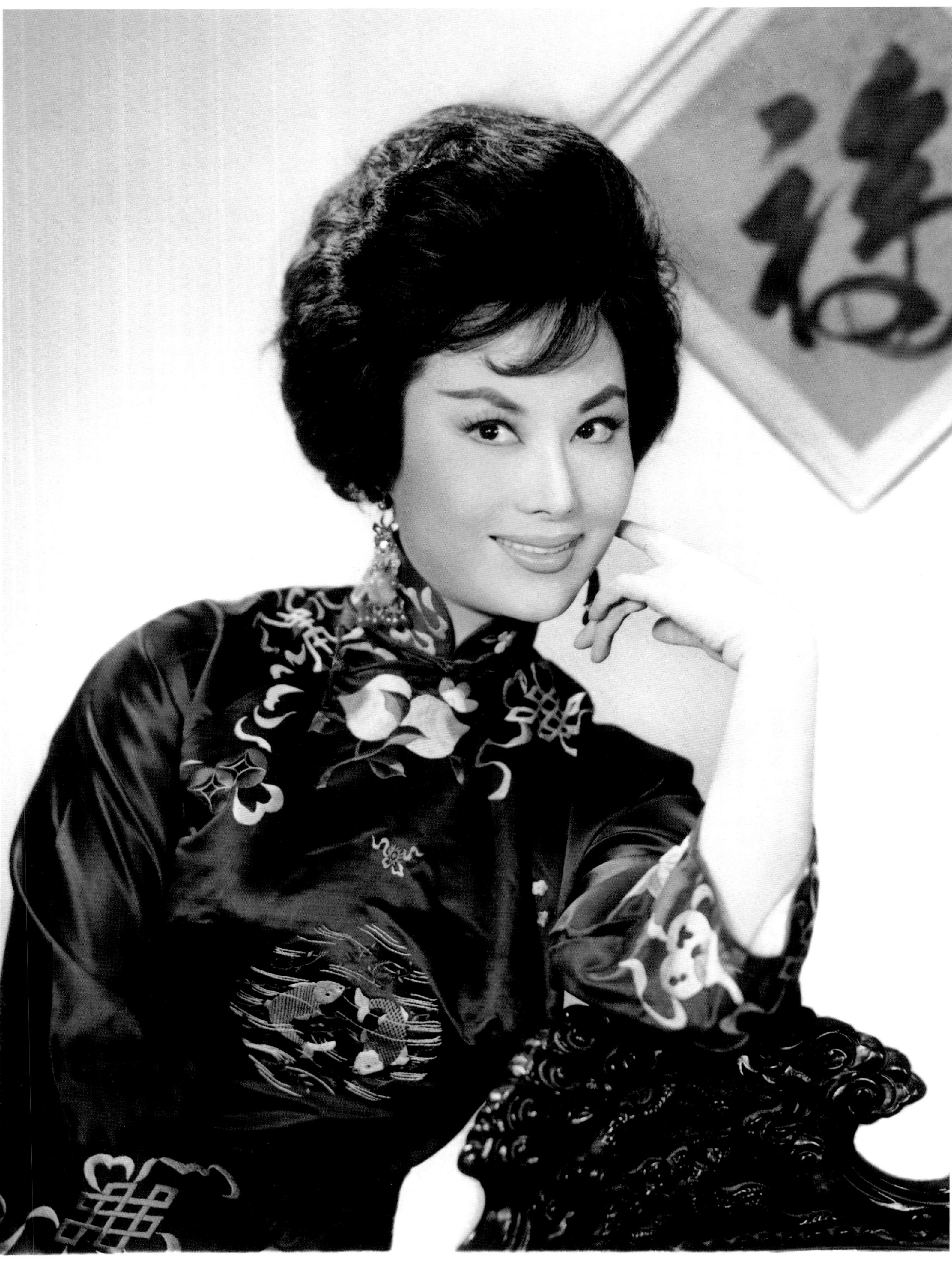

LE CHEONGSAM : MODE, CULTURE ET SEXISME

par Naomi Yin-yin Szeto

Naomi Yin-yin Szeto est conservatrice du Musée d'histoire de Hong Kong. Elle a organisé de nombreuses expositions, dont notamment Le vêtement à Hong Kong : un siècle de changements et de coutumes *(1992-1993), et* Métiers manuel, métiers de coeur : le commerce et l'artisanat traditionnels à Hong Kong, *à l'occasion desquelles elle a également rédigé les catalogues.*

L'ÉVOLUTION DU CHEONGSAM À LA MODE HONG-KONGAISE

Le cheongsam ou qipao est l'un des vêtements les plus remarquables qui ait vu le jour en Chine au début du XXᵉ siècle. Mieux connu des occidentaux, le terme cheongsam est utilisé dans le sud de la Chine où les habitants parle le cantonais. Qipao est un mot mandarin, couramment utilisé dans le nord de la Chine. Entre le milieu des années 30 et les années 60, le cheongsam était considéré comme le vêtement féminin traditionnel à Hong Kong. Depuis, il a perdu de sa notoriété, mais il demeure le vêtement de prédilection des concours de beauté, de certaines écoles réservées aux filles et dans le monde du travail. Avec la rétrocession de Hong Kong à la Chine en 1997, le cheongsam fait un retour en force à Hong Kong et attire également l'attention de l'Occident.

Lorsque Hong Kong est passée sous contrôle britannique, en 1841, les codes vestimentaires étaient identiques à ceux que la dynastie Qing (Ch'ing) avait imposés sur le continent. Comme leurs homologues chinois, les hommes devaient se raser le devant du crâne et porter une longue natte ; les chinois d'origine Han étaient vêtus de longues tuniques, appelées changshan (changpao dans le nord de la Chine), et portaient parfois une calotte, pour les occasions spéciales. Les femmes s'habillaient selon le style Han traditionnel, avec un aoqun de coupe ample, composé d'une veste et d'une jupe (voir les pages 24-25). Au quotidien, les femmes portaient l'aoku, un costume pantalon, très ample également.

Au cours des premières décennies du XXᵉ siècle, on assista à des changements spectaculaires sur le plan politique, économique et social en Chine. Le succès de la révolution de 1911 entraîna la chute de la dynastie Qing et une série de réformes sociales ouvrit ultérieurement la voie à l'innovation, jusque dans le secteur de la mode. Le code vestimentaire Mandchou-Qing disparut et les hommes furent autorisés à couper leur natte. La pratique Han du bandage des pieds cessa aussi progressivement, libérant les femmes d'une coutume féodale ancestrale.

Les mouvements sociaux autochtones, au sein de la classe intellectuelle, et le retour de Chinois ayant vécu outremer, insufflèrent un vent de libéralisme en Chine. La politique d'ouverture du commerce maritime permis un afflux d'idées et de valeurs culturelles occidentales. L'égalité des sexes figurait parmi ces nouveaux thèmes et les dirigeants commu-nautaires l'utilisèrent dans leur campagne en faveur de la liberté des femmes (droit aux études, possibilité de choisir un métier et un mari). Les femmes instruites ou issues de familles aisées saisirent l'occasion d'explorer ces nouvelles possibilités.

Sur les cartes des paquets de cigarettes, imprimées au début du XXᵉ siècle (généralement offertes en cadeau aux clients), on pouvait voir des femmes pratiquant des activités « modernes » comme les jeux de balle, le vélo, le patin à roulettes, la pêche ou encore jouant des instruments de musique occidentaux. Les femmes des générations précédentes n'auraient même pas osé envisager de telles activités. La femme moderne adopta cette nouvelle attitude extravertie et commença à abandonner les chemises amples et épaisses, et les jupes plissées disgracieuses.

LES VÊTEMENTS DU PASSÉ

Jusqu'au XXᵉ siècle, la plupart des femmes n'avaient pas eu la possibilité de s'épanouir en dehors du cercle familial. Les traditions de l'époque avaient également obligé les femmes à s'habiller modestement avec des vêtements trop grands qui camouflaient leur silhouette. Le célèbre aoqun, porté principalement par les femmes mariées des classes aisées, remplissait cette fonction. L'ao était une veste généralement composée d'un pan s'attachant sur la droite, formant un haut très ample, doté de grandes manches. Les manches se prolongeaient parfois jusqu'aux genoux et étaient si larges que les femmes pouvaient y glisser leurs enfants afin de les allaiter sans exhiber leurs sous-vêtements. Ce dicton humoristique décrivait assez bien la mode de l'époque : « La tunique est si longue qu'elle balaie la poussière sur le sol ; les manches sont si larges qu'elles font des courants d'air ».

Le qun (jupe), qui complétait l'aoqun, était composé de deux pans de tissus de longueur égale, fixés à une ceinture et enveloppés autour du corps. Sous la dynastie Qing, les jupes faites de pans plissés sur les côtés devinrent particulièrement en vogue. Les pans comptaient parfois jusqu'à cent plis, d'où le nom de « jupe à cent plis ». Vers la fin de la période Qing, les jupes les plus spectaculaires étaient ornées de riches broderies qui venaient embellir les espaces situés entre chaque pli. Lorsqu'on étirait les plis, le tissu ressemblait à des écailles de poisson, d'où le nom « jupe à cent plis en écailles de poisson ».

Les parures féminines affichaient souvent des couleurs vives, un style travaillé et de multiples détails, témoignant de la grande rigueur dans la confection. On utilisait une grande variété de techniques, dont notamment la broderie et l'appliqué, pour rajouter des éléments symboliques et des motifs gracieux sur les vêtements, comme par exemple sur l'aoqun.

UNE TOUCHE DE MODERNISME : LA FUSION ENTRE LES CULTURES CHINOISE ET OCCIDENTALE

Au début du XXe siècle, la mode vestimentaire masculine et féminine est traditionnelle, ample et élégante. Mais les changements de comportement entraînent des bouleversements au niveau des vêtements. L'aoqun et l'aoku féminins restent populaires, mais les hauts, les jupes et les pantalons raccourcissent et deviennent plus étroits, à l'instar du changsam et du magua masculins.

Le célèbre auteur chinois Lin Yutang (1895-1976) déclarait à l'époque : « La différence philosophique entre la mode chinoise et occidentale, c'est que cette dernière tente de révéler le corps humain, tandis que la première essaie de le cacher ». Il n'y a pas que l'aspect pratique ou l'aisance du mouvement qui suscitent cet engouement pour les vêtements moulants chez les hommes et les femmes. La volonté croissante de révéler les formes corporelles est également un facteur qui entre en ligne de compte et qui reflète l'occidentalisation de la société.

Néanmoins, à Hong Kong, la transition entre les vêtements chinois traditionnels et occidentaux s'effectua sur une longue période, allant du début du XXe siècle jusqu'aux années 60 et 70. Les hommes furent à l'origine de ce changement. Il s'agissait principalement d'individus issus de la classe aisée, de négociants engagés dans le commerce avec l'étranger, d'employés de bureau ou d'étudiants instruits. Ils portaient des chemises, des cravates, des vestes ou des chaussures en cuir de style occidental. Mais le reste de la gente masculine et la quasi-totalité des femmes adoptaient les nouveaux styles avec beaucoup plus de lenteur. Pendant la première moitié du XXe siècle, les gens mélangeaient les styles chinois et occidental, introduisant les changements prudemment, par petites touches, dans la coiffure et les accessoires, et s'attaquaient ensuite aux vêtements principaux. Il n'était pas rare de voir les hommes de l'époque porter le changshan et le magua avec un chapeau de feutre occidental assorti. Les femmes en aoqun traditionnel portaient parfois des escarpins en cuir. Elles arboraient aussi des manteaux de fourrure et des sacs à main de facture étrangère. Dans les années 20 et 30, les jeunes mariées à la mode portaient des robes de cérémonie traditionnelles avec un voile occidental.

L'ÉVOLUTION DU CHEONGSAM

Le cheongsam, ou qipao en mandarin, est l'un des vêtements les plus remarquables qui ait vu le jour en Chine au début du XXe siècle. Des années 30 aux années 60, le cheongsam est considéré comme la robe de référence des Chinoises. Pendant cette période, le cheongsam jouit d'une immense popularité dans les plus grandes villes chinoises, mais plus particulièrement à Hong Kong, Taiwan et dans les communautés chinoises d'outremer.

À l'origine, il semblerait que le cheongsam soit une variation de la longue robe portée par les femmes mandchoues. L'originalité du cheongsam réside dans le fait que c'est un vêtement d'une seule pièce, contrairement aux ensembles deux-pièces de style Han traditionnel, composé d'une jupe et d'une veste. En fait, comme il ressemblait beaucoup à la tunique masculine, la plupart des femmes ne le trouvaient pas très seyant au départ, et il fallut attendre la fin des années 20 et le début des années 30 avant qu'il ne gagne en notoriété.

Au tournant du siècle, la ville côtière de Shanghai est la capitale de la mode chinoise. Métropole prospère, elle occupait une place de premier plan en Chine avant la Seconde Guerre mondiale et sa réputation dans le domaine de la mode féminine était telle qu'on l'appelait « le Paris de l'orient ». À Hong Kong et dans les autres villes chinoises, le cheongsam évoluait à la cadence de Shanghai. Les premiers modèles étaient amples et longs jusqu'aux chevilles. Au fil du temps, les ourlets remontèrent à mi-mollet ou à hauteur du genou. Les manches faisaient l'objet de diverses variations : longues, trois-quarts, mancherons, manches à volant de style occidental ou carrément sans manches. Les cols relevés étaient parfois empesés et pouvaient aller jusqu'aux oreilles. Le cheongsam devint de plus en plus moulant et les échancrures latérales remontèrent de plus en plus haut.

La soie, le brocart, le velours et la dentelle furent d'abord utilisés pour confectionner les premiers cheongsams. Les tissus synthétiques furent introduits ultérieurement. Lorsqu'il faisait froid, on portait un cheongsam en brocart, en laine, en coton matelassé ou ourlé de fourrure, alors qu'on privilégiait le coton, le satin, la dentelle et les étoffes légères en été. Au début des années 30, les tissus teints avec de l'indanthrène (une teinture originaire d'Inde) plaisaient beaucoup aux femmes, en particulier aux enseignantes et jeunes étudiantes, qui préféraient un style plus classique.

Les férues de mode portaient souvent des cheongsams multicolores très travaillés, ornés de nombreuses broderies, paillettes et galons sophistiqués. Les motifs de tissu et les broderies utilisés à l'origine étaient de style traditionnel et représentaient des fleurs ou des porte-bonheur. Plus tard, on utilisa davantage les motifs occidentaux.

Même si la forme, les coloris, les tissus et les caractéristiques du cheongsam ont évolué au fil du temps, il y a un élément qui est resté identique : le brandebourg, généralement appelé huaniu ou panhuaniu, qui ferme le col et le pan latéral. Même si l'huaniu ne constitue qu'un petit détail, il n'en n'a pas moins une signification importante : il représente l'âme du cheongsam et confère au vêtement son caractère distinctif. L'huaniu est issu du macramé chinois, un artisanat traditionnel millénaire dont les motifs et les compositions varient du plus simple au plus compliqué. Les motifs traditionnels représentent des fleurs, des animaux, des insectes et des porte-bonheur, comme les grenades et le caractère chinois shou, symboles respectifs de la fertilité et de la longévité. La plupart des hua-nius sont assortis au motif du tissu et à la couleur du galon qui orne le col, les poignets et l'ourlet.

LE STYLE HONG-KONGAIS

À Hong Kong, les épouses et les jeunes filles de la haute société, les stars de cinéma, les chanteurs, et même les prostituées, étaient à l'avant-garde des tendances et elles contribuèrent à populariser le cheongsam. Les tailleurs et les couturiers n'hésitaient jamais à travailler en collaboration avec leurs clientes pour créer des motifs spectaculaires et radicalement nouveaux. Dans les années 20 et 30, le cheongsam devint une véritable icône de mode à Shanghai, Canton et Hong Kong, où il apparût sur les images des calendriers que les entreprises commerciales étrangères et chinoises offraient à leurs clients à la fin de l'année lunaire. Ces calendriers publicitaires montraient principalement de jolies jeunes femmes habillées à la dernière mode. Le cheongsam avait, semble-t-il, la faveur des peintres. Ces calendriers sont devenus une référence majeure pour ceux qui étudient le vêtement.

Durant ces dernières années de gloire, le cheongsam a suivi un parcours intéressant. Dans les années 50 et 60, la robe devint si populaire que les femmes de tous âges et de toutes origines sociales en possédaient au moins une ou deux dans leur garde-robe. Les jeunes étudiantes, les employées de bureau, les femmes au foyer et les femmes actives choisissaient le modèle de cheongsam qui convenait le mieux à leur statut. L'un des modèles de cheongsam les plus connus est le mini-cheongsam que portait le personnage de Suzie Wong dans le film hollywoodien *Le monde de Suzie Wong*. À partir de ce moment-là, à Hong Kong, les femmes de l'industrie du spectacle commencèrent à porter des cheongsams extrêmement moulants et fendus très haut sur les côtés afin d'exhiber leurs jambes et leur silhouette. Elles demandèrent aux tailleurs de renforcer le tissu autour de la taille et des fesses pour que le cheongsam ne se déchire pas lorsqu'elles riaient ou éternuaient.

Le cheongsam avait aussi ses détracteurs. Au début des années 60, les membres conservateurs de la société hong-kongaise, les leaders des associations féministes et les œuvres missionnaires lancèrent une campagne en faveur d'une mode plus conventionnelle. On encouragea les femmes à ne plus porter le cheongsam moulant largement échancré. La presse révéla que certaines femmes travaillant dans des boîtes de nuit réagirent en cousant une fermeture éclair dans l'échancrure pour ajuster la hauteur selon les circonstances.

Les années 60 et 70 marquèrent le déclin du cheongsam à Hong Kong. Par la suite, seules les femmes âgées ou d'âge mûr le portaient, lors des occasions spéciales, avec une veste de style occidental confectionnée dans un tissu identique.

LE RÔLE DES HOMMES ET DES FEMMES : QUI DÉCIDE DE LA MODE FÉMININE ?

Dans la société chinoise essentiellement dominée par les hommes, en particulier avant le XXe siècle, les valeurs esthétiques et morales étaient souvent fixées par ces derniers, et ils exerçaient une influence marquée sur l'évolution de la mode féminine. La majorité des hommes, qui souhaitaient que leurs épouses restent vulnérables, soumises et obéissantes, étaient, par exemple, favorables à la coutume du bandage des pieds, en vigueur depuis la dynastie Song (960-1279). Pratiquement tous les ouvrages littéraires sur le thème de la beauté et la condition féminine étaient rédigés par des hommes qui définissaient leurs propres critères esthétiques. Il est vrai, cependant, que les femmes acceptaient entièrement les idées masculines.

Tout au long de l'histoire de la Chine, les femmes se sont essentiellement habillées pour séduire les hommes et obtenir l'assentiment de leurs pères et de leurs époux. Au XXe siècle, cependant, les femmes ont eu la possibilité d'affirmer leur caractère, y compris leurs goûts personnels en matière de mode. Le cheongsam, qui est apparu au moment où la population découvrait les droits de la femme, symbolise cette transition. Il n'est pas anodin qu'après s'être libérées de traditions aussi contraignantes, les Chinoises aient choisi le cheongsam comme vêtement national. Les femmes représentées sur les calendriers, vêtues de cheongsams sans manches largement échancrés, illustrent cette liberté récemment conquise.

Les éléments qui font la popularité du cheongsam sont nombreux. En effet, le vêtement est devenu un symbole de la culture chinoise, il met en valeur la féminité, et les femmes peuvent le modifier pour l'adapter à toutes les étapes de leur existence. Par exemple, les longs cheongsams savamment ornés apportent une touche d'élégance et une certaine distinction chez les jeunes femmes. Les cheongsams amples et simples sont plutôt réservés aux écolières, tandis que les femmes plus sophistiquées s'accordent mieux d'un cheongsam plus moulant, voire transparent. Bien que le cheongsam ne soit pas très répandu aujourd'hui à Hong Kong, certaines femmes âgées continuent de chérir leur cheongsam, comme celui qu'elles ont reçu avec leur trousseau de mariage, dans un coffre traditionnel en bois de camphre.

Remarque des éditeurs : Dans la publication d'origine de ce texte, l'auteur avait utilisé l'orthographe « cheungsam ». Dans un souci de normalisation, nous l'avons remplacé par « cheongsam » afin d'utiliser la même graphie tout au long de ce livre.

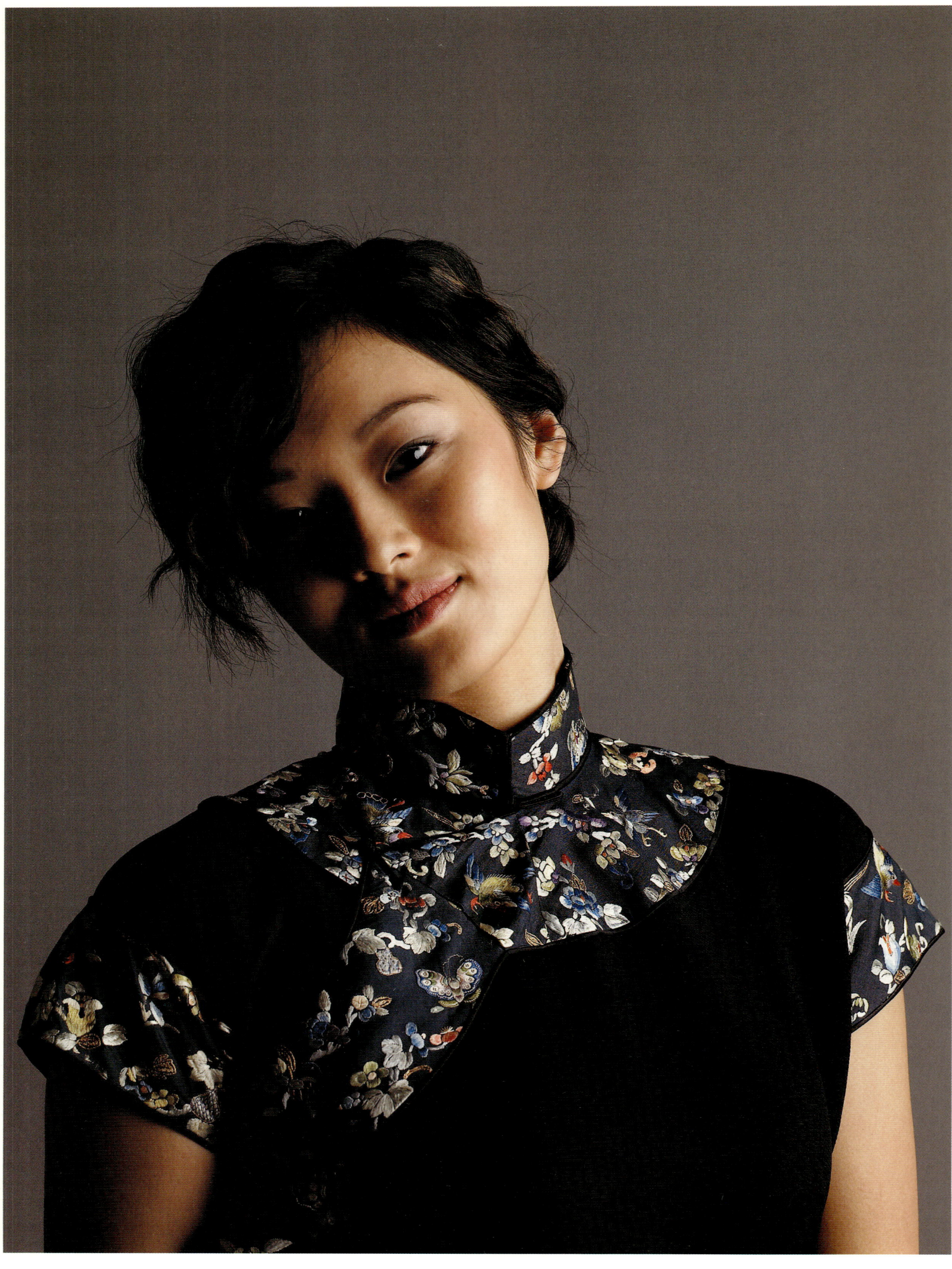

CHEONGSAM: MODA, CULTURA Y GÉNERO

Texto de Naomi Yin-yin Szeto

Naomi Yin-yin Szeto es conservadora del museo de historia de Hong Kong. Ha sido comisaria de numerosas exposiciones, entre las cuales destacan El vestido en Hong Kong: un siglo de cambios y costumbres *(1992-1993) y* Obra de manos y corazones: los oficios y la artesanía tradicional de Hong Kong *(1995), cuyos catálogos también redactó.*

EL ESTILO HONGKONÉS: EVOLUCIÓN DEL CHEONGSAM

Una de las prendas más destacadas que apareció en China a comienzos del siglo XX fue el cheongsam o qipao. Cheongsam es el término que emplean los chinos de la zona sur del país, que hablan cantonés, y la forma más conocida entre los occidentales. Qipao es un término mandarín muy extendido por la zona norte del país. Desde mediados de la década de 1930 y hasta la década de 1960, el cheongsam se consideraba la indumentaria estándar de las hongkonesas. Desde entonces ha decaído su popularidad pero sigue siendo el vestido más empleado en los concursos de belleza, como uniforme en algunos colegios femeninos y por algunas profesionales. Con la entrega de Hong Kong al gobierno chino en 1997, el cheongsam experimentó cierta recuperación en la ciudad y comenzó a despertar interés en Occidente.

Cuando Hong Kong pasó a manos de los británicos en 1841, seguían imperando los códigos de vestimenta que había establecido la dinastía Qing (Ch'ing) en el continente. Al igual que sus homólogos chinos, los hombres debían afeitarse la parte frontal de la cabeza y llevar una trenza larga. Los chinos de etnia han vestían unos trajes largos denominados changshan (changpao en el norte de China) y en las ocasiones especiales también se les permitía lucir un casquete. Las mujeres vestían de acuerdo con el estilo han tradicional, un conjunto de dos piezas holgadas (chaqueta y falda) denominado aoqun (páginas 24-25). Los días de diario las mujeres vestían el aoku, un traje de pantalón que también presentaba un corte holgado.

Sin embargo, las primeras décadas del siglo XX fueron testigo de importantes cambios políticos, económicos y sociales en China. El éxito de la revolución de 1911 provocó el derrocamiento de la dinastía Qing, así como una serie de reformas sociales que tuvieron como consecuencia innovaciones también en la indumentaria. La etiqueta que había prevalecido durante el mandato de la dinastía Manchú quedó superada y se permitió a los hombres cortarse la trenza. Asimismo, se fue abandonando gradualmente la práctica han de vendar los pies a las niñas, una costumbre feudal que había durado varios siglos.

Los movimientos sociales autóctonos fomentados por los intelectuales y el regreso de algunos chinos que vivían en el extranjero propiciaron una actitud liberal en China, y la política aperturista del negocio marítimo trajo consigo el influjo de ideas y elementos culturales occidentales. Uno de esos nuevos conceptos occidentales era la igualdad de sexos, que alentó a los líderes sociales en su campaña por la libertad de las mujeres, para

quienes reclamaban el derecho a la escolarización y la libertad de elegir su carrera profesional y su pareja matrimonial. Las mujeres que contaban con una buena formación y las que pertenecían a familias acaudaladas aprovecharon la oportunidad para experimentar con las nuevas posibilidades que tenían ante sí.

A comienzos del siglo XX las tarjetas que anunciaban cigarrillos, con las que solía obsequiarse a los clientes, mostraban a mujeres de la época ataviadas a la moda participando en actividades sociales «modernas»: jugando a la pelota, montando en bicicleta, patinando, pescando y tocando instrumentos musicales occidentales. Las mujeres de la generación anterior nunca habrían soñado con realizar ninguna de estas actividades. Acorde con esta imagen extravertida, la mujer moderna empezó a deshacerse de las camisas holgadas y voluminosas, y las incómodas faldas plisadas que usaba su abuela.

PRENDAS PARA LA ÉPOCA

Antes del siglo XX, la mayoría de las mujeres no tenían libertad para llevar una vida social más allá del círculo familiar. Las normas sociales de la época también instaban a la mujer a vestir de forma modesta, lo cual implicaba que las prendas fueran holgadas y de una talla superior a la suya para disimular la figura. El aoqun, utilizado principalmente por mujeres casadas de buena posición, cumplía esta función. La ao (chaqueta) solía tener una solapa que se abrochaba a la derecha y un corte amplio, de modo que la parte superior era holgada, y presentaba mangas largas. La longitud de las mangas era tal que a veces llegaban a la rodilla y eran tan voluminosas que las madres podían meter dentro a los bebés para darles el pecho sin enseñar la ropa interior. Había un dicho humorístico muy popular en la época que describía esta moda: «Una túnica tan larga que barre el suelo y una manga tan amplia que levanta brisa».

La qun (falda) del aoqun estaba formada por dos trozos de tela iguales unidos a una pretina, que envolvían el cuerpo. Durante el mandato de la dinastía Ping, se pusieron muy de moda las faldas plisadas. Algunas incluso contaban con 100 pliegues, motivo por el cual esta prenda se bautizó como «falda de los 100 pliegues». A finales del periodo Ping, las faldas más asombrosas eran las que contaban con ricos bordados que decoraban la zona comprendida entre los pliegues. Cuando estos se extendían, parecían las escamas de un pez, de ahí el término «falda de escamas de 100 pliegues».

Por regla general, la indumentaria femenina presentaba colores vivos y se elaboraba con gran estilo y riqueza de detalles, lo cual ponía de manifiesto el talento y la maestría de quienes la confeccionaban. Algunas de las prendas, como el aoquin, se decoraban empleando una gran variedad de técnicas, como el bordado y las aplicaciones, que permitían añadir símbolos auspiciosos y estampados elegantes.

EL GUSTO POR LA MODERNIDAD: FUSIÓN DE LAS CULTURAS CHINA Y OCCIDENTAL

A comienzos del siglo XX la indumentaria de los hombres y mujeres que seguían las tendencias de la moda podía calificarse de tradicional, elegante y de talle holgado. Sin embargo, al cambio en las actitudes siguió el cambio en la vestimenta. Ni el aoqun ni el aoku perdieron su popularidad, pero tanto las prendas superiores como las faldas y pantalones se acortaron y se estrecharon, al igual que el changshan y el magua masculinos.

El célebre escritor chino Lin Yutang (1895-1976) afirmó en una ocasión que «la filosofía que encierran la indumentaria china y la occidental es que mientras que esta última trata de realzar la figura humana, la primera trata de ocultarla». Esta preferencia por unas prendas más ceñidas para ambos sexos no se debía únicamente al deseo de que facilitaran los movimientos y que resultaran más cómodas. El deseo creciente de realzar la figura corporal también era una muestra de occidentalización.

No obstante, en Hong Kong la transición de la vestimenta tradicional china a la vestimenta occidental no tuvo lugar de la noche a la mañana, sino que se prolongó desde comienzos del siglo XX hasta las décadas de 1960 y 1970. El cambio fue liderado por los hombres, normalmente de clase acomodada, empresarios dedicados al comercio internacional, oficinistas o estudiantes de buena formación que regresaban al país y lucían camisas, corbatas, chaquetas o zapatos de piel de estilo occidental. Sin embargo, la mayoría de los hombres y la práctica totalidad de las mujeres tardaron más tiempo en adoptar las nuevas tendencias. Durante la primera mitad del siglo XX, los chinos se vestían con una mezcla de estilos a caballo entre la moda china y la occidental, experimentando cautelosamente con cambios menores en tocados y accesorios, y dejando las prendas principales para el final. No era raro ver hombres ataviados con changshan y magua combinados con un sombrero de fieltro occidental o mujeres vestidas con el aoqun tradicional y calzadas con zapatos altos de piel. También era habitual verlas ataviadas con un abrigo de pieles al estilo occidental y un elegante bolso del mismo estilo. En las décadas de 1920 y 1930, las novias más modernas llevaban el traje nupcial tradicional chino con un velo occidental.

EVOLUCIÓN DEL CHEONGSAM

El cheongsam, que en mandarín se conoce como qipao, es una de las prendas más importantes surgidas en el norte de China a comienzos del siglo XX. Fue la indumentaria habitual de la mujer china desde la década de 1930 hasta la década de 1960. Durante parte de ese periodo gozó de gran popularidad en las principales ciudades de China, pero sobre todo en Hong Kong, Taiwán y en las comunidades chinas que vivían en el extranjero.

Se cree que el cheongsam surgió inicialmente como una evolución del largo vestido que llevaban las mujeres manchúes. La particularidad del cheongsam residía en el hecho de estar formado por una sola pieza, en contraste con el conjunto de falda y chaqueta del estilo han tradicional. De hecho, puesto que se asemejaba al traje masculino de una sola pieza, al principio no gustó a todas las mujeres y no logró popularizarse hasta finales de la década de 1920 y comienzos de la década de 1930.

El centro de la moda china a comienzos de siglo era la ciudad costera de Shanghái. Antes de la Segunda Guerra Mundial, era una metrópoli moderna y próspera, con tal fama como centro de la moda femenina que se la conocía como «el París de Oriente». La evolución del cheongsam en Hong Kong y en otras ciudades chinas se mantuvo al corriente de las tendencias que corrían por Shanghái. Los primeros cheongsam eran ligeramente entallados y llegaban hasta el tobillo. Con el tiempo, los dobladillos fueron subiendo hasta media pantorrilla o incluso hasta la rodilla. Las mangas presentaban diversas formas, desde mangas largas y mangas de tres cuartos hasta breves mangas casquillo o mangas fruncidas al estilo occidental. También había cheongsam sin mangas. Los cuellos levantados a veces se almidonaban y podían llegar hasta las orejas. El cheongsam se fue entallando cada vez más y las aberturas laterales fueron ganando en altura.

Los materiales empleados para confeccionar el cheongsam iban desde la seda, los brocados, el terciopelo y los encajes de la primera época hasta las telas sintéticas de los últimos años. En los días fríos se vestían cheongsam confeccionados con brocados y lana, acolchados con algodón o forrados de piel, mientras que en verano se preferían los de algodón, satén, encajes y otros materiales más ligeros. A comienzos de la década de 1930 se popularizaron las telas teñidas con indantreno (un pigmento originario de India) entre muchas mujeres, sobre todo las maestras y las estudiantes jóvenes, que preferían un estilo más conservador.

Las mujeres que seguían las tendencias más novedosas se vestían con elaborados cheongsam multicolores con abundantes bordados, lentejuelas y elegantes ribetes. Los estampados y bordados más antiguos mostraban motivos tradicionales, como flores y símbolos auspiciosos. Más tarde, se introdujeron más motivos occidentales.

Aunque a lo largo de los años el cheongsam ha modificado su forma, colores, materiales y estampados, ha conservado un elemento fundamental: los nudos chinos y las presillas, conocidos como huaniu o panhuaniu, que sirven para abrochar el cuello y la solapa. Aunque parezcan poca cosa, los huaniu no deben infravalorarse: son el alma del cheongsam y le confieren un carácter genuinamente chino. Son producto de un arte milenario de anudado, y sus diseños y composiciones van desde los más sencillos hasta los más complicados. Forman parte de la tradición los motivos con flores, animales, insectos y símbolos auspiciosos, como las granadas y el carácter chino shou, que simbolizan respectivamente la fertilidad y la longevidad. Casi todos los huaniu de los cheongsam se diseñan a juego con el estampado de la tela y el color del ribete trenzado utilizado en el cuello, los puños y el dobladillo.

EL ESTILO DE HONG KONG

Las esposas y las hijas de las familias adineradas, las estrellas cinematográficas, las cantantes y también las prostitutas fueron las encargadas de marcar las tendencias y de fomentar el uso del cheongsam en Hong Kong. Los sastres y modistos nunca dudaron en colaborar con sus clientas para crear nuevos y espectaculares diseños. Como artículo de moda, el cheongsam se promocionó especialmente gracias a su uso en los calendarios producidos por empresas extranjeras y chinas para regalar a los clientes al final del año lunar durante las décadas de 1920 y 1930 en Shanghái, Cantón y Hong Kong. Las imágenes de mujeres hermosas vestidas a la moda gozaban de gran aceptación entre los destinatarios de estos calendarios comerciales y naturalmente el cheongsam era bien aceptado entre quienes los pintaban. Estos calendarios se convirtieron en una importantísima fuente de información gráfica para todos aquellos que más tarde se dedicarían al estudio de esta prenda.

El cheongsam cambió de forma curiosa durante los últimos años de su época de esplendor. En las décadas de 1950 y 1960, el vestido gozaba de tanta popularidad que mujeres de distintas edades y de toda condición tenían por lo menos un par de cheongsam en su ropero. Estudiantes adolescentes, amas de casa, camareras y otras profesionales encontraban el modelo de cheongsam que más se ajustaba a su estatus. Uno de los más célebres de la década de 1960 fue el mini cheongsam que llevaba el personaje de Suzie Wong en la película de Hollywood *El mundo de Suzie Wong (The World of Suzie Wong)*. Este modelo marcó tendencia en la industria hongkonesa del entretenimiento, cuyas artistas empezaron a vestir cheongsam extremadamente ajustados, con grandes aberturas que dejaban al descubierto las piernas y realzaban la figura. Las clientas pedían a los sastres que reforzaran la prenda en la zona de la cintura y los glúteos para evitar que se rasgara cuando quien la lucía se reía o estornudaba.

El cheongsam también tenía detractores. A comienzos de la década de 1960, los miembros más conservadores de la sociedad de Hong Kong, las líderes de las asociaciones de mujeres y las organizaciones misioneras lanzaron una campaña para fomentar una indumentaria más conservadora. Se alentaba a las mujeres a deshacerse de los cheongsam muy ajustados con grandes aberturas. La prensa se hizo eco de la solución ideada por algunas mujeres que trabajaban en clubes nocturnos: cosían una cremallera en el extremo de las aberturas para adaptar la altura de las mismas a cada situación.

En las décadas de 1960 y 1970 el cheongsam había dejado atrás su época

dorada en Hong Kong. A partir de entonces solían llevarlo mujeres de mediana edad o mujeres mayores, generalmente acompañado de una chaqueta de estilo occidental confeccionada con tela a juego para los acontecimientos más formales.

ROLES DE GÉNERO: ¿QUIÉN DECIDE QUÉ SE PONEN LAS MUJERES?

En la androcéntrica sociedad china, especialmente antes del siglo XX, las normas estéticas y morales eran dictadas por los hombres, por lo cual tuvieron una gran influencia en el desarrollo de la indumentaria femenina. La costumbre de vendar los pies, por ejemplo, que estaba en vigor desde la dinastía Song (960-1279), contaba con la aprobación de la mayoría de los hombres, que deseaban mujeres vulnerables, sumisas y, en definitiva, fáciles de controlar. Aunque casi todas las obras literarias en torno a la belleza femenina y la vida de las mujeres eran redactadas por autores que fijaban a su gusto estándares estéticos femeninos, es innegable que las mujeres secundaban sus ideas.

A lo largo de toda la historia de China, las mujeres se han vestido en gran medida para atraer a los hombres y ganarse la aprobación de sus padres y maridos. Sin embargo, en el siglo XX, gozaron de una mayor libertad para desarrollar su carácter, lo cual incluye los gustos personales en cuestiones de moda. El cheongsam —que nació en una época en la que las mujeres comenzaban a intuir que tenían derechos propios— simboliza esa transición. Es significativo que las mujeres chinas lo eligieran como vestido nacional después de liberarse de unas tradiciones tan restrictivas. Las mujeres retratadas en los calendarios, que aparecen vestidas con cheongsam sin mangas y con amplias aberturas laterales, ilustran un aspecto de su recién descubierta libertad.

Existen diversos motivos que explican la popularidad del cheongsam: la prenda se ha convertido en un símbolo de la cultura china, realza la feminidad y puede modificarse para adaptarse a las distintas edades de la vida de una mujer china. Los cheongsam que llegan hasta el tobillo y se decoran con adornos sofisticados confieren a la mujer joven un aire de elegancia y cultura. Las niñas en edad escolar pueden vestir cheongsam holgados y lisos, mientras que las mujeres más sofisticadas pueden sacar el máximo partido a los cheongsam más entallados, incluso transparentes. A pesar de que esta prenda no suele verse en el Hong Kong moderno, algunas mujeres de edad todavía conservan su cheongsam preferido, como el que recibieron como parte de su dote en un cofre tradicional de madera de alcanfor.

Nota del editor: En la publicación original de este texto, la autora prefiere la forma cheungsam. *Se ha cambiado a* cheongsam *para unificarla con el resto del libro.*

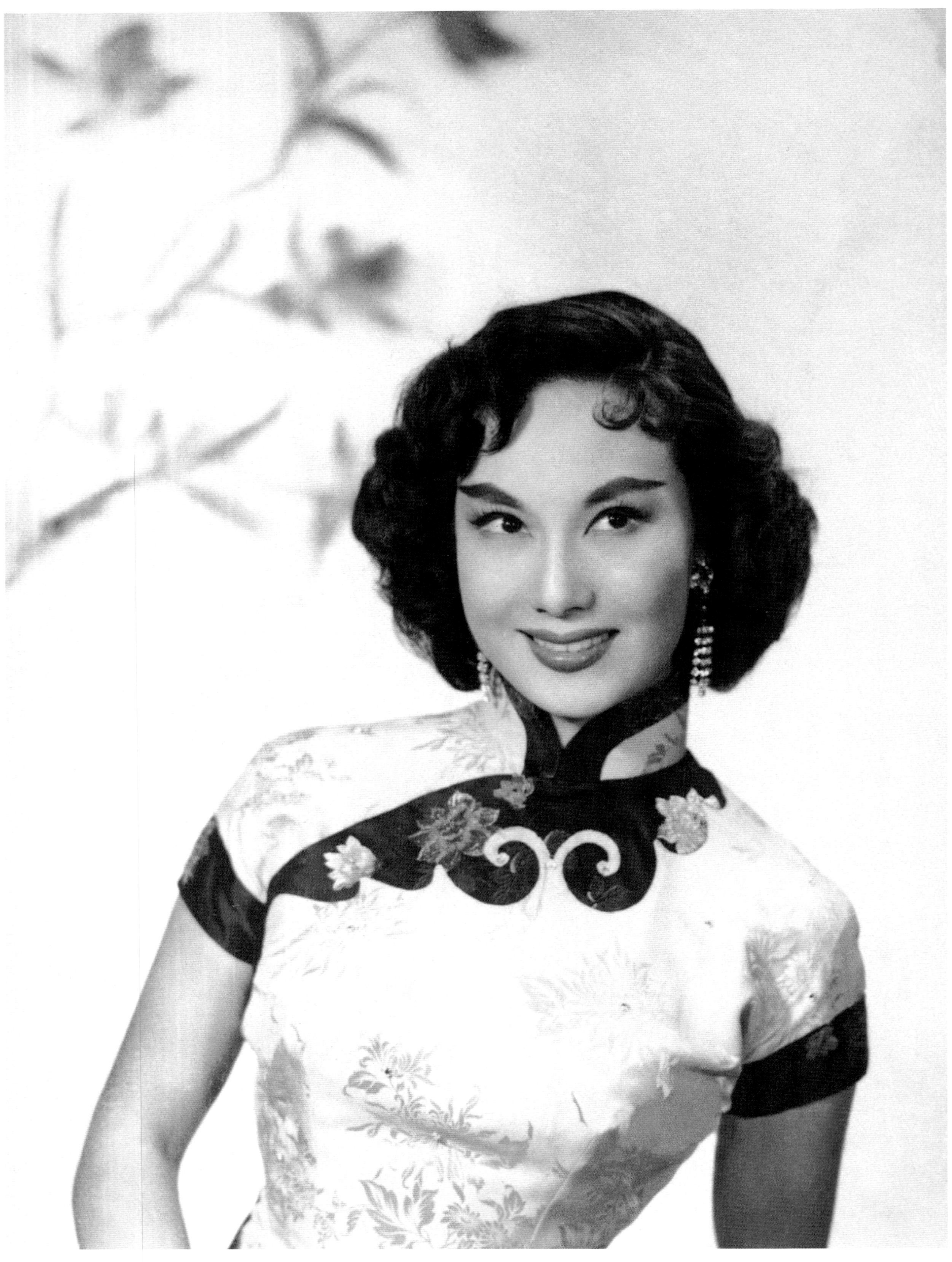

CHEONGSAM:
MODE, KULTUR, GESCHLECHTERROLLEN

von Naomi Yin-yin Szeto

Naomi Yin-yin Szeto ist Kuratorin am Hong Kong Museum of History. Zu den vielen von ihr kuratierten Ausstellungen zählen Kleidung in Hongkong: ein Jahrhundert voller Veränderung und Tradition *(1992-1993) und* Von Hand und Herz: Hongkongs traditionelle Handwerkskunst *(1995), zu denen sie auch die Kataloge schrieb.*

HONGKONG-STIL: DIE ENTSTEHUNG DES CHEONGSAM

Das Cheongsam, auch Qipao *genannt, zählt zu den spektakulärsten Kleidungsstücken, die im China des frühen 20. Jahrhunderts entstanden. Das Wort Cheongsam wird von den Kantonesisch sprechenden Südchinesen verwendet und ist im Westen am geläufigsten; Qipao dagegen ist der in Nordchina übliche mandarinchinesische Ausdruck. Von der Mitte der 1930er bis in die 1960er-Jahre war das Cheongsam in Hongkongs Damenmode Standard. Seither hat seine Popularität zwar nachgelassen, doch es ist noch immer das beliebteste Kleid im Geschäftsleben, an vielen Mädchenschulen und bei Miss-Wahlen. Seit China 1997 Hongkong zurückerhielt, hat es dort eine Renaissance erlebt und erfährt auch im Westen Aufmerksamkeit.*

Als Hongkong 1841 unter britische Herrschaft kam, kleidete man sich dort nach der von der Qing- (Ching-) Dynastie etablierten Kleiderordnung. Wie ihre Geschlechtsgenossen auf dem Festland mussten auch Hongkongs männliche Einwohner sich den Kopf über Stirn und Schläfen kahl rasieren und das übrige Haar in einem langen Zopf tragen; der Hanchinese trug lange, Changshan genannte Gewänder (in Nordchina Changpao genannt) und zu besonderen Gelegenheiten eventuell auch eine Kappe. Die Frauen kleideten sich nach traditionellem Han-Stil mit einer weit geschnittenen zweiteiligen Aoqun (Jacke-Rock-Kombination, siehe Seiten 24-25). Als Alltagskleidung trugen Frauen Aoku, Hosenanzüge, die ebenfalls weit geschnitten waren.

In den ersten Jahrzehnten des 20. Jahrhunderts erfuhr China tief greifende politische, wirtschaftliche und soziale Veränderungen. Durch die Revolution von 1911 wurde die Qing-Dynastie gestürzt und die nun einsetzenden sozialen Reformen machten auch den Weg für Innovationen in der Kleidung frei. Mit ihnen endete auch die Mandschu-Qing-Kleiderordnung, so dass Männer sich ihrer Zöpfe entledigen konnten. Auch die hanchinesische Praxis des Füßebindens wurde allmählich fallen gelassen und so die Frauen von diesem uralten feudalen Brauch erlöst. In China selbst entstehende soziale Bewegungen in Intellektuellenkreisen dend rückkehrende Auslandschinesen bewirkten ein liberaleres Klima und durch die Öffnungspolitik im Seehandel fanden auch westliche Kulturelemente und Vorstellungen Eingang. Eine dieser westlichen Ideen war die Geschlechtergleichheit; sie bestärkte Wortführer sozialer Gruppen in ihrem Kampf für die Emanzipation der Frauen und ihr Recht auf Bildung sowie auf die Wahl des Berufs und des Ehegatten. Gebildete Frauen und Töchter wohlhabender Familien ergriffen die Chance, diese neuen Möglichkeiten auszuprobieren.

Zigarettenbilder aus dem frühen 20. Jahrhundert (die als Geschenke für Geschäftspartner dienten) zeigen modisch gekleidete Frauen bei damals modernen Beschäftigungen - Ball spielend, Fahrrad fahrend, Rollschuh laufend, angelnd oder westliche Instrumente spielend. Keine dieser Beschäftigungen wäre für Frauen früherer Generationen auch nur denkbar gewesen. Passend zu diesem aufgeschlossenen Image begannen moderne Chinesinnen auch, die weiten, unförmigen Oberteile und langweiligen Faltenröcke ihrer Großmütter abzulegen.

NEUE ZEITEN, NEUE KLEIDER

Bis zum 20. Jahrhundert war den meisten Frauen ein uneingeschränktes Sozialleben außerhalb der Familie verwehrt. Die Sitten schrieben ihnen zudem bescheidene Kleidung vor - sehr weite, lose Gewänder, die ihre Figur verbargen. Das beliebte, hauptsächlich von reichen Ehefrauen getragene Aoqun erfüllte diesen Zweck. Das Ao (Jacke), meist mit rechts schließendem Revers und weit geschnitten, war ein locker sitzendes Oberteil mit weiten Ärmeln - manchmal so lang, dass sie bis zum Knie reichten, und so weit, dass Mütter ihre Babys beim Stillen darin verstecken konnten, ohne etwas von ihrer Unterwäsche zu zeigen. Ein viel zitierter Spruch zur damaligen Mode geht humorvoll darauf ein: "So lang, dass man mit dem Saum den Boden fegen, so weit, dass man mit dem Ärmel Wind machen kann."

Das zum Aoqun-Zweiteiler gehörende Qun (Rock) bestand aus zwei gleich langen, an einem Bund befestigten und um den Körper geschlungenen Tuchstücken. Unter der Qing-Dynastie kamen Röcke mit gebügelten Seitenteilen in Mode, die schließlich bis zu 100 Bügelfalten besaßen und tatsächlich auch "100-Falten-Rock" genannt wurden. In der späten Qing-Periode kamen unglaublich reich verzierte Röcke auf, bei denen der Bereich zwischen den Falten jeweils mit Stickereien verziert war. Wenn sich die Falten öffneten, ähnelten sie Fischschuppen; man sprach daher von "100-Falten-Schuppenröcken".

Damenmode war meist raffiniert, detailreich und leuchtend bunt und zeugte von exzellentem handwerklichem Know-how. Mit einer Vielzahl von Techniken wie Stickerei und Applikationen wurden Kleidungsstücke wie das Aoqun mit Glück verheißenden Symbolen und eleganten Mustern versehen.

EIN HAUCH MODERNITÄT: MIX AUS CHINESISCHER UND WESTLICHER KULTUR

Noch zu Anfang des 20. Jahrhunderts war modische Herren- oder Damenkleidung eher traditionell geprägt und elegant und saß locker. Doch der Einstellungswandel zog auch einen Modewandel nach sich. Aoquns und Aokus blieben bei den Frauen populär, doch die Oberteile, Röcke und Hosen wurden, wie auch die Changshans und Maguas der Herren, kürzer und enger.

Der bekannte chinesische Autor Lin Yutang (1895-1976) hat einmal gesagt: "Chinesische und westliche Mode unterscheidet eine Philosophie; westliche Mode sucht die menschliche Gestalt zu zeigen, während die chinesische sie zu verbergen sucht." Tatsächlich entsprang der Trend zu enger sitzender Herren- oder Damenmode nicht nur der Suche nach Bewegungsfreiheit oder Komfort; das wachsende Verlangen, Körperform zu zeigen, spiegelte auch westliche Einflüsse wider.

Dennoch geschah der Übergang von traditioneller chinesischer zu westlicher Kleidung in Hongkong sehr allmählich und dauerte vom Anfang des 20. Jahrhunderts bis in die 1960er- oder 1970er-Jahre. Trendsetter waren die Herren - meist Männer aus reichen Bevölkerungsschichten, Ex- und Importhändler, Büroangestellte oder gebildete Studenten, die aus dem Ausland zurückkehrten -, die zu westlichen Hemden, Krawatten, Jacken oder Lederschuhen griffen. Die meisten Männer und fast alle Frauen übernahmen die neue Mode jedoch viel zögerlicher. In der ersten Hälfte des 20. Jahrhunderts kleideten sich die Chinesen in einem gemischt chinesisch-westlichem Stil; vorsichtig experimentierten sie mit kleineren Veränderungen an Kopftracht und Accessoires und orientierten sich bei den körpernahen, wichtigen Kleidungsstücken erst zum Ende hin um. Damals waren Männer, die Changshan und Magua mit einem westlichen Filzhut kombinierten, kein ungewöhnlicher Anblick. Die Damen trugen zum traditionellen Aoqun manchmal westliche Lederschuhe mit hohen Absätzen, oder etwa Pelzmäntel und ausgefallene Handtaschen westlichen Stils. Topmodische Bräute verbanden in den 1920er- und 1930er-Jahren das traditionelle chinesische Hochzeitskleid mit einem westlichen Schleier.

DIE ENTSTEHUNG DES CHEONGSAM

Das auf Mandarinchinesisch auch Qipao genannte Cheongsam zählt zu den interessantesten Kleidungsstücken, die im nördlichen China des frühen 20. Jahrhunderts entstanden. Von 1930 bis etwa 1970 galt es in der chinesischen Damenmode als der Standard schlechthin. In diesen Jahren war es in Chinas wichtigsten Städten zeitweise enorm beliebt, am längsten in Hongkong, Taiwan und den chinesischen Auslandscommunitys.

Man geht davon aus, dass das Cheongsam zunächst als Variante der langen, von Mandschu-Damen getragenen Gewänder entstand. Am ungewöhnlichsten am Cheongsam war, dass es, anders als der traditionelle hanchinesische Damen-Zweiteiler aus Jacke und Rock, ein einteiliges Kleidungsstück war. Da es darin den einteiligen Gewändern der Männer ähnelte, wurde es anfangs bei den meisten Frauen nicht als attraktiv empfunden und erlangte erst in den späten 20er- und frühen 30er-Jahren flächendeckend Popularität.

Zur Jahrhundertwende lag das Zentrum der chinesischen Modewelt in der Küstenstadt Shanghai. Schon vor dem Zweiten Weltkrieg eine der führenden und reichsten Metropolen Chinas, machte sich Shanghai als Hauptstadt der Damenmode einen solchen Ruf, dass es als "Paris des Ostens" galt. Die Entwicklung des Cheongsam in Hongkong und anderen chinesischen Städten blieb der in Shanghai dicht auf den Fersen. Die frühesten Cheongsams waren noch weit geschnitten und knöchellang. Mit der Zeit kletterte der Rocksaum bis auf halbe Waden- oder Kniehöhe. Die Ärmel variierten von lang über halblang bis kurz, teils besaßen sie auch Rüschen nach westlicher Art. Manche Modelle waren ärmellos. Die Stehkragen waren gesteift und reichten manchmal bis zum Ohr. Mit der Zeit umschmiegte das Cheongsam die Figur immer enger und die Seitenschlitze wanderten weiter nach oben.

Für Cheongsams verwendete man zunächst Stoffe wie Seide, Brokat, Samt und Spitzen, später auch synthetische Gewebe. Bei kühlem Wetter trug man mit Baumwolle oder Pelz gefütterte Cheongsams oder Modelle aus Brokat oder Wolle, im Sommer dagegen eher Baumwolle, Satin, Spitze und andere leichtere Stoffe. In den frühen 30er-Jahren waren auch mit Indanthren (einem aus Indien stammenden Farbstoff) gefärbte Stoffe bei vielen Frauen sehr populär, vor allem bei Studentinnen und Lehrerinnen, deren Geschmack eher zum Konservativen tendierte.

Modisch besonders innovative Frauen trugen gern raffinierte bunte Cheongsams, die oft reich mit Spitzen, Pailletten oder ausgefallenen Applikationen verziert waren. Bei den älteren Stoffen und Stickmustern dominierten traditionelle Motive wie Glück verheißende Symbole und Blumen. In späteren Jahren verwendete man öfter westliche Muster.

Bei allen Veränderungen des Cheongsams in Bezug auf Form, Farbe, Material oder Designmerkmale ist doch ein wesentliches Element gleich geblieben, nämlich die meist als Huaniu oder Panhuaniu bezeichneten, geknüpften Knöpfe und Schlaufen, die Kragen und Revers schließen. Zwar sind die Huaniu nur ein kleines Element, doch trotzdem wichtig, denn sie verkörpern das Wesen des Cheongsam und geben ihm den typisch chinesischen Look. Huanius sind teils einfach, teils aber auch äußerst komplex gestaltet und zusammengesetzt und entspringen einer jahrtausendealten Knüpfhandwerkstradition. Traditionell kommen Blumen-, Tier- und Insektenmotive vor, außerdem Glück verheißende Symbole wie etwa Granatäpfel oder das chinesische Schriftzeichen Shou,

das Fruchtbarkeit und langes Leben symbolisiert. Huanius für Cheongsams werden meist passend zum Muster des Stoffs und zur Farbe des
Besatzes an Kragen, Manschetten und Saum gestaltet.

HONGKONG-STIL

In Hongkong waren es Ehefrauen und Töchter aus reichem Hause,
Schauspielerinnen, Sängerinnen und sogar Prostituierte, die als Erste
neue Trends initiierten und auch das Cheongsam populär machten. Die
Damenschneider gingen auf Wünsche ihrer Kundinnen gern ein und
schufen zusammen mit ihnen brandneue, spektakuläre Entwürfe. Als
Modeartikel erfuhr das Cheongsam in den 20er- und 30er-Jahren in
Shanghai, Kanton und Hongkong eine ganz besondere Art der Werbung,
denn ausländische wie chinesische Firmen ließen Kalenderposter druk-
ken, die sie zum Ende des Mondjahres an die Kundschaft verschenkten.
Das beliebteste Sujet für solche Werbekalender waren schöne Frauen
in modischen Kleidern, und offenbar kam das Cheongsam gut bei den
Plakatmalern an. Diese Kalender sind im Nachhinein zu einer maßgeb-
lichen Bildquelle für Recherchen zur Cheongsam-Mode geworden.
In den letzten Jahren seiner glamourösen Existenz durchlief das Cheongsam einen interessanten Wandel. In den 50ern und 60ern wurde es so
beliebt, dass Frauen aller Alters- und Gesellschaftsklassen mindestens
ein oder zwei Cheongsams ihr Eigen nannten. Teenagerinnen, Büroangestellte, Hausfrauen, Kellnerinnen und Geschäftsfrauen hatten jeweils
ihren ganz eigenen, zu ihrem Status passenden Cheongsam-Stil. Eine
der berühmtesten Varianten ist das 60er-Jahre-Mini-Cheongsam der
Suzie-Wong-Darstellerin aus dem Hollywood-Film The World of Suzie
Wong, das bei Hongkongs Bühnenkünstlerinnen einen Trend zu ultra-
eng sitzenden Cheongsams stiftete, deren aufwärts strebende Schlitze
Figur und Beine zur Geltung bringen sollten. Die Schneider mussten
an Gesäß und Bauch den Stoff verstärken, damit die Cheongsams nicht
rissen, sobald ihre Trägerinnen lachten oder niesten.
Das Cheongsam stieß auch auf Kritik. In den früheren 60er-Jahren
starteten konservative Kräfte in Hongkongs Gesellschaft, Vorstände
von Frauenorganisationen und Missionseinrichtungen eine Kampagne
für konservative Kleidung. Man appellierte an die Frauen, eng sitzende
Cheongsams mit übermäßig langen Schlitzen zu entsorgen. Presbe-
richten zufolge bewegte das einige in Nachtclubs beschäftigte Damen
dazu, Reißverschlüsse in die Schlitze einzunähen, um die Schlitzlänge
der jeweiligen Situation anzupassen zu können.
Um 1970 herum ebbte der Mode-Boom um das Cheongsam in Hongkong ab. Danach wurde es hauptsächlich von Frauen mittleren oder
fortgeschrittenen Alters getragen - meist zu formelleren Anlässen und
mit Jacken westlichen Zuschnitts aus dazu passenden Stoffen.

GESCHLECHTERROLLEN: WER BESTIMMT, WAS FRAUEN TRAGEN?

In Chinas männlich bestimmter Gesellschaft legten speziell vor dem 20.
Jahrhundert meist Männer die ästhetischen und moralischen Normen
fest und übten auch auf die Damenmode merklichen Einfluss aus. Den
seit der Song-Dynastie (960-1279) herrschende Brauch des Füßeeinbin-
dens etwa befürworteten die meisten Männer, da sie ihre Frauen gern
verletzlich, unterwürfig und letztlich auch unter ihrer Kontrolle sahen.
Fast sämtliche Literatur über die Schönheit der Frauen und ihr Leben
floss aus den Federn männlicher Autoren, die ihre eigenen ästhetischen
Standards für Frauen formulierten, wobei die Frauen zugegebenerma-
ßen aber auch mit den Männervorstellungen konform gingen.
Seit Menschengedenken hatten sich Chinesinnen meist so gekleidet,
dass sie attraktiv auf Männer wirkten oder Anerkennung von Vätern
und Ehegatten erhielten. Im 20. Jahrhundert erhielten die Frauen dann
mehr Freiheit, ihren eigenen Charakter und damit auch einen individu-
ellen Modegeschmack zu entfalten. Das Cheongsam - zeitlich parallel
zum wachsenden Bewusstsein für Frauenrechte entstanden - symbolisiert diesen Übergang. Bezeichnenderweise erkoren Chinas Frauen nach
der Befreiung aus diesen restriktiven Traditionen das Cheongsam zur
Nationaltracht. Einen Aspekt der neu gewonnenen weiblichen Freiheit
verkörpern die auf den Kalenderblättern dargestellten Frauen in ihren
ärmellosen, hoch geschlitzten Cheongsams.
Es gibt viele Gründe für die Popularität der Cheongsams: dieses Kleid
ist zum Stellvertreter chinesischer Kultur geworden, es unterstreicht die
Weiblichkeit, und es passt sich allen Stadien im Leben einer Chinesin
an. Kunstvoll verzierte knöchellange Cheongsams etwa verleihen jun-
gen Frauen ein elegantes, kultiviertes Flair. Weite, schlichte Cheongsams
eignen sich für Schülerinnen, während welterfahrenere Damen unter
Umständen in eng anliegenden oder sogar transparenten Cheongsams
die beste Figur machen. Selbst wenn das Cheongsam in Hongkongs
Straßenbild nun kaum noch anzutreffen ist, halten viele ältere Frauen
ihr Lieblings-Cheongsam, das sie vielleicht einst mit ihrer Mitgift in der
traditionellen Kampferholztruhe erhielten, bis heute in Ehren.

*Anmerkung des Herausgebers: Beim Erstabdruck dieses Artikels wurde
die von der Autorin bevorzugte Schreibweise 'Cheungsam' verwendet, was
wir für dieses Buch der Einheitlichkeit halber in 'Cheongsam' abgeändert
haben.*

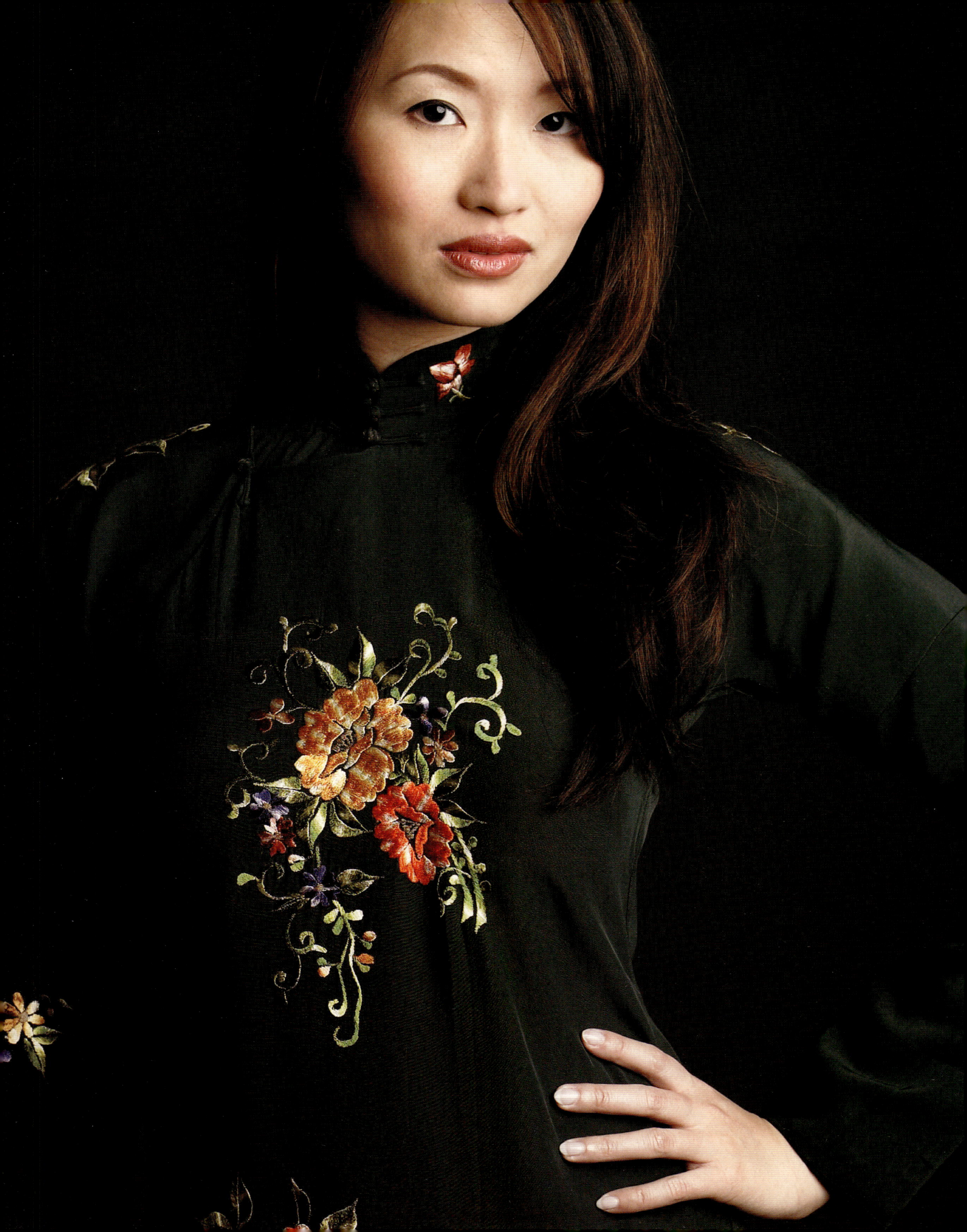

CHEONGSAM:
MODA, CULTURA E RUOLO DEI SESSI

di Naomi Yin-yin Szeto

Naomi Yin-yin Szeto è la conservatrice del Museo di Storia di Hong Kong. *Ha curato numerose mostre, incluso* Dress in Hong Kong: a century of change and customs *(1992-1993), e* Of hearts and hands: Hong Kong's traditional trades and crafts *(1995), per le quali ha anche redatto i cataloghi.*

HONG KONG STYLE: L'EVOLUZIONE DEL CHEONGSAM

Uno dei capi di abbigliamento di maggior rilievo apparsi in Cina all'inizio del XX secolo è il cheongsam o qipao. Cheongsam è il nome utilizzato nel sud della Cina, dove si parla il cantonese, ed è quello più noto nel mondo occidentale; qipao è invece il nome mandarino comunemente utilizzato nella Cina settentrionale. Dalla metà degli anni '30 fino agli anni '60, a Hong Kong il cheongsam fu considerato il vestito femminile per eccellenza. Da allora la sua popolarità si è affievolita, ma il cheongsam rimane il modello preferito nei concorsi di bellezza, in alcune scuole femminili e tra le libere professioniste. Dopo il passaggio di Hong Kong al governo cinese nel 1997, si sta assistendo ad un revival del cheongsam seguito con attenzione anche in Occidente.

Quando nel 1841 Hong Kong si trovò in mano agli inglesi, il codice di abbigliamento era ancora quello stabilito dalla dinastia Qing (Ch'ing) nella Cina continentale. Come i loro omologhi cinesi, gli uomini di Hong Kong erano obbligati a rasarsi la parte anteriore del capo e a portare un codino (una lunga treccina). Gli uomini di etnia Han indossavano lunghe vesti chiamate *changshan* (note come *changpao* nel nord della Cina) e, nelle occasioni speciali, potevano anche portare uno zucchetto. Le donne vestivano secondo lo stile Han tradizionale, che prevedeva un abbondante completo due pezzi (giacca e gonna) chiamato *aoqun* (pagine 24-25).Per la vita di tutti i giorni l'abbigliamento femminile standard consisteva invece nell'*aoku*, completo giacca-pantalone sempre dalle forme comode.

Nei primi decenni del XX secolo la Cina visse dei cambiamenti radicali in ambito politico, economico e sociale. Il successo della rivoluzione del 1911 portò alla deposizione della dinastia Qing e ad una serie di riforme da cui scaturì un rinnovamento che toccò ogni aspetto della società, non ultimo il guardaroba. Esso segnò la fine del codice di abbigliamento Manciù-Qing, tanto che agli uomini fu consentito di tagliarsi il codino. Anche la pratica Han della fasciatura dei piedi gradualmente scomparve, liberando così le donne da questa secolare tradizione feudale. La diffusione negli ambienti intellettuali di movimenti sociali locali e il ritorno di coloro che avevano vissuto all'estero favorirono il diffondersi di un clima liberale; la politica di apertura del commercio marittimo favorì poi l'afflusso in Cina della cultura e delle idee occidentali. Uno dei concetti più innovativi giunti da Occidente riguardava l'uguaglianza tra i sessi, un'idea che incoraggiò i rappresentanti delle comunità locali a proseguire la loro campagna per la libertà delle donne: libertà di ricevere un'educazione, di scegliere una professione e l'uomo che avrebbero sposato. Le donne istruite e quelle appartenenti alle famiglie più agiate colsero quest'opportunità e iniziarono ad esplorare le nuove possibilità. Le cartine delle sigarette dei primi del Novecento (date solitamente in omaggio ai clienti) mostravano eleganti donne dell'epoca impegnate in attività sociali "moderne", come suonare strumenti musicali occidentali, giocare a palla, andare in bicicletta, sui pattini e a pesca. Tutte attività impensabili per le donne delle generazioni precedenti. Ispirata da questa immagine emancipata, la donna moderna iniziò ad abbandonare i top larghi ed ingombranti e le scomode gonne plissettate del passato.

ABITI IN LINEA CON I TEMPI

Fino al Novecento, la maggior parte delle donne non aveva conosciuto la libertà di una vita sociale che andasse oltre il circolo familiare. Le regole del tempo volevano inoltre che le donne vestissero modestamente, ossia con abiti larghi, fuori misura che ne celassero le forme. Il popolare *aoqun*, portato soprattutto da donne benestanti sposate, serviva perfettamente allo scopo. L'*ao* (giacca) aveva in genere un revers che si allacciava sulla destra e un taglio sufficientemente abbondante da formare un comodo top e ampie maniche. Talvolta le maniche erano tanto lunghe da arrivare fino al ginocchio e tanto larghe che le madri vi potevano infilare i propri bambini per allattarli senza dover mostrare la biancheria. Un divertente detto tradizionale descriveva la moda del tempo così: "Una tunica tanto lunga da pulire il pavimento; maniche tanto larghe da fare aria".

La *qun* (gonna) del completo *aoqun* era costituita da due tagli di tessuto di pari lunghezza fissati alla cintola e avvolti intorno al corpo. Durante la dinastia Qing, le gonne plissettate ebbero molta fortuna, al punto che arrivarono ad avere fino a 100 pieghe, da qui il nome "gonna dalle 100 pieghe". In tarda epoca Qing, vennero realizzate delle gonne incredibili con ricchi ricami ad impreziosire lo spazio tra una piega e l'altra. Quando le pieghe venivano aperte, ricordavano le squame di un pesce, una caratteristica che valse a questo capo il nome di "gonna dalle 100 pieghe a squame di pesce".

L'abbigliamento femminile spesso presentava colori vivaci e una ricchezza tale di stile e dettagli da richiedere un'abilità e una maestria straordinarie. Grazie all'impiego di una ricca varietà di tecniche, tra cui ricamo e applicazioni, capi come l'*aoqun* venivano impreziositi dall'aggiunta di eleganti motivi e simboli di buon auspicio.

UN TOCCO DI MODERNITÀ: LA FUSIONE TRA CULTURA CINESE E OCCIDENTALE

Gli abiti sia maschili che femminili in voga all'inizio del XX secolo erano caratterizzati da stile tradizionale, eleganza e linee comode. Ma al cambio di mentalità corrispose un'evoluzione del gusto e dei modelli. *Aoqun* e *aoku* rimasero indumenti popolari tra le donne, ma top, giacche, gonne e pantaloni divennero più corti e stretti, così come i *changshan* e i *magua* per gli uomini.

Il celebre scrittore cinese Lin Yutang (1895-1976) una volta disse, "La filosofia alla base di un vestito cinese e di uno occidentale è che quest'ultimo cerca di rivelare le fattezze umane, mentre il primo cerca di nasconderle". La tendenza a privilegiare abiti da uomo e da donna più aderenti non era dovuta solo alla ricerca di maggiore comodità e facilità di movimento. Il crescente desiderio di rivelare il proprio corpo era un riflesso dell'occidentalizzazione in atto.

Ciononostante, a Hong Kong la transizione dal vestito tradizionale cinese al vestito occidentale richiese molto tempo, dai primi del '900 fino agli anni '60-'70. La spinta verso il cambiamento venne dagli uomini (in genere esponenti delle classi più abbienti, mercanti impegnati in scambi commerciali internazionali, studenti acculturati di rientro da soggiorni all'estero), che si mostravano in pubblico con camicie, cravatte, giacche e scarpe di pelle in stile occidentale. Ma la maggioranza degli uomini e la quasi totalità delle donne erano generalmente più restie ad adottare nuovi stili. Per tutta la prima metà del XX secolo, la gente indossò una combinazione di stile cinese e occidentale, introducendo con cautela piccole innovazioni nei copricapi e negli accessori e rinviando il più possibile il cambiamento degli indumenti veri e propri. A quell'epoca non era inusuale incontrare uomini che affiancavano a *changshan* e *magua* un cappello di feltro all'occidentale. Allo stesso modo, alcune donne indossavano *aoqun* tradizionali accompagnati da scarpe occidentali di pelle col tacco. Talvolta si vedevano anche pellicce e costose borsette che seguivano le ultime tendenze d'oltreoceano. Negli anni '20 e '30, le donne più alla moda il giorno del matrimonio sceglievano di abbinare al tradizionale abito da sposa cinese un velo occidentale.

L'EVOLUZIONE DEL CHEONGSAM

Il cheongsam, noto anche con il nome mandarino di qipao, nacque nel nord della Cina all'inizio del Novecento e influenzò quasi un secolo di moda. Dalla metà degli anni '30 fino agli anni '60, il cheongsam fu considerato in Cina il vestito femminile per eccellenza. In quel periodo esso fu immensamente popolare nelle principali città cinesi, ma la sua fortuna durò ancora più a lungo a Hong Kong, Taiwan e nelle comunità cinesi all'estero.

Si pensa che il cheongsam sia nato come variazione del lungo vestito portato dalle donne mancesi. L'aspetto più singolare del cheongsam era che si trattava di un abito intero contrariamente al completo femminile della tradizione Han che prevedeva due pezzi, giacca e gonna. In effetti, proprio a causa della sua somiglianza con le tuniche maschili esso risultò inizialmente poco attraente agli occhi della maggior parte delle donne, conquistando un'indiscussa popolarità solo tra la fine degli anni '20 e l'inizio degli anni '30.

Ai primi del Novecento la capitale della moda cinese era la città costiera di Shanghai. Metropoli ricca e con un ruolo di spicco in Cina prima della seconda guerra mondiale, Shanghai aveva una tale fama nel mondo della moda femminile da essere definita "la Parigi d'Oriente". L'evoluzione del cheongsam a Hong Kong e in altre città cinesi rispecchiò l'evolversi delle tendenze in voga a Shanghai. Il primo cheongsam era ampio e arrivava alla caviglia. Col tempo l'orlo salì fino a metà polpaccio o al ginocchio. Le maniche variavano: era possibile scegliere tra maniche lunghe, a tre quanti, ad aletta o con volant all'occidentale. Alcuni erano addirittura privi di maniche. I colletti alti venivano a volte rinforzati e potevano arrivare fino alle orecchie. I cheongsam si fecero via via più attillati e gli spacchi laterali più profondi.

I materiali utilizzati nella realizzazione dei cheongsam andavano dal broccato, velluto, seta e pizzo dei primi anni fino alle fibre sintetiche. Nelle giornate più fredde si indossavano cheongsam in broccato, lana, cotone imbottito o foderati di pelliccia; in estate si preferivano invece tessuti più leggeri come cotone, satin e pizzo. Nei primi anni '30, i tessuti tinti con indantrene (tintura proveniente dall'India) erano molto apprezzati dalle donne che preferivano uno stile più conservatore, in particolare insegnanti e giovani studentesse.

Le donne più all'avanguardia in fatto di moda spesso indossavano cheongsam elaborati, multicolore, che potevano essere arricchiti da intricati ricami, paillette o ricche decorazioni. In principio i motivi dei ricami e le fantasie dei tessuti riproducevano elementi della tradizione come fiori e simboli beneauguarali. Successivamente si fece un uso maggiore di motivi occidentali.

Sebbene nel tempo il cheongsam sia cambiato per forma, colore, materiali e design, un fattore è rimasto immutato: i bottoni annodati e gli alamari, noti come *huaniu* o *panhuaniu*, che chiudono il colletto e il revers. Sebbene gli *huaniu* siano un dettaglio, essi non vanno trascurati: rappresentano infatti l'anima del cheongsam e danno al vestito il suo inconfondibile carattere cinese. Essi sono il prodotto dell'arte millenaria dei nodi e possono dar vita a composizioni e motivi semplici o estremamente intricati. I design tradizionali includono fiori, animali, insetti e simboli di buon auspicio come il melograno e l'ideogramma cinese *shou*, che simboleggiano rispettivamente fertilità e longevità. In genere gli *huaniu* sono creati appositamente per riprendere la fantasia del tessuto e il colore del bordino che orna colletto, maniche e orlo.

HONG KONG STYLE

A Hong Kong mogli e figlie del ceto superiore, stelle del cinema, cantanti e persino le prostitute furono in prima linea nell'imporre nuove tendenze e promuovere la diffusione del cheongsam. I sarti non ebbero la minima esitazione a lavorare insieme alle loro clienti per creare nuovi modelli sempre più sfarzosi. Negli anni '20 e '30 a Shanghai, Canton e Hong Kong il cheongsam si impose come emblema della moda del tempo grazie anche alla notevole pubblicità che ricevette dai calendari da parete prodotti da commercianti cinesi e stranieri per farne dono ai propri clienti alla fine dell'anno lunare. Le immagini più richieste per i calendari promozionali avevano per soggetto bellissime donne vestite all'ultima moda. Il cheongsam era naturalmente molto apprezzato anche dai pittori. Questi calendari rappresentano oggi una fonte di illustrazioni fondamentale per i moderni studiosi di questo indumento.

Il cheongsam visse interessanti evoluzioni nelle ultime fasi del suo periodo d'oro. Negli anni '50 e '60 esso diventò così popolare che ogni donna, indipendentemente dall'età e dall'estrazione sociale, ne aveva almeno uno o due nel proprio guardaroba. Studentesse adolescenti, impiegate, casalinghe, cameriere, professioniste, ognuna poteva scegliere lo stile di cheongsam più adatto al proprio status. Uno dei modelli più conosciuti è il mini cheongsam reso celebre dal personaggio di Suzie Wong nel film hollywoodiano degli anni Sessanta *Il Mondo di Suzie Wong*. Fu l'inizio di una nuova moda: le donne di spettacolo di Hong Kong cominciarono ad indossare cheongsam sempre più attillati con spacchi profondi che mettevano in evidenza le loro forme e le gambe. Sempre più spesso ai sarti veniva chiesto di rinforzare il vestito in corrispondenza della vita e delle natiche per evitare che si strappasse quando chi lo indossava si concedeva una risata o uno starnuto.

Contro il cheongsam si levarono anche voci critiche. Nei primi anni '60, i membri più conservatori della società, rappresentanti delle associazioni femminili e di organizzazioni missionarie lanciarono una campagna per promuovere un abbigliamento più morigerato. Le donne venivano incoraggiate ad abbandonare cheongsam attillati e spacchi profondi. La stampa riportò che alcune donne che lavoravano nei locali notturni optarono per un compromesso cucendo una cerniera lungo gli spacchi per poterne regolare l'altezza in base alla situazione.

Gli anni '60 e '70 videro l'inizio del declino del cheongsam nell'ambiente della moda di Hong Kong. Da questo momento in poi esso fu indossato principalmente da donne anziane o di mezza età in occasioni formali, generalmente accompagnato da una giacca all'occidentale in tessuto coordinato.

IL RUOLO DEI SESSI: CHI DECIDE CHE COSA INDOSSANO LE DONNE?

Nella società cinese, dalla forte connotazione maschilista, erano spesso gli uomini a stabilire i canoni estetici e morali, soprattutto prima del Novecento; non stupisce dunque che abbiano avuto un ruolo fondamentale nell'evoluzione dell'abbigliamento femminile. La pratica delle fasciatura dei piedi, ad esempio, diffusa fin dai tempi della dinastia Song (960-1279), era appoggiata dalla maggioranza degli uomini che voleva donne vulnerabili, sottomesse e totalmente sotto il controllo maschile. Ed erano uomini anche gli autori della quasi totalità delle opere letterarie che trattavano della bellezza e dell'esistenza femminile, che finivano quindi per imporre i propri canoni estetici. Bisogna però ammettere che le donne vi si adeguarono sempre passivamente.

Nel corso di tutta la storia cinese, la scelta dei propri abiti da parte delle donne è stata dettata dal desiderio di piacere agli uomini e ottenere l'approvazione di padri e mariti. Nel XX secolo, tuttavia, alle donne fu concessa più libertà e la possibilità di sviluppare un carattere e un senso della moda personali. Il Cheongsam, diffusosi parallelamente alla consapevolezza dei diritti delle donne, fu il simbolo di questa transizione. È significativo che le donne cinesi, una volta liberate dalle rigide tradizioni del passato, abbiano scelto il cheongsam come abito nazionale. Le donne ritratte nei calendari da parete, avvolte in cheongsam senza maniche dai profondi spacchi laterali, rappresentano un importante aspetto della libertà femminile appena conquistata.

Le ragioni della popolarità del cheongsam sono numerose: questo indumento è uno dei simboli della cultura cinese, valorizza la femminilità e può essere modificato per adattarsi a tutte le fasi della vita di ogni donna cinese. I cheongsam alla caviglia impreziositi da elaborate decorazioni, ad esempio, danno un tocco di eleganza e raffinatezza alle donne più giovani. Cheongsam semplici e ampi possono essere indossati dalle bambine a scuola, mentre le donne più sofisticate possono sfruttare appieno il fascino dei cheongsam più aderenti, giocando anche la carta della trasparenza. Sebbene oggi non sia facile vedere il cheongsam per le strade di Hong Kong, soprattutto tra le donne di una certa età si trova ancora chi attribuisce grande valore al proprio cheongsam preferito, come quello ricevuto insieme alla dote nel tradizionale baule nuziale in legno di canfora.

Commento degli editori: Nella versione originale di questo testo, l'autrice aveva preferito la grafia "cheungsam". Essa è stata qui modificata in cheongsam per coerenza con il resto del libro.

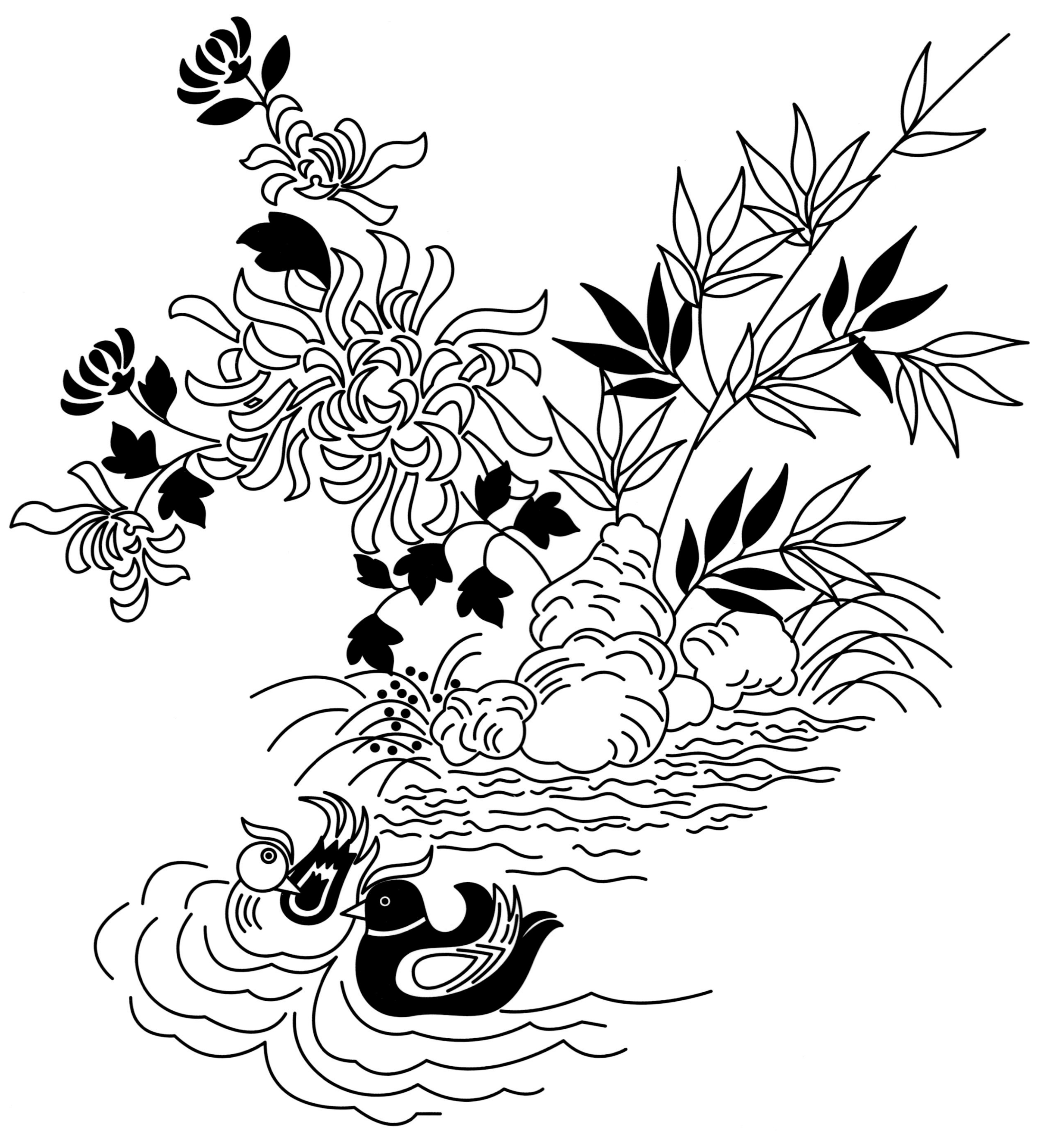

Pages 46-48: typically Chinese embroidery designs.

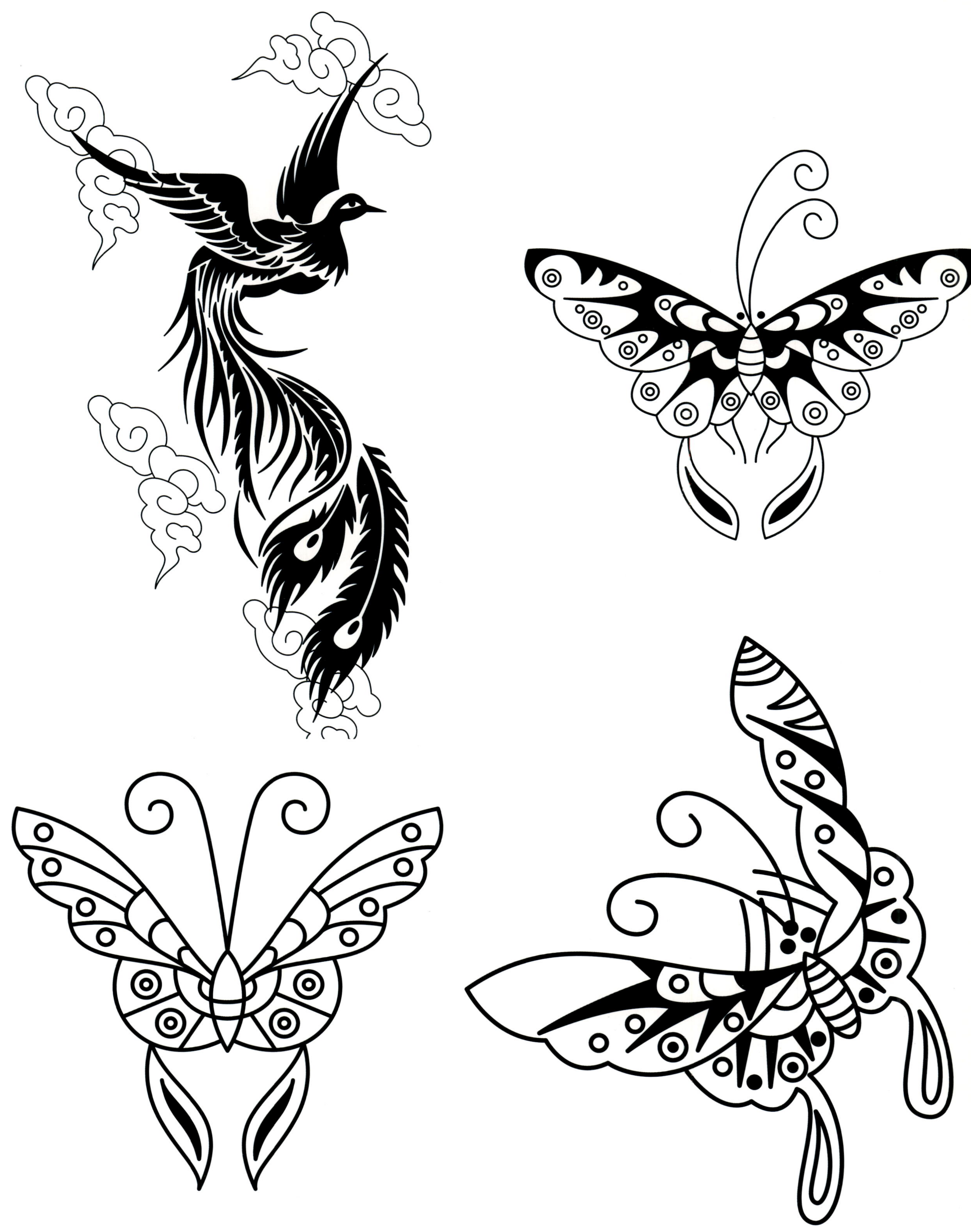

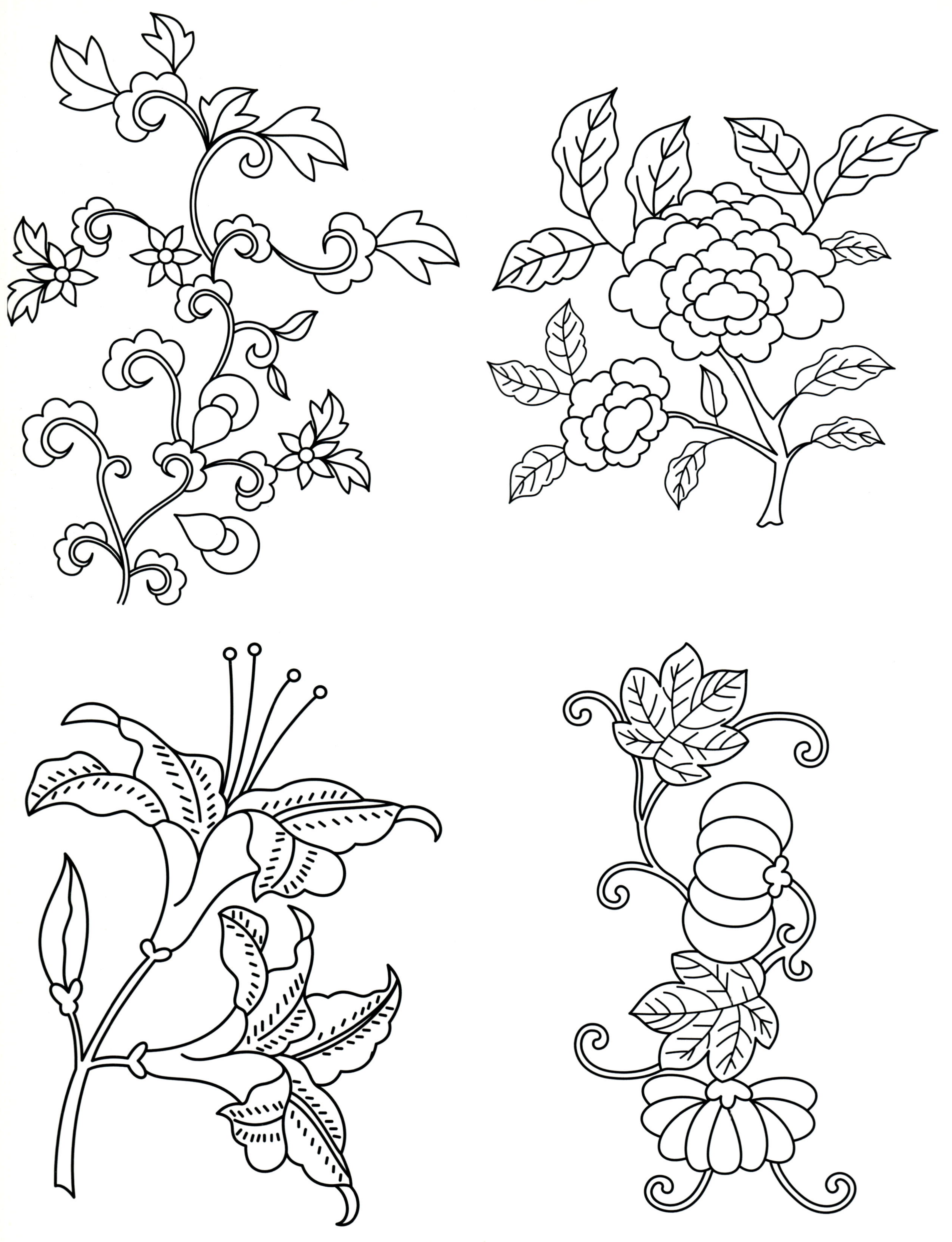

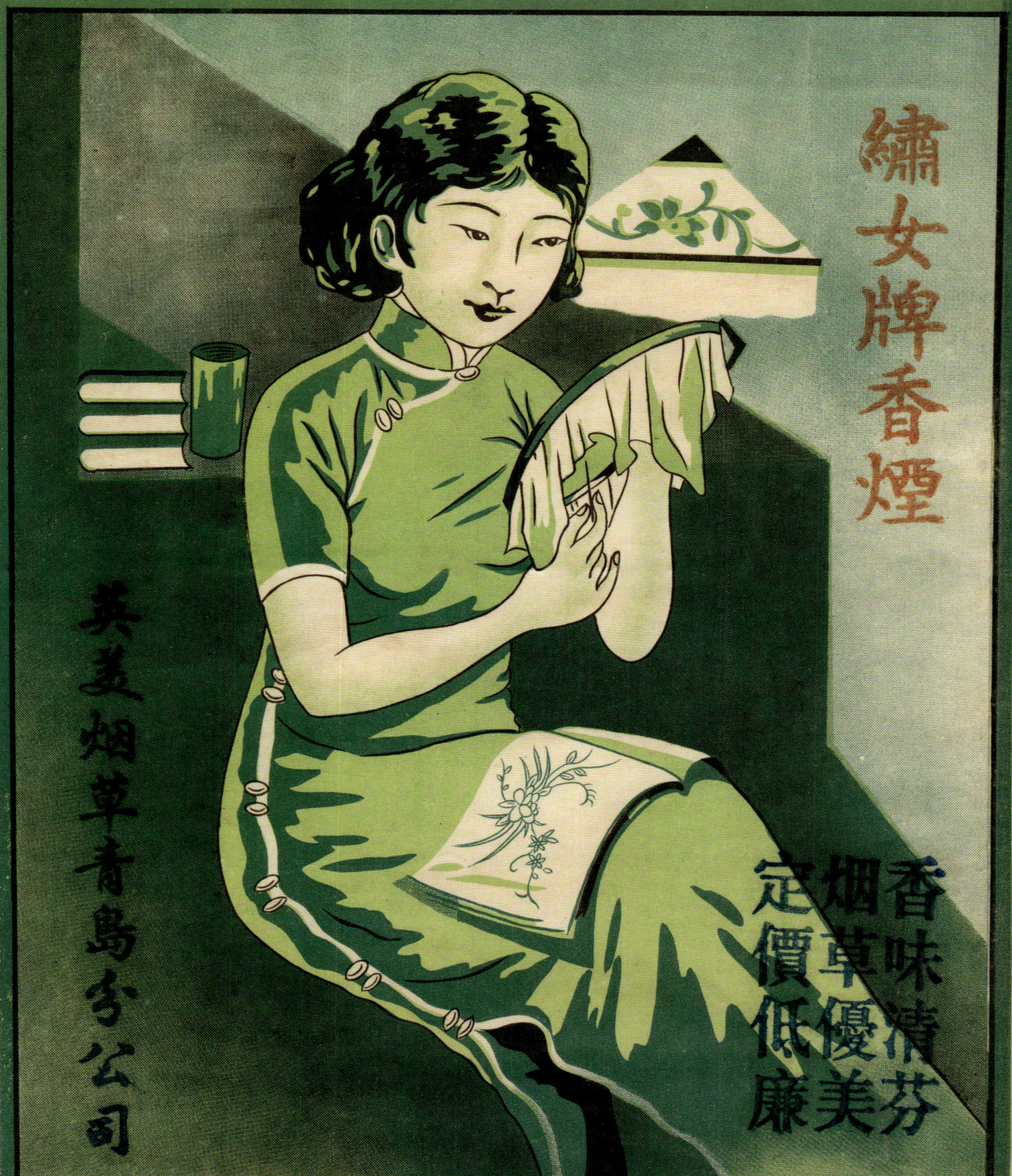

繡女牌香煙
英美烟草青島分公司
香味清芬
烟草優美
定價低廉

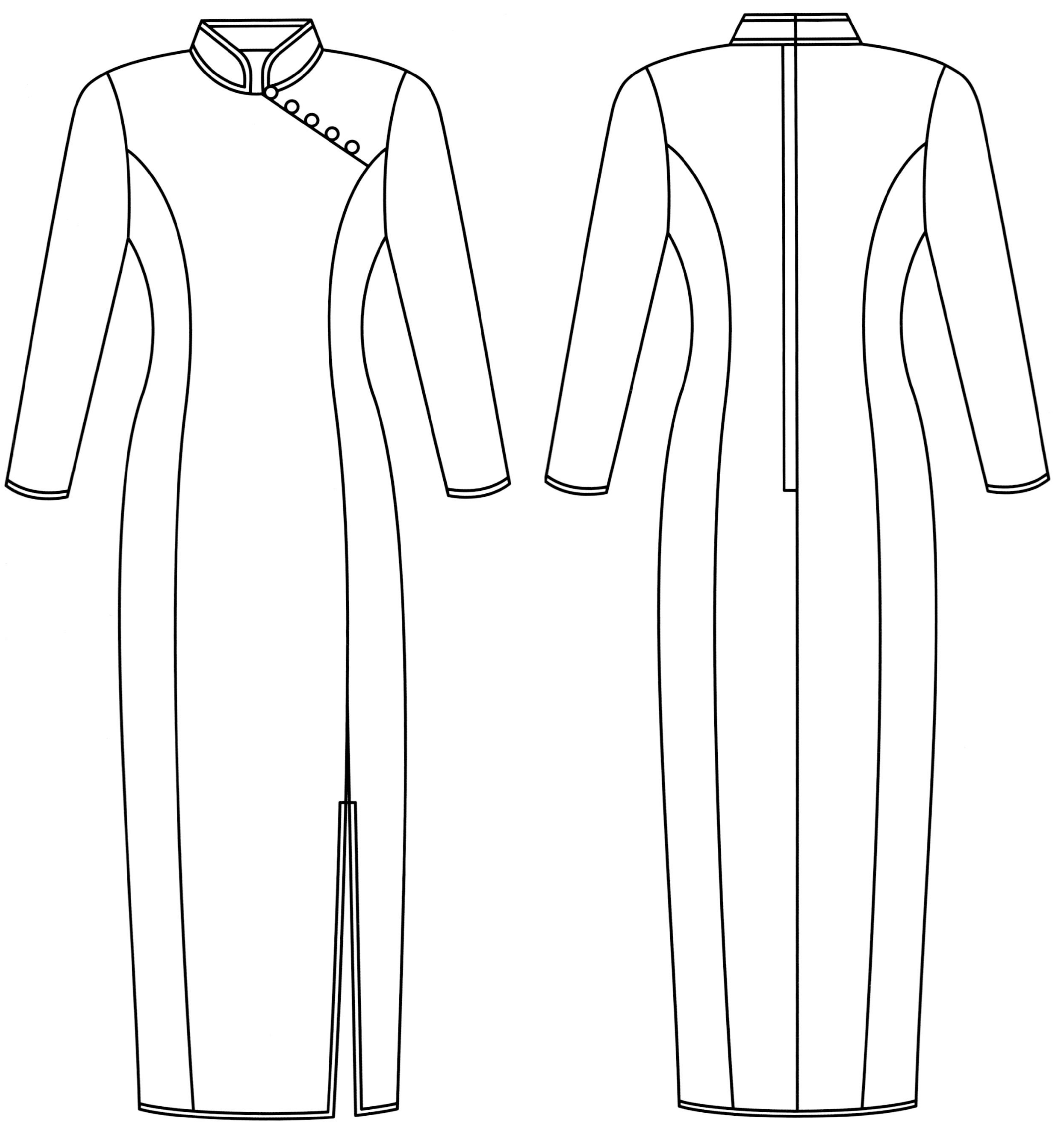

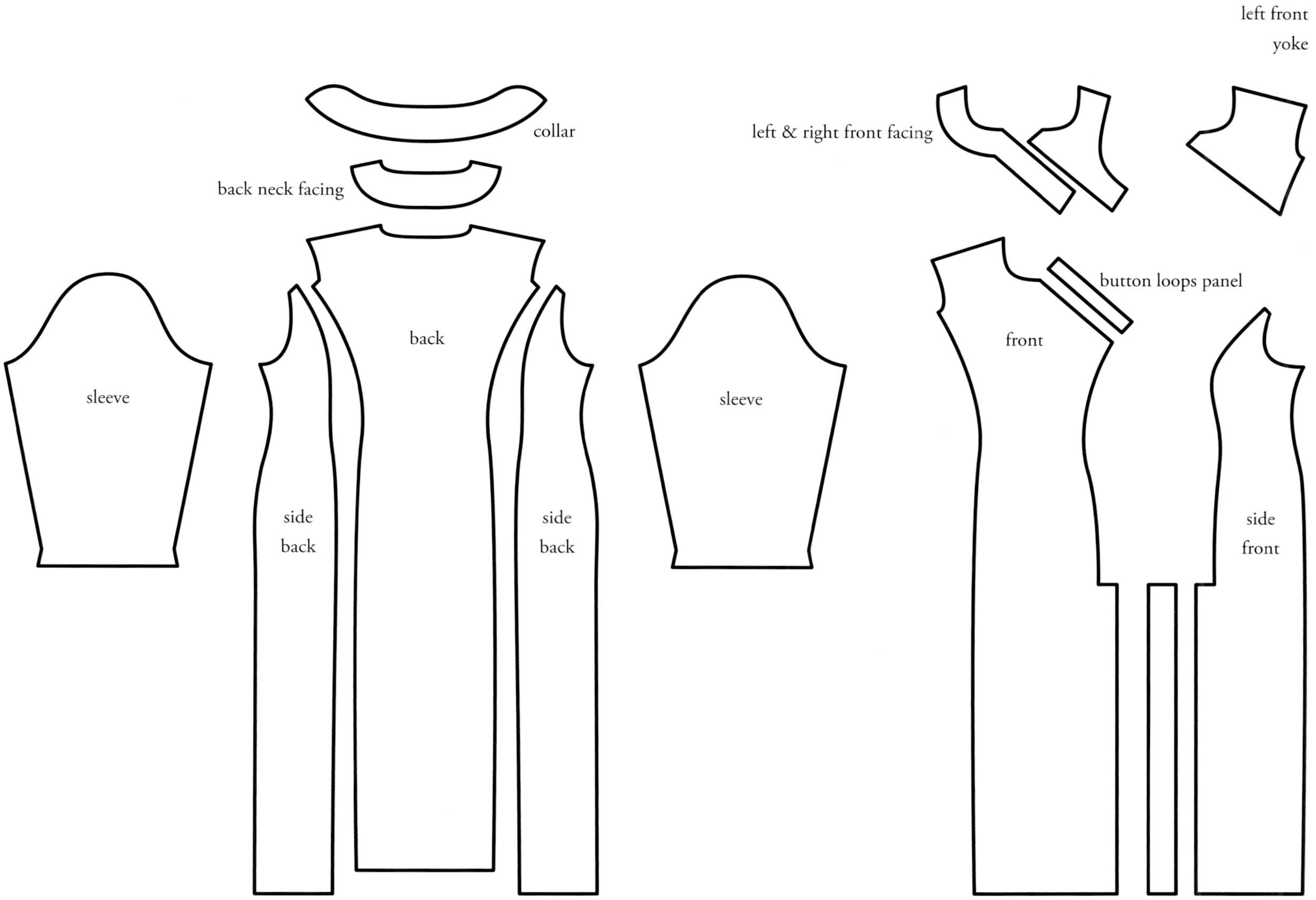

Long sleeve cheongsam

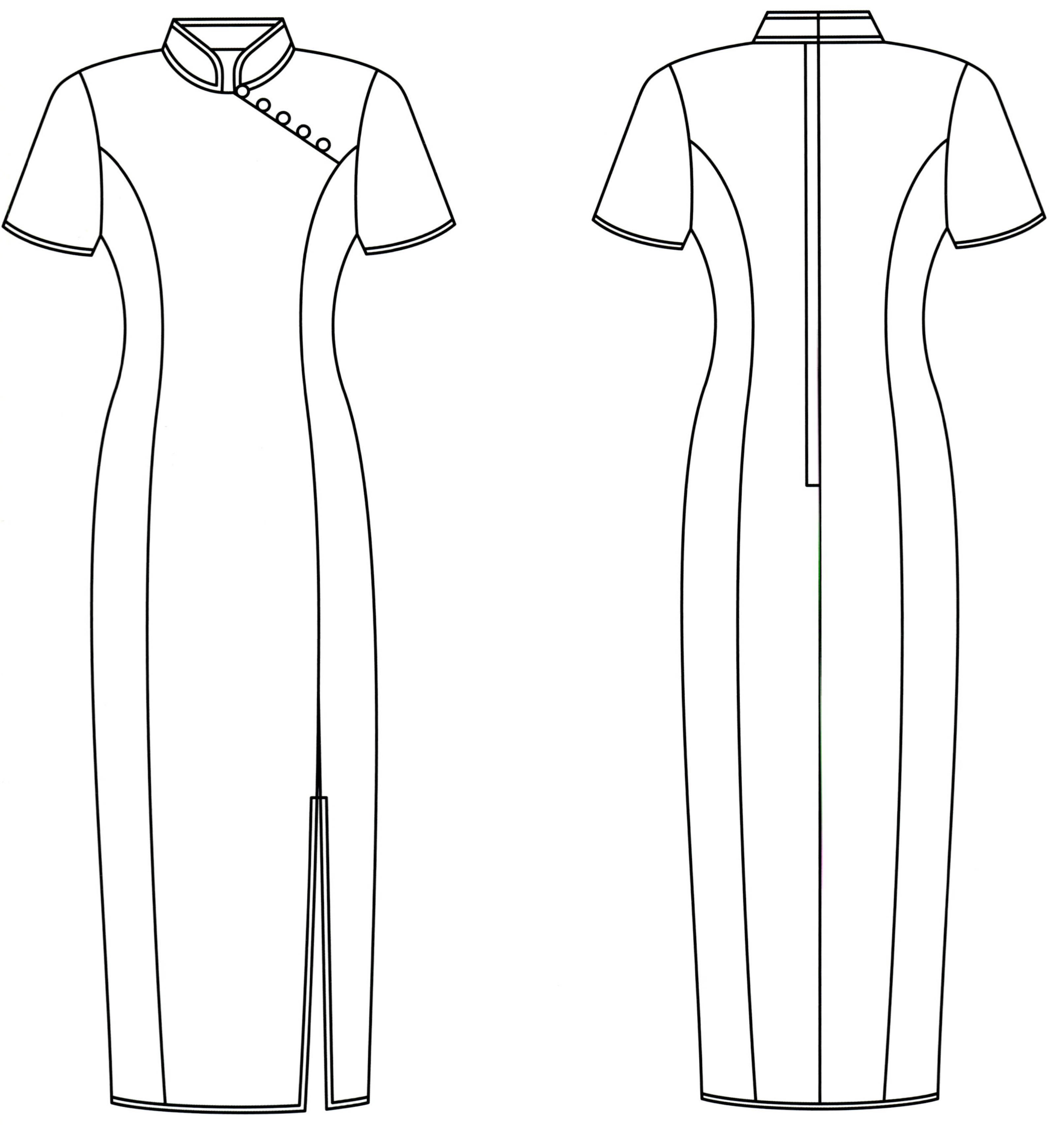

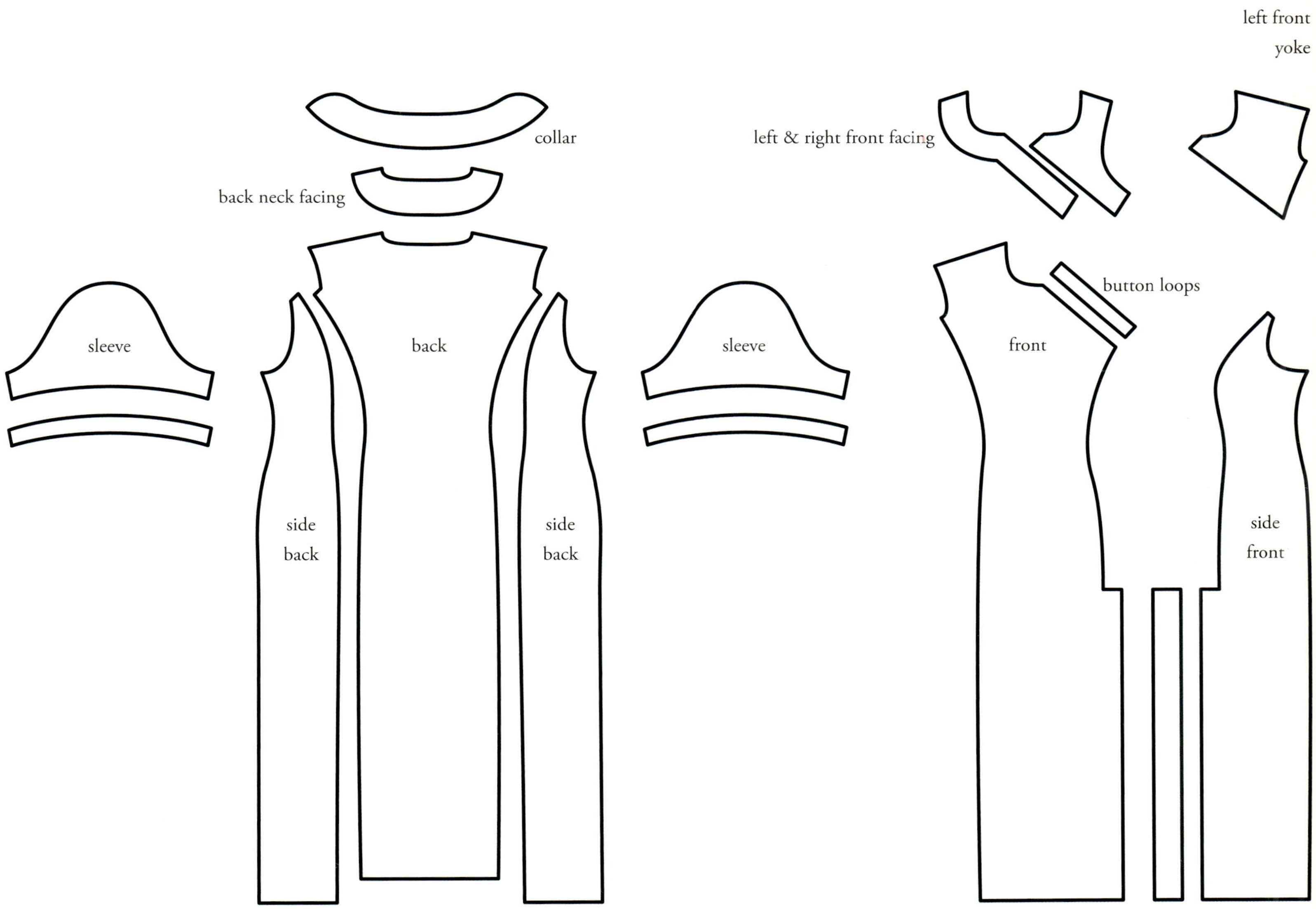

Short sleeve cheongsam

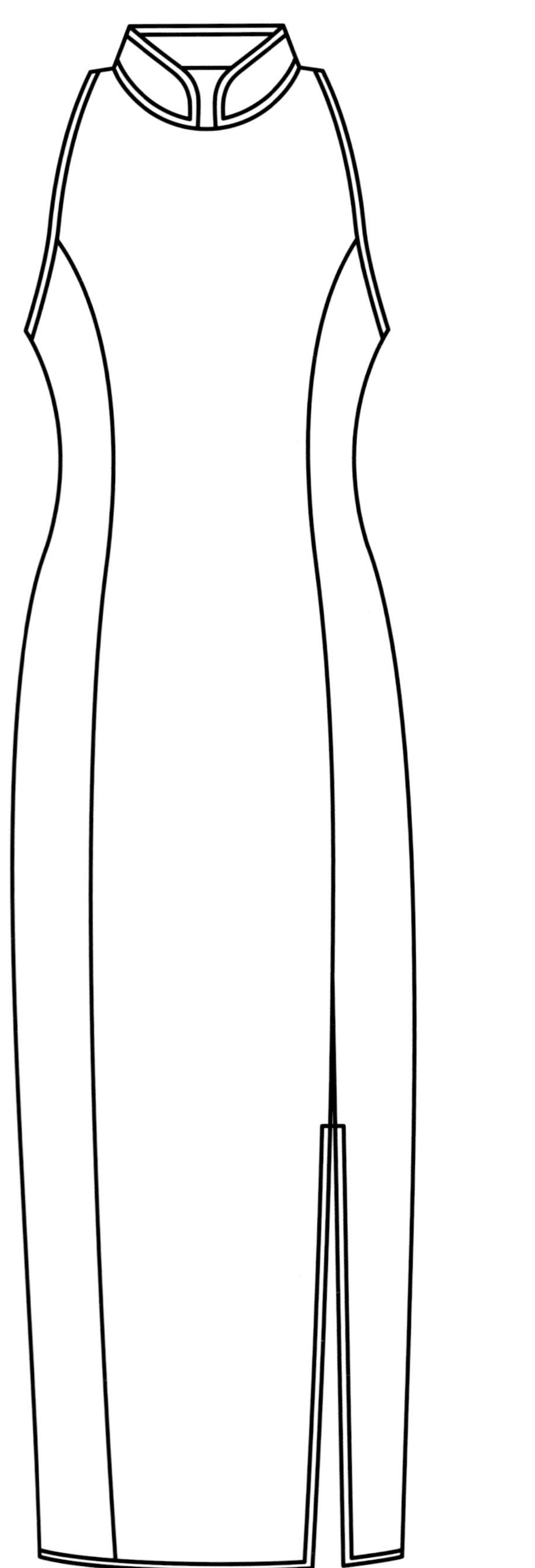
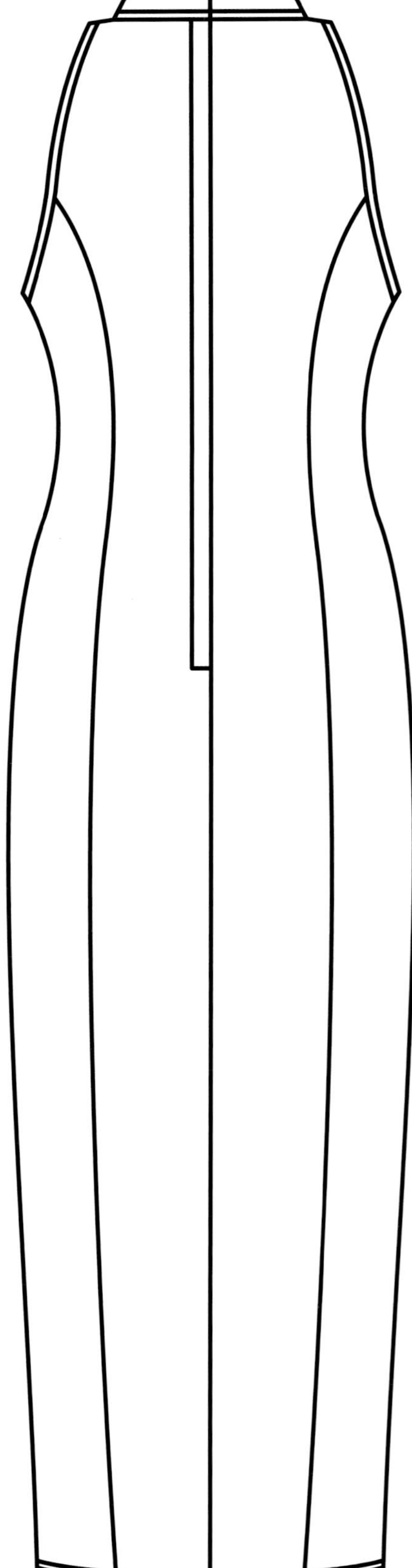

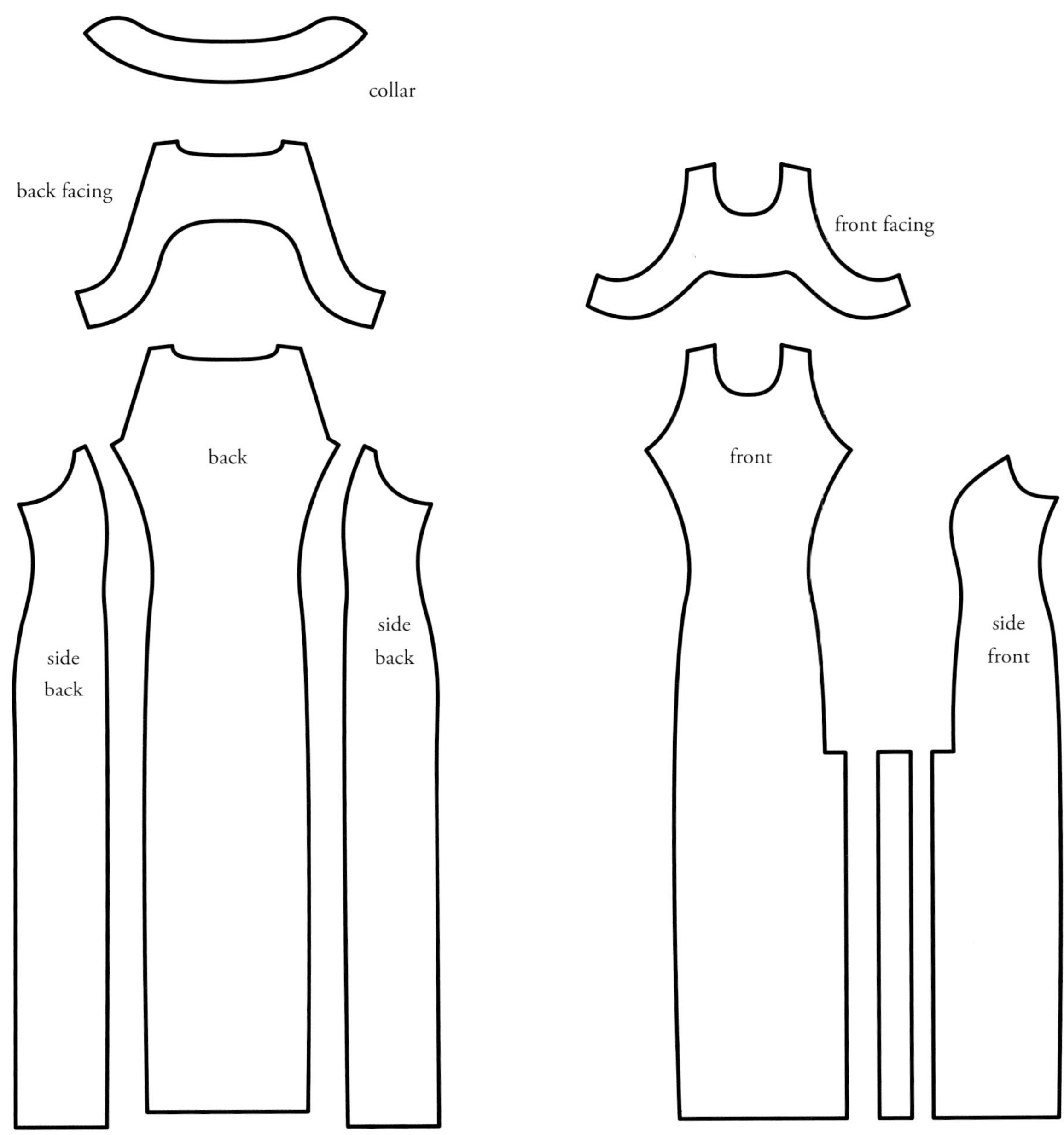

Sleeveless cheongsam

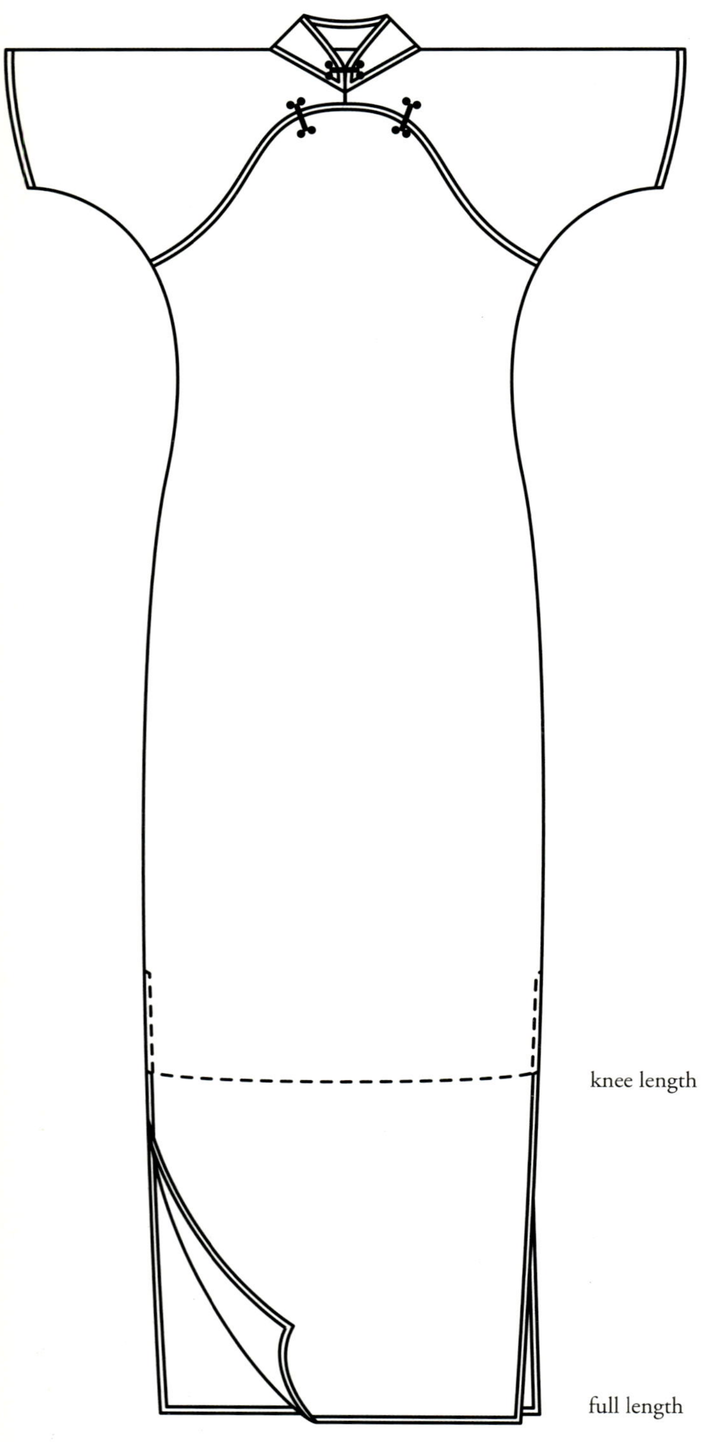

knee length

full length

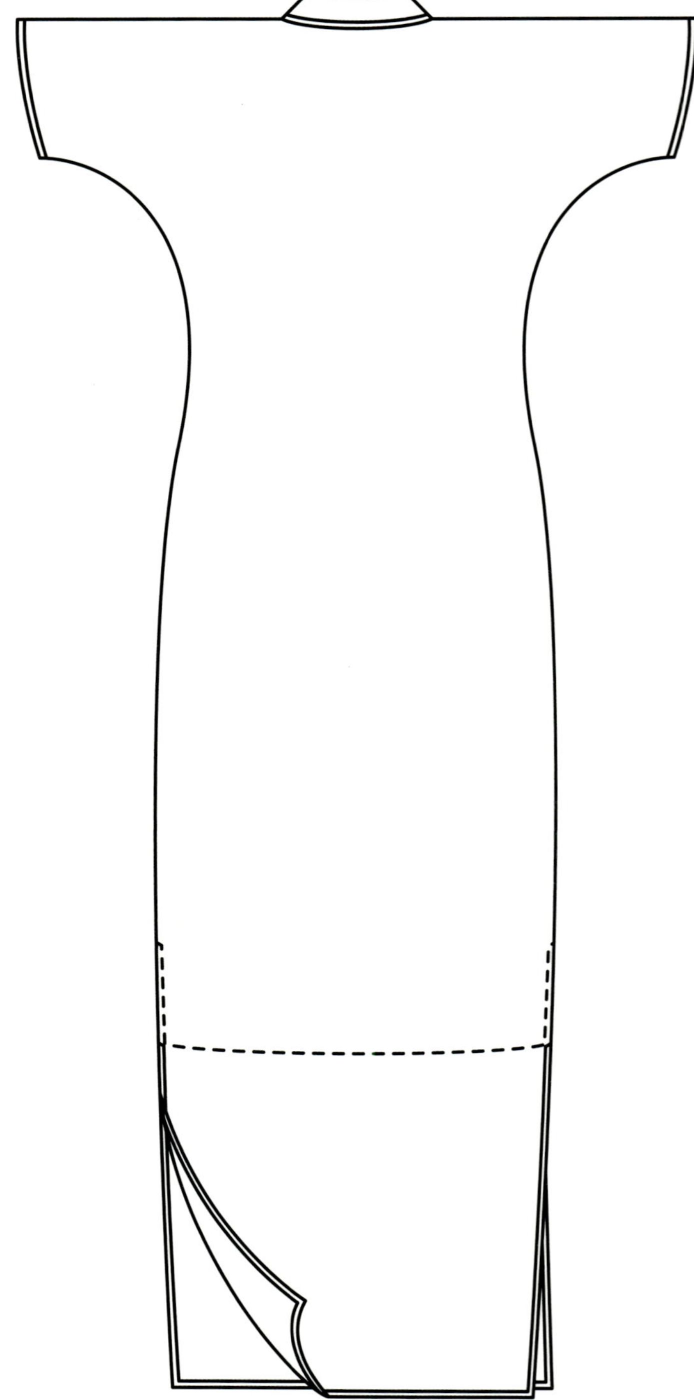

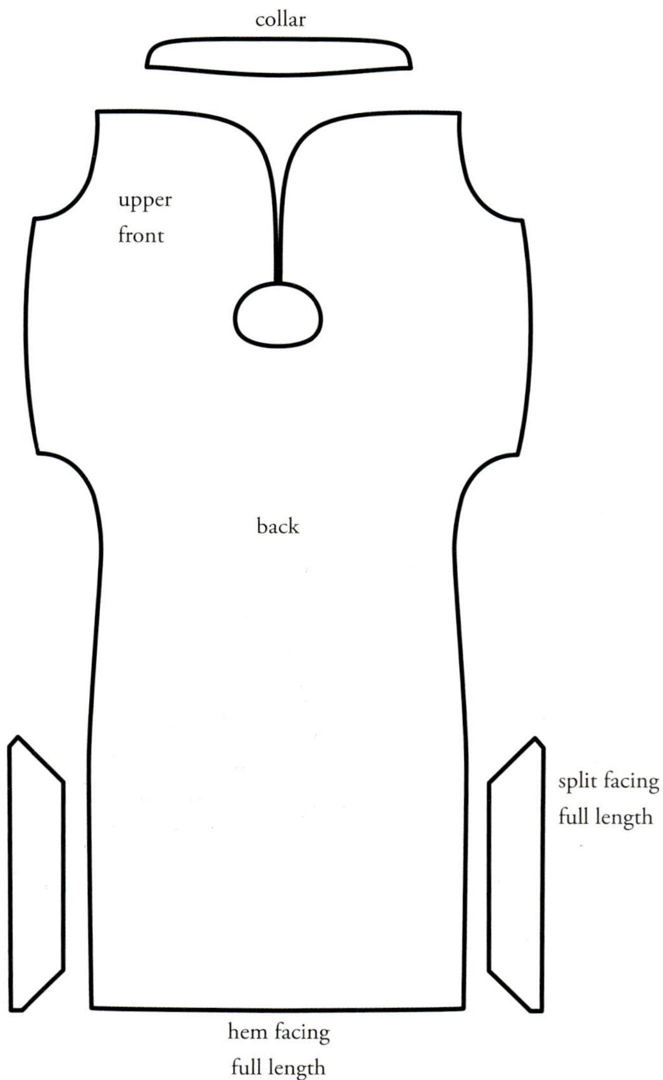

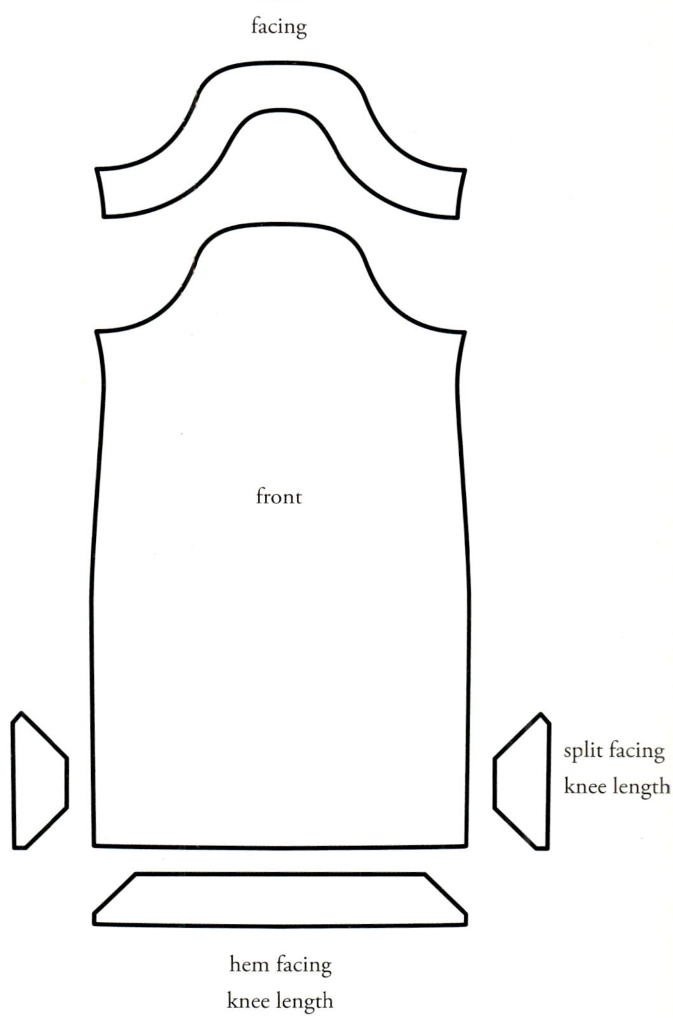

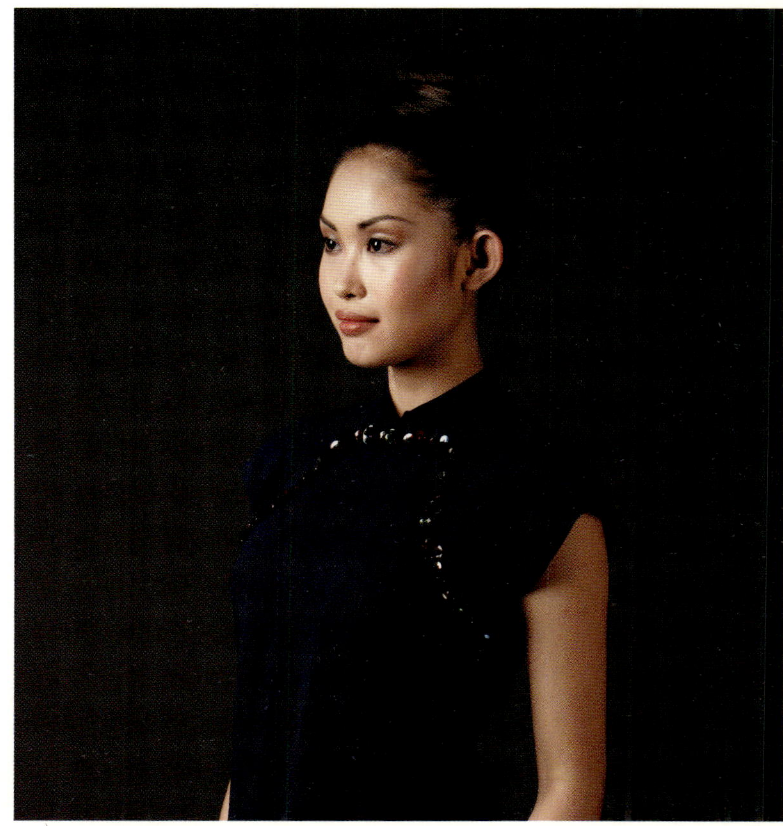

Front-closing cheongsam

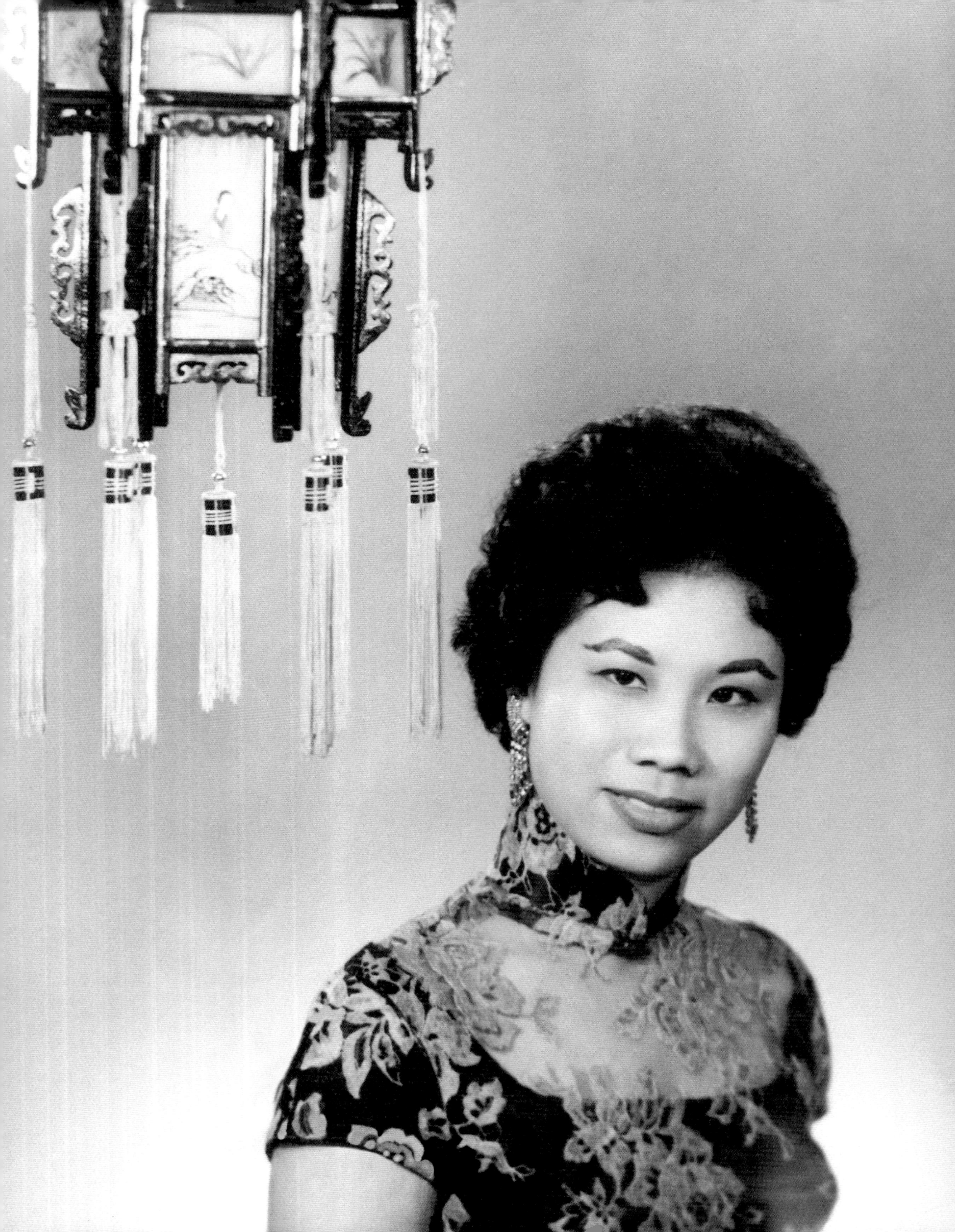

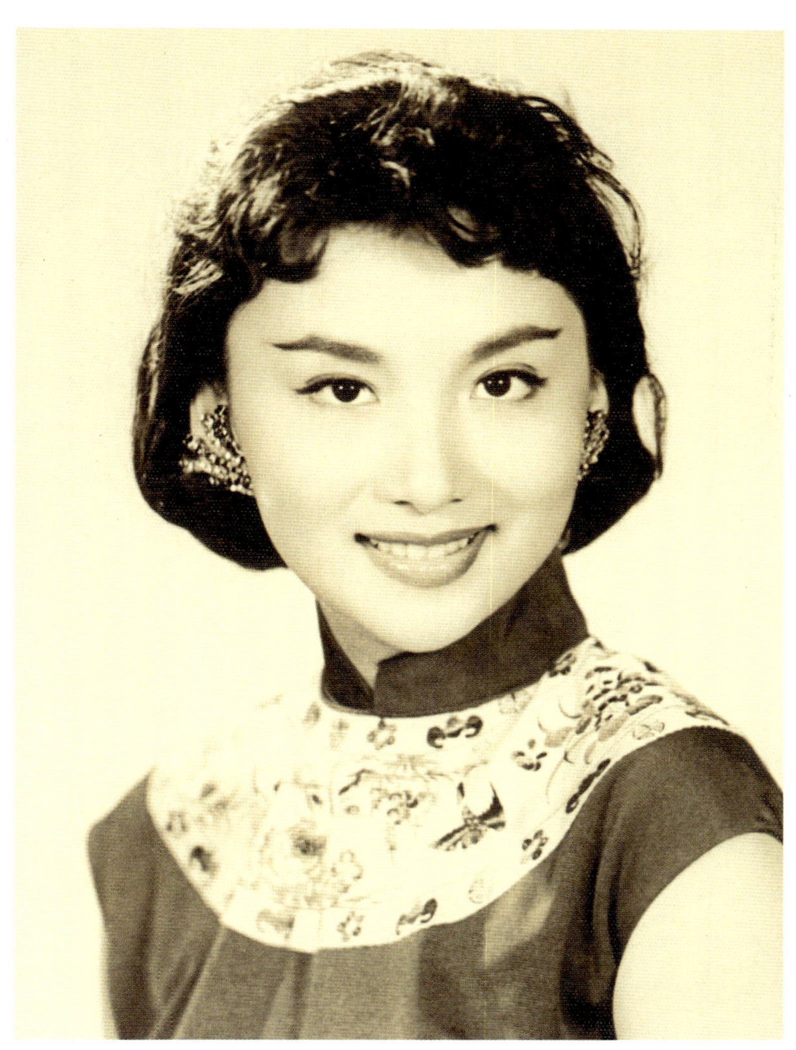

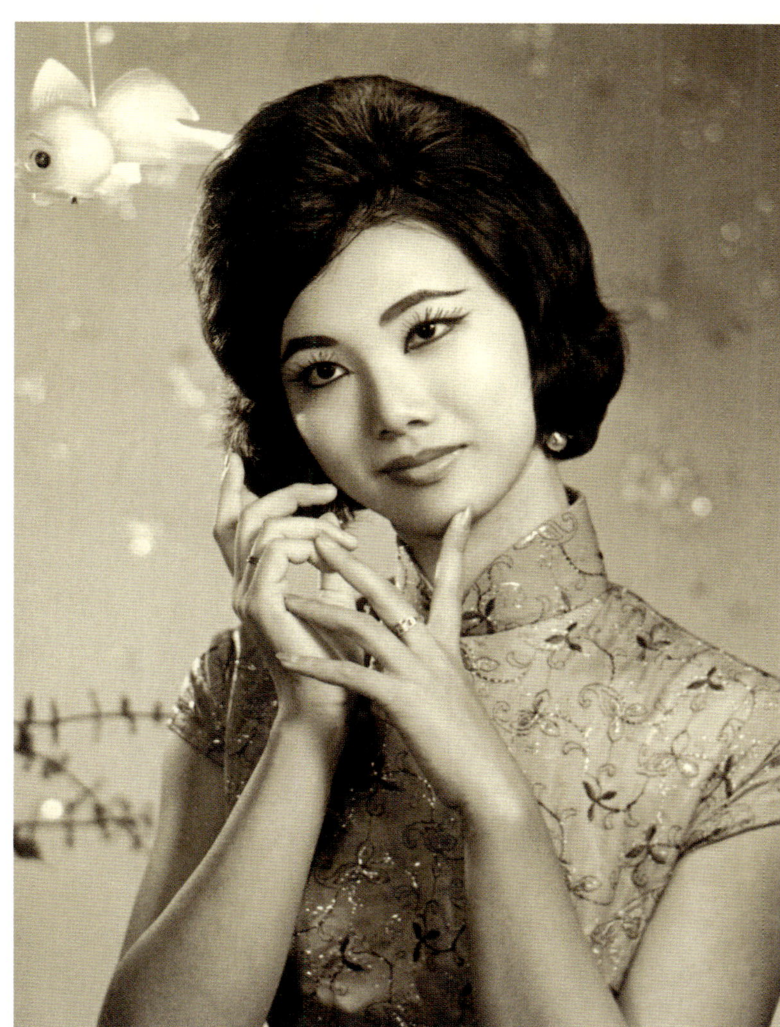

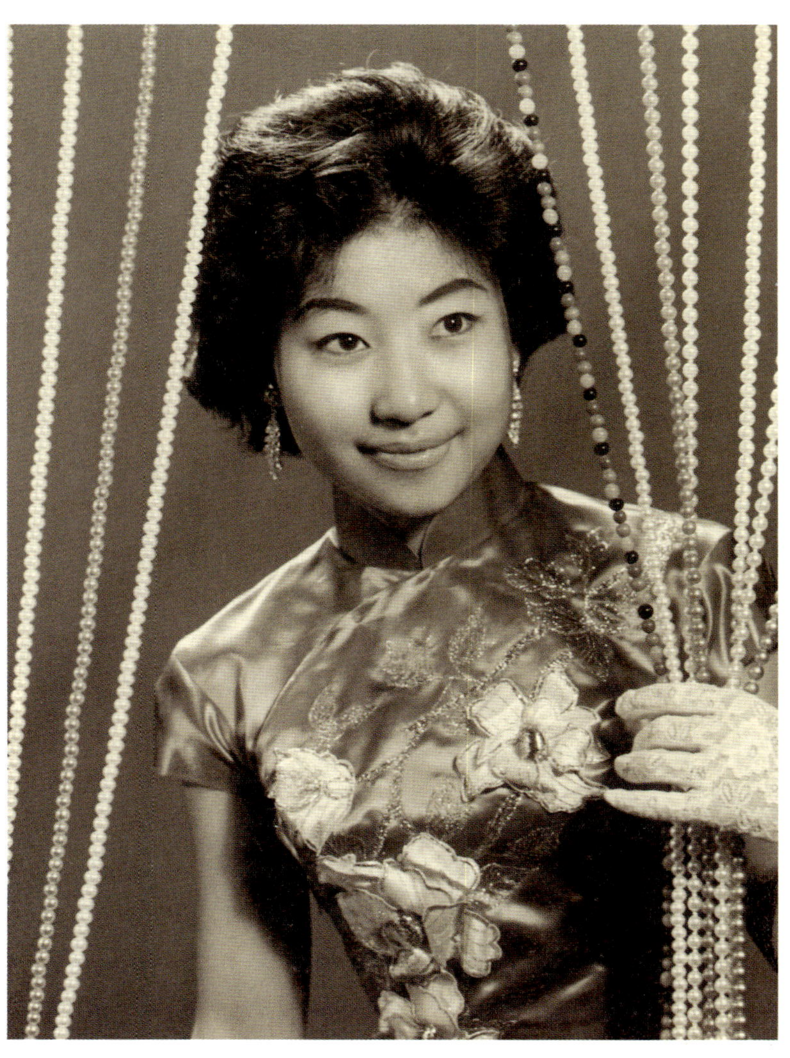

On pages 58-83 are cheongsams from
the 1940s and 1950s, elaborately
decorated with embroidery and
appliqué. The dresses on pages 80-81
are further embellished with sequins.

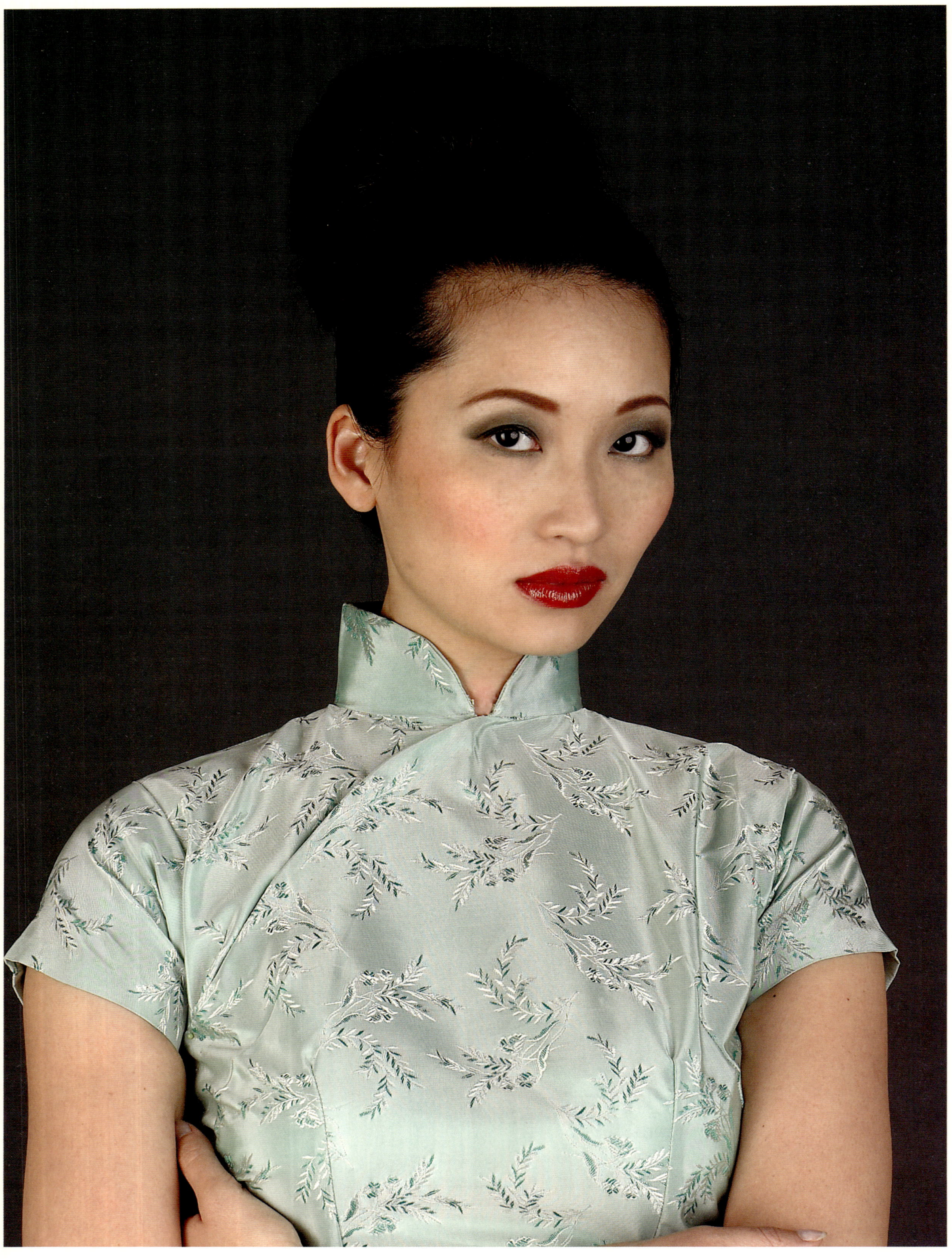

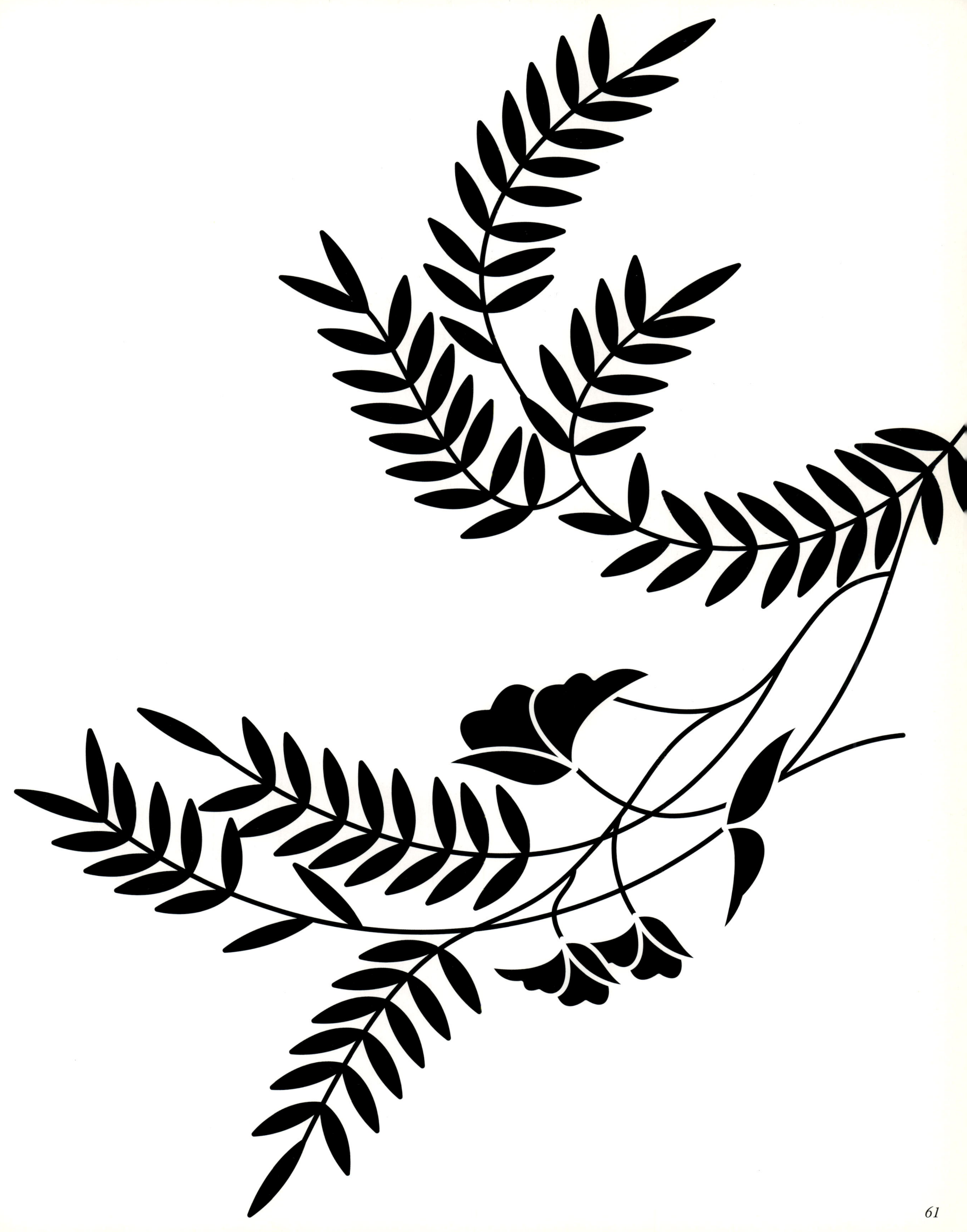

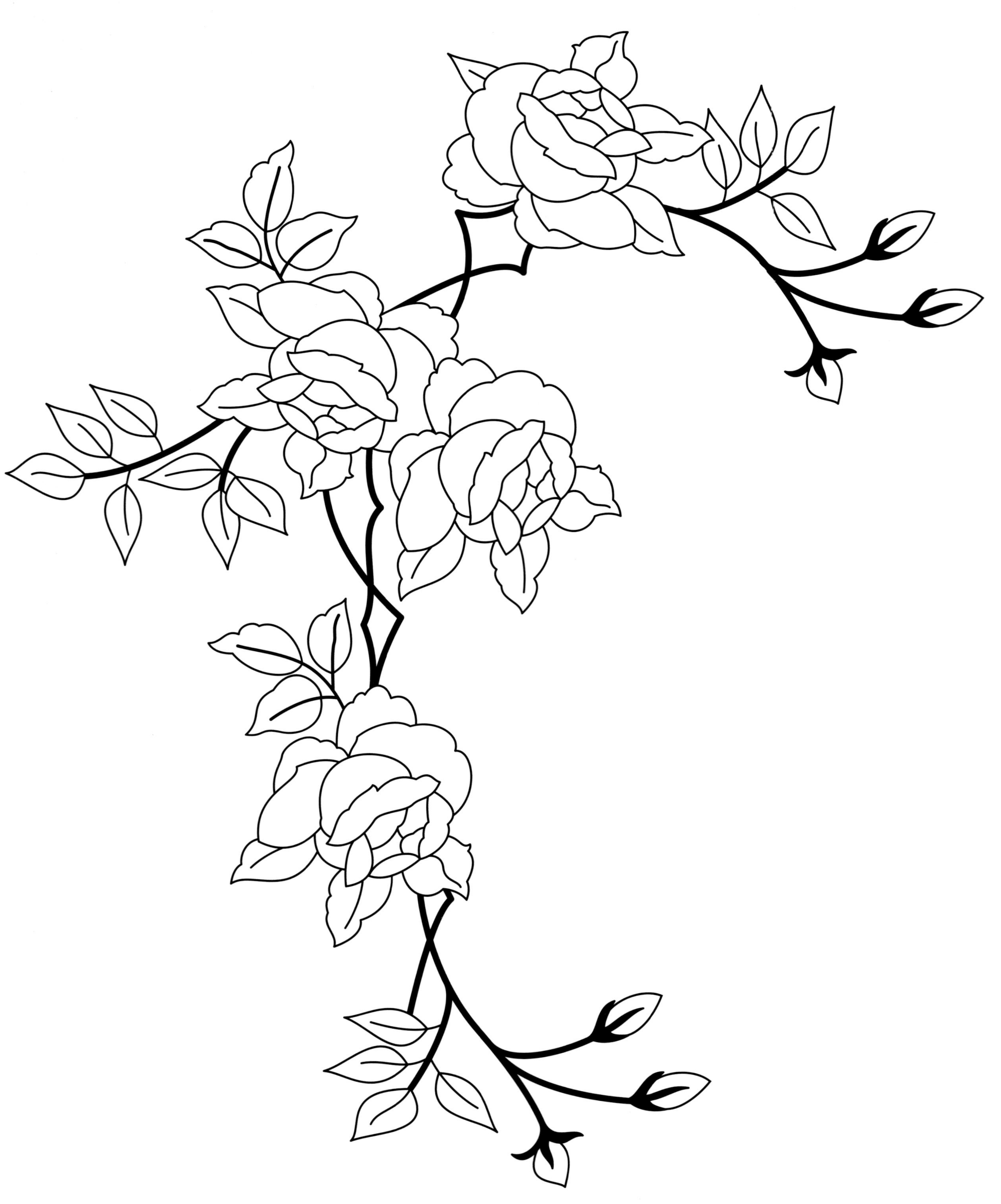

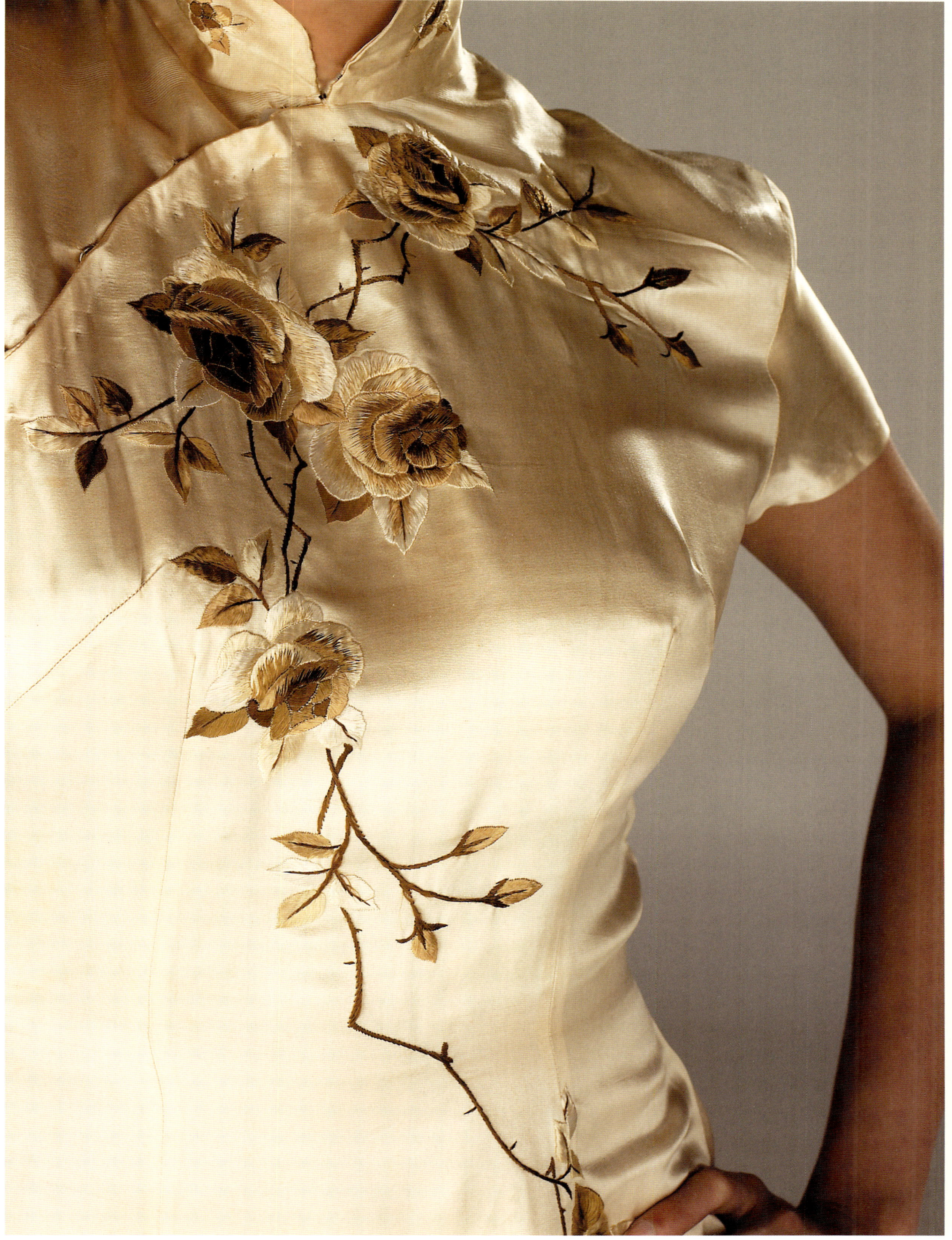

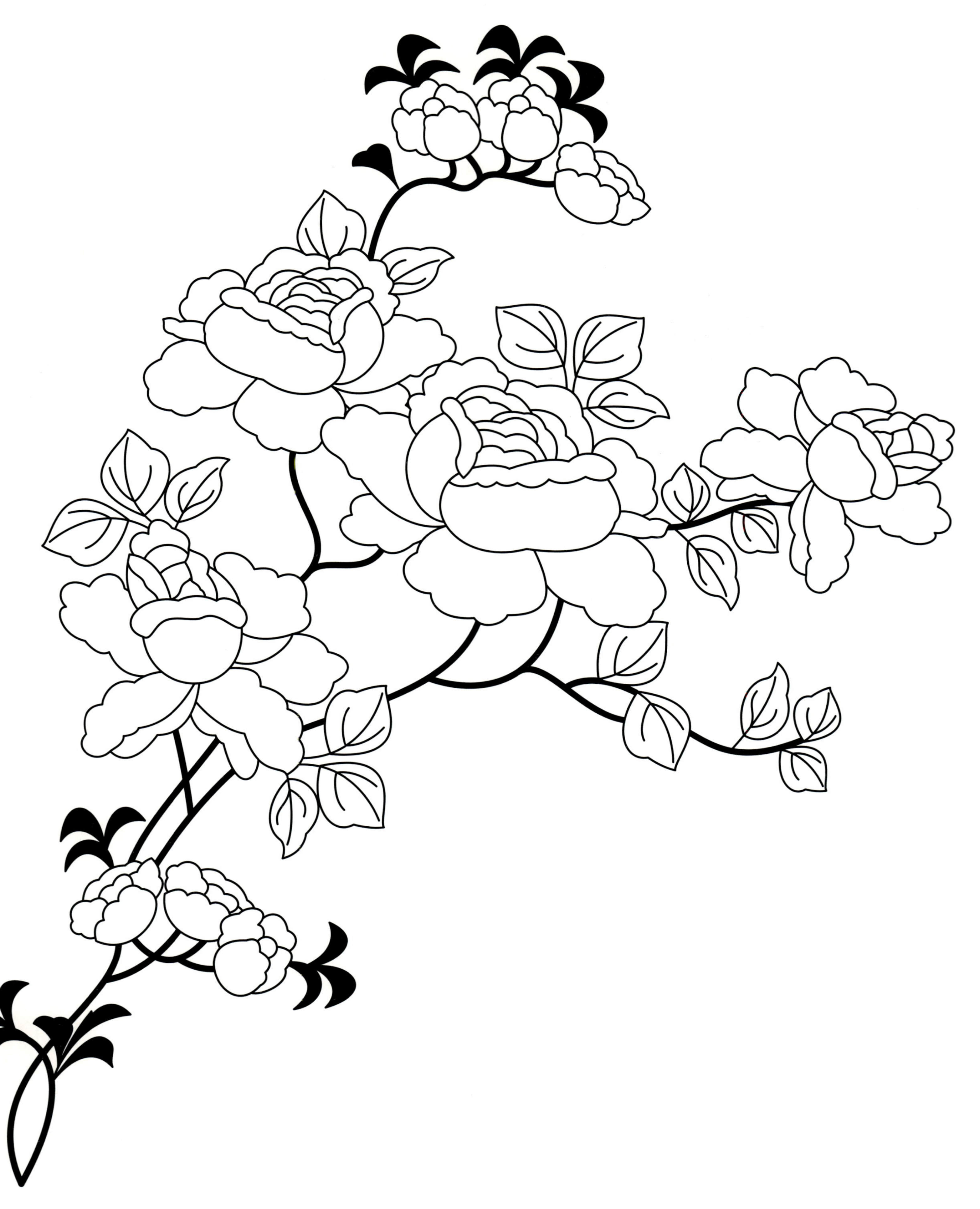

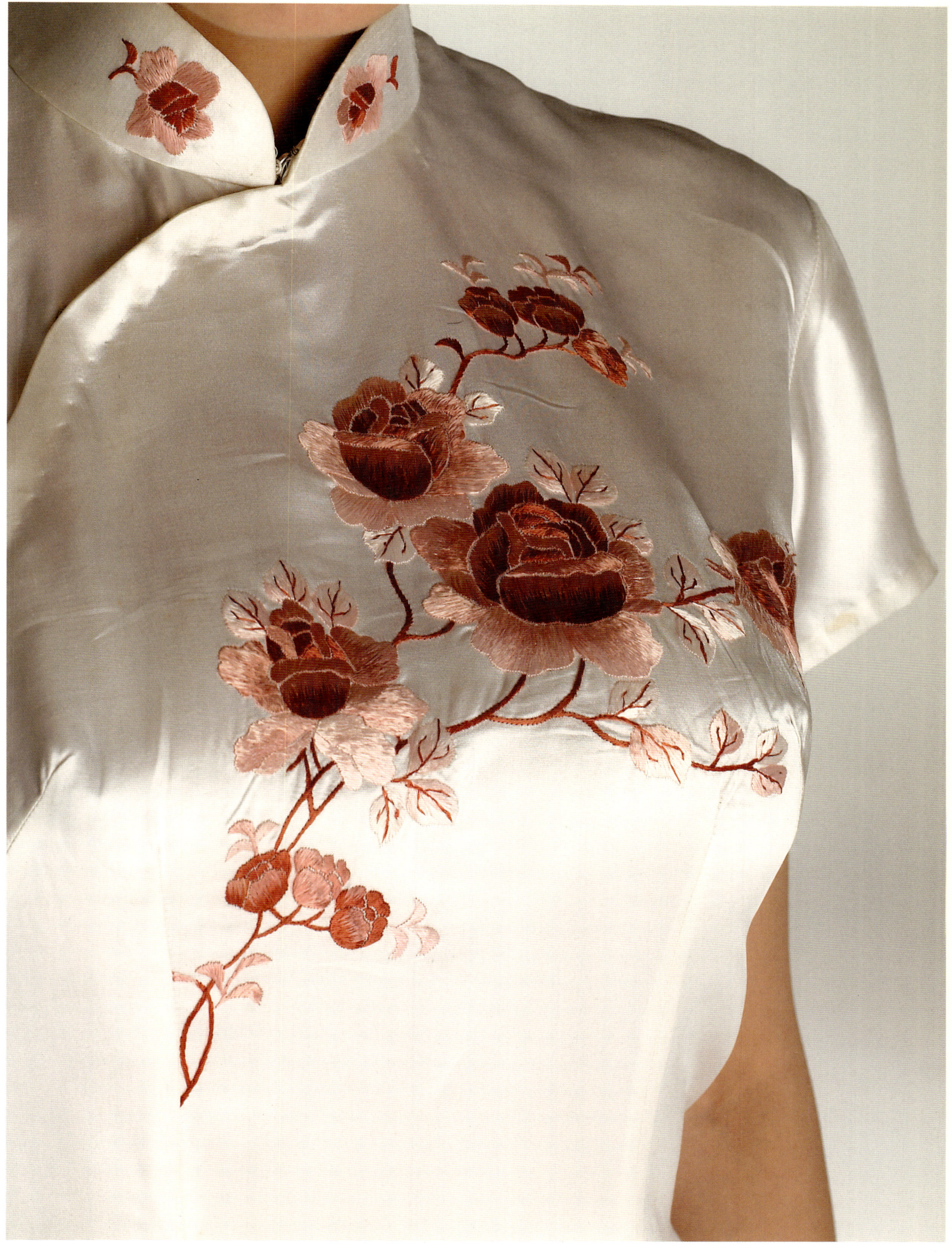

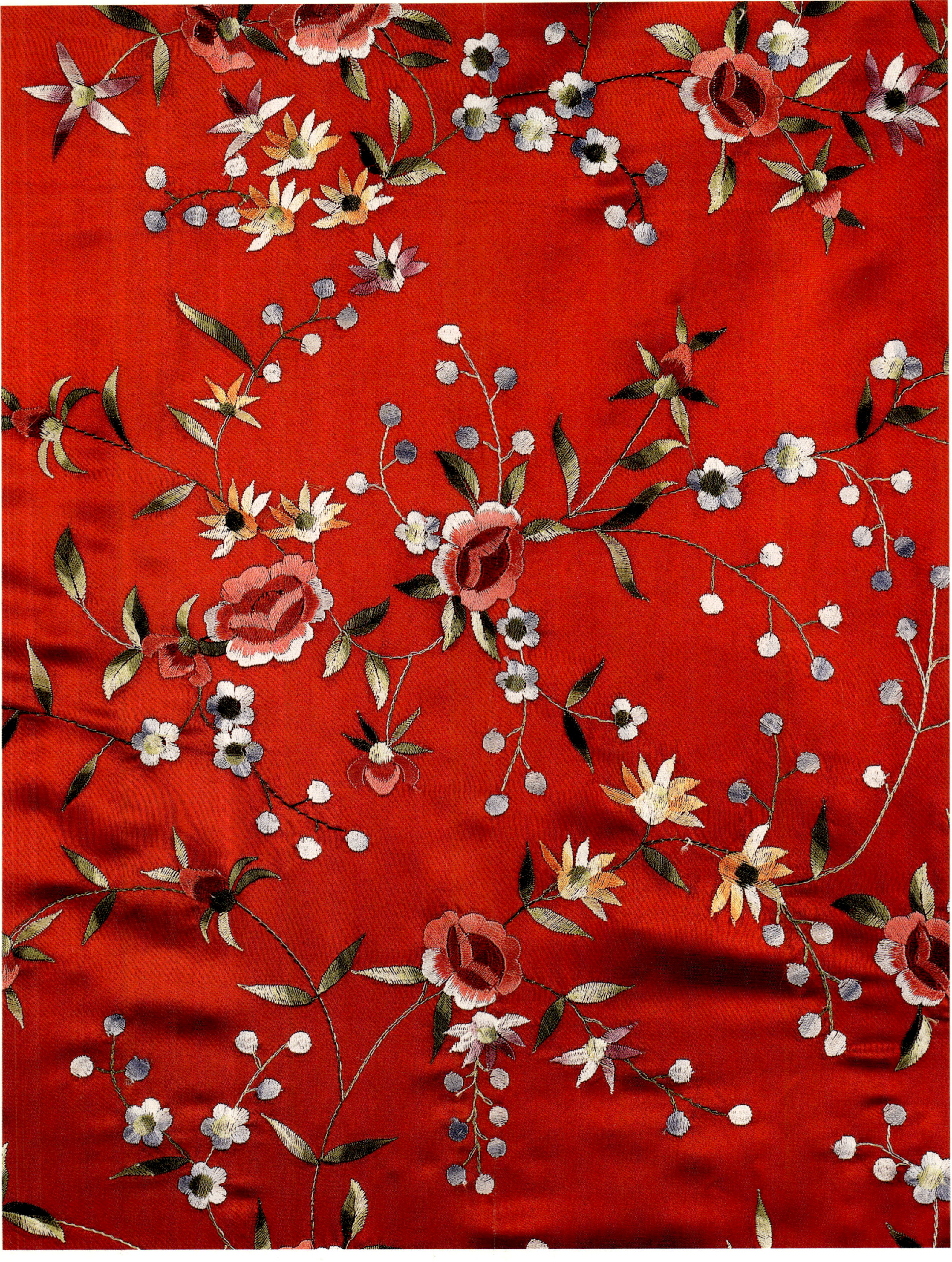

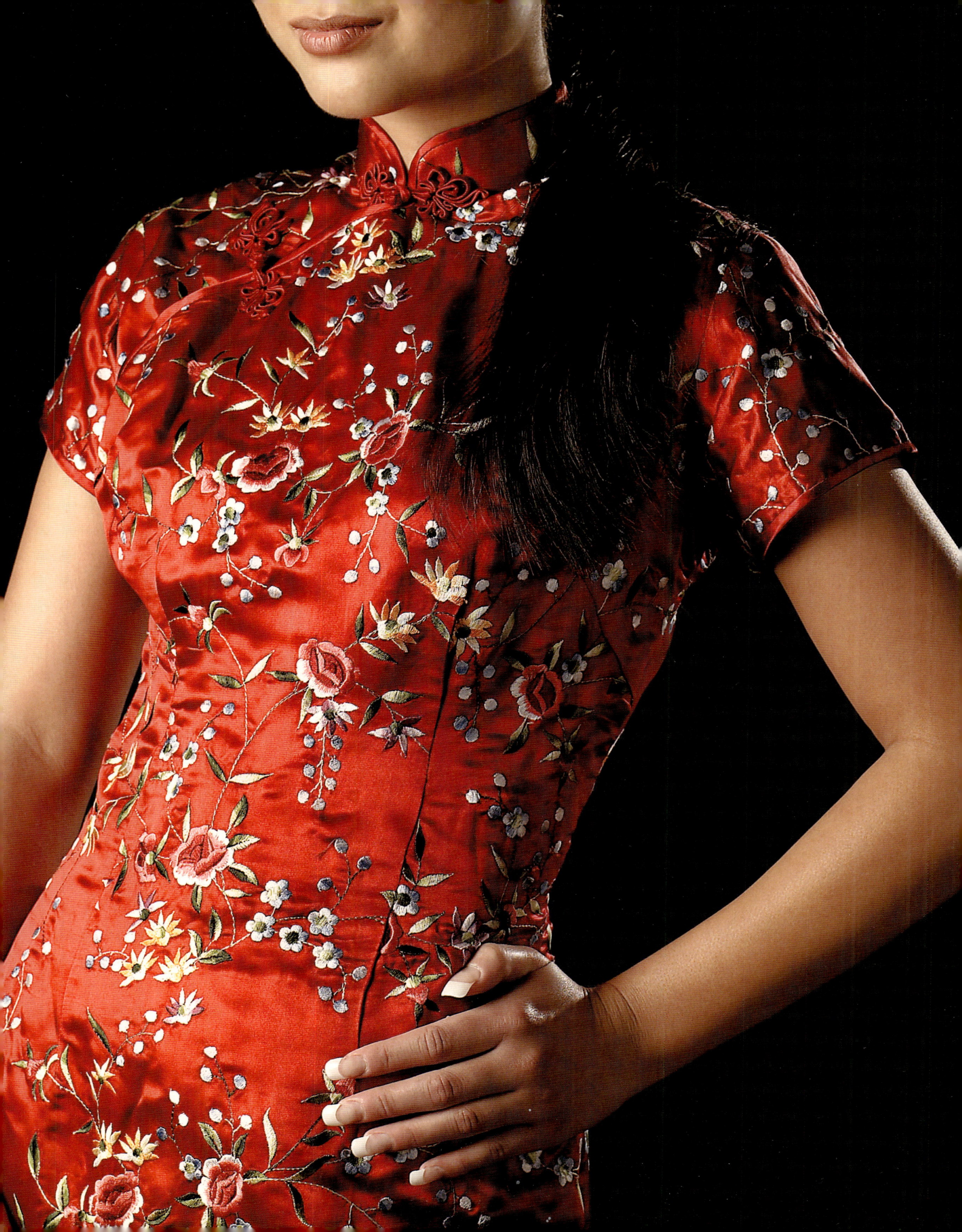

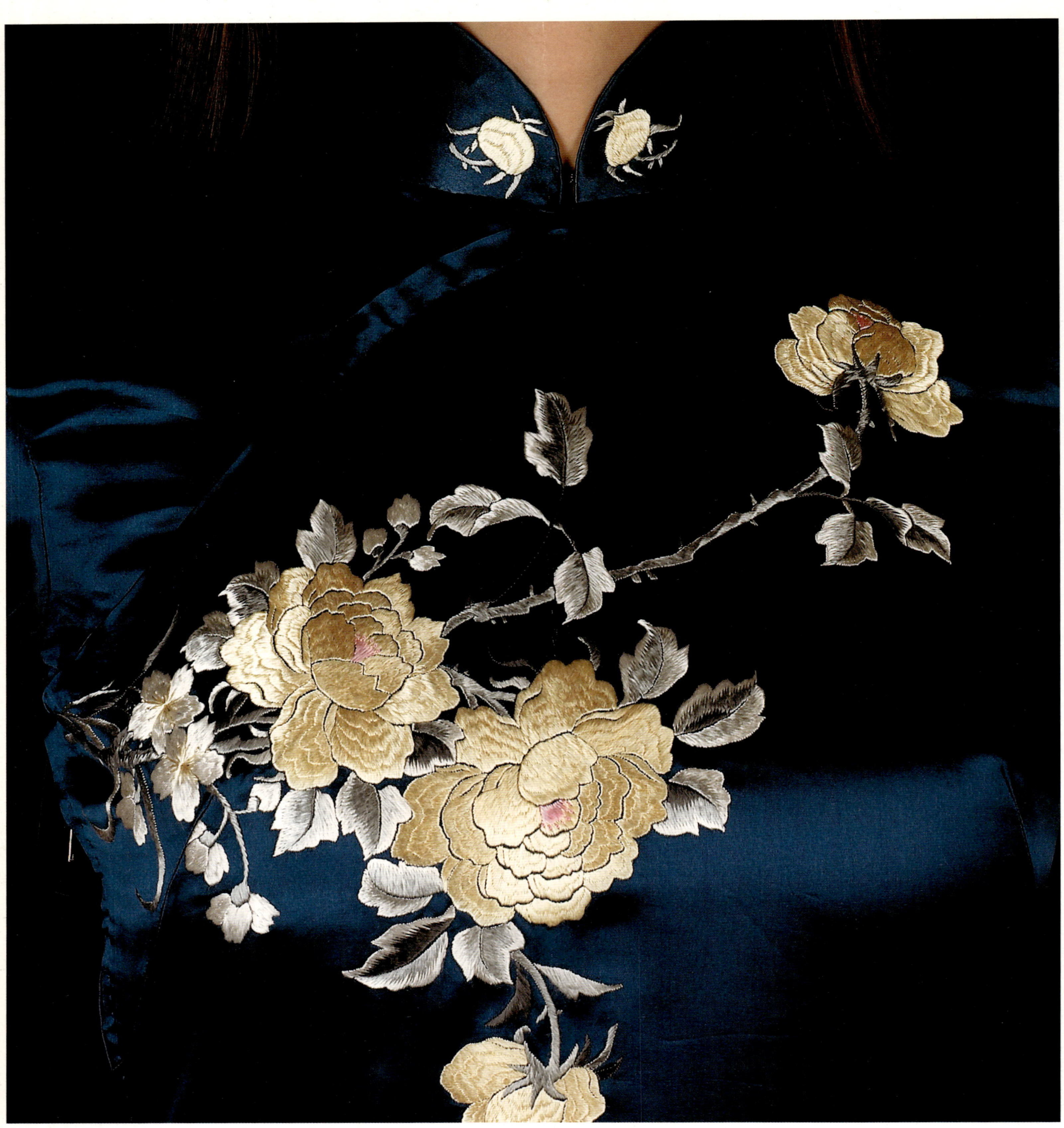

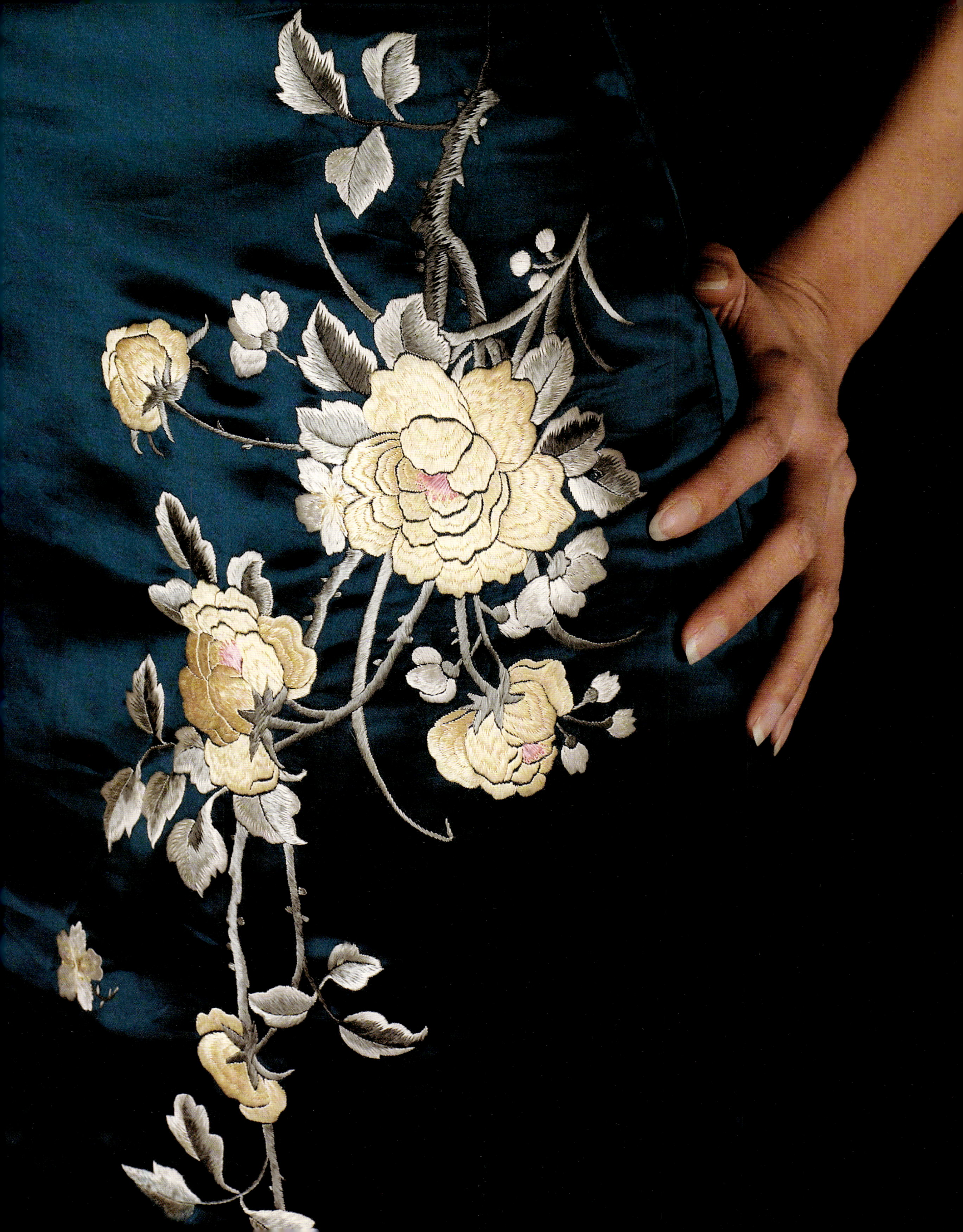

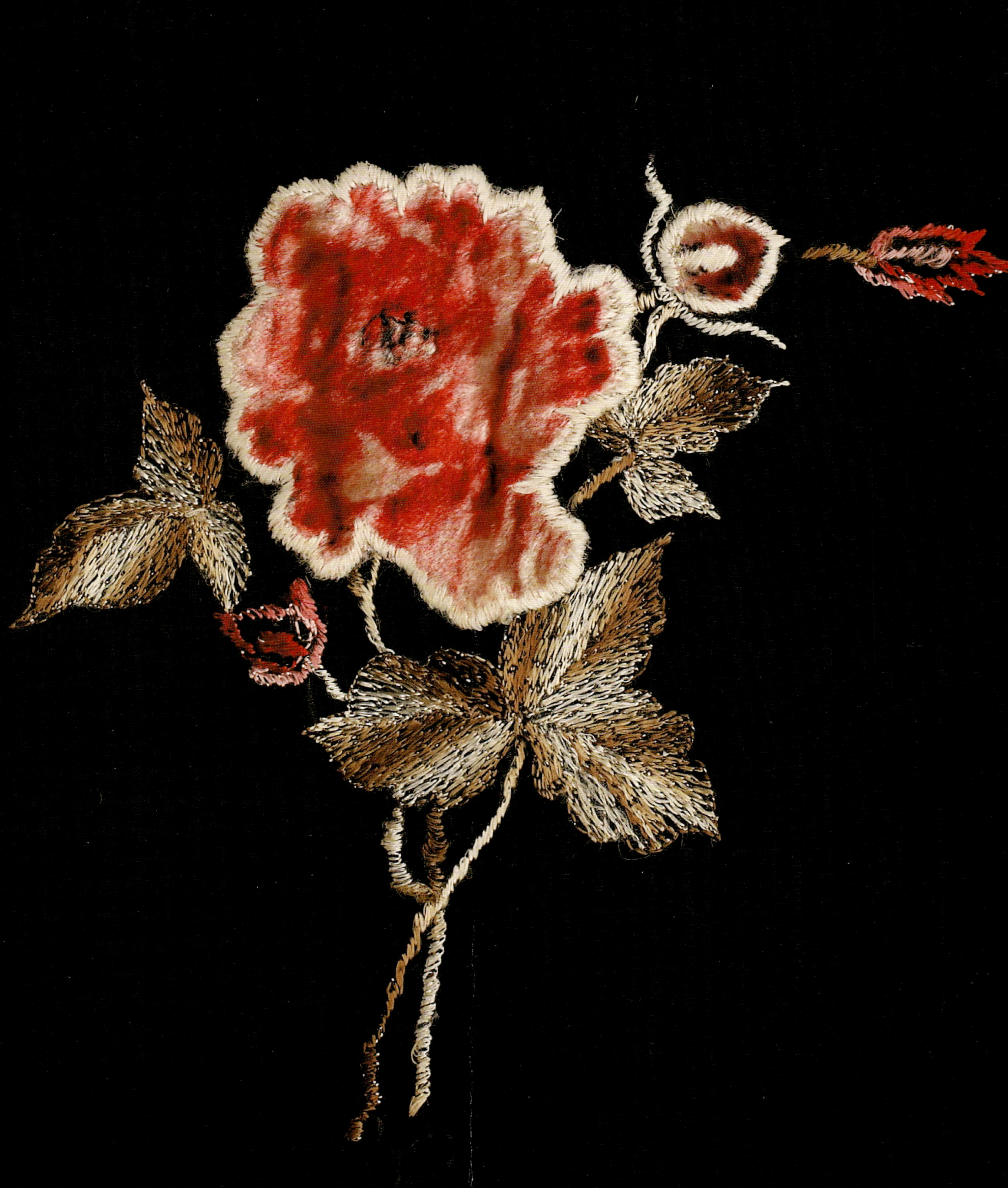

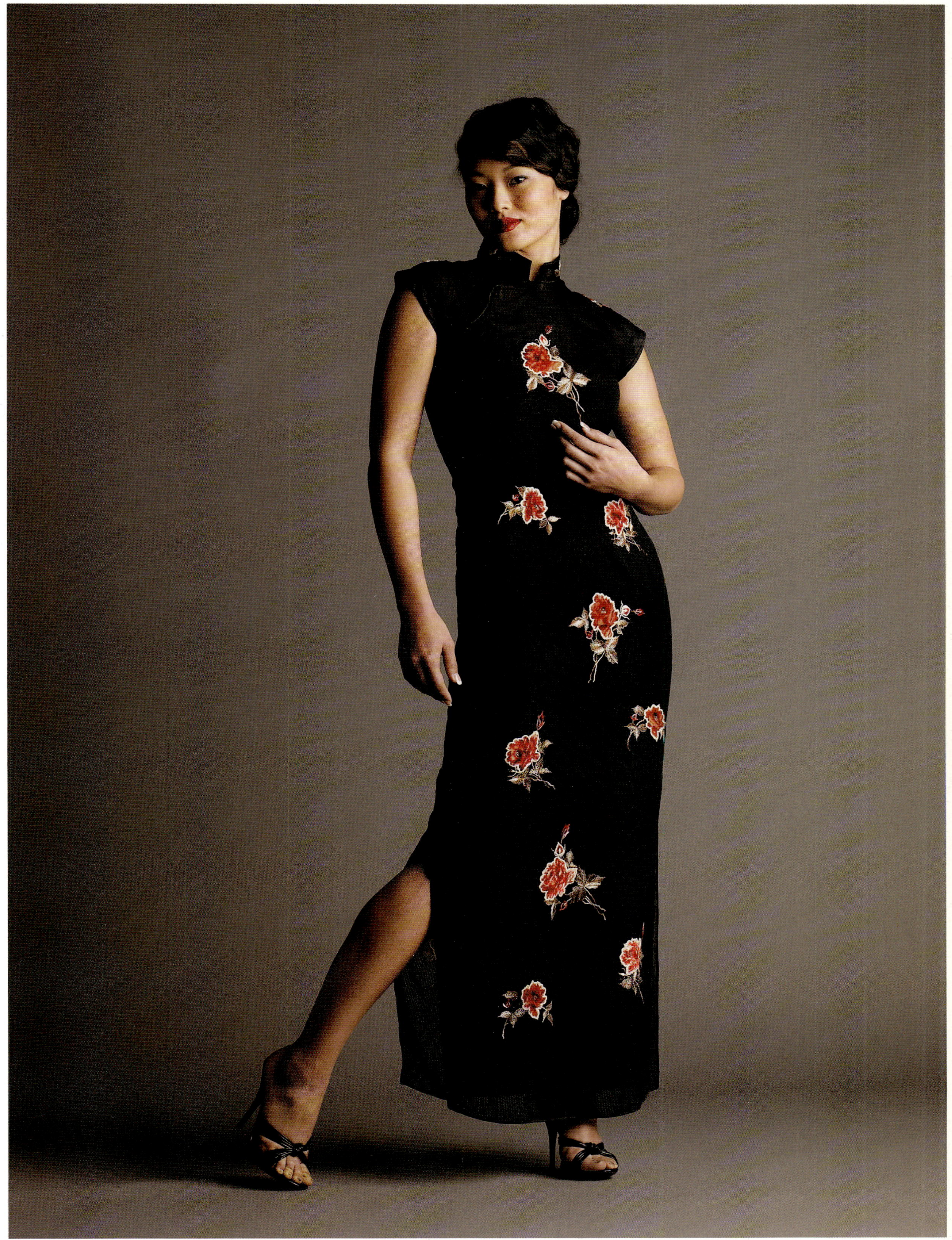

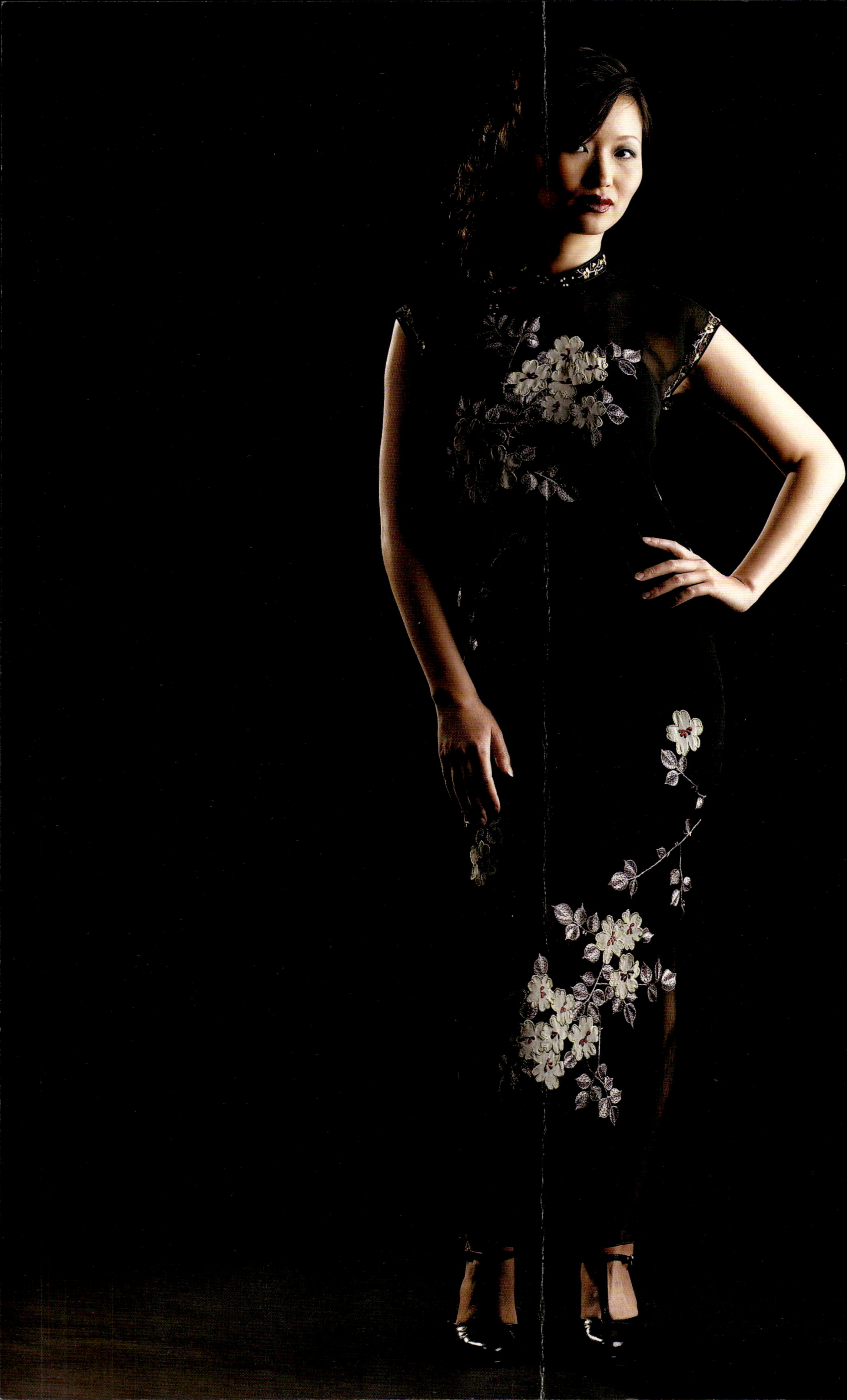

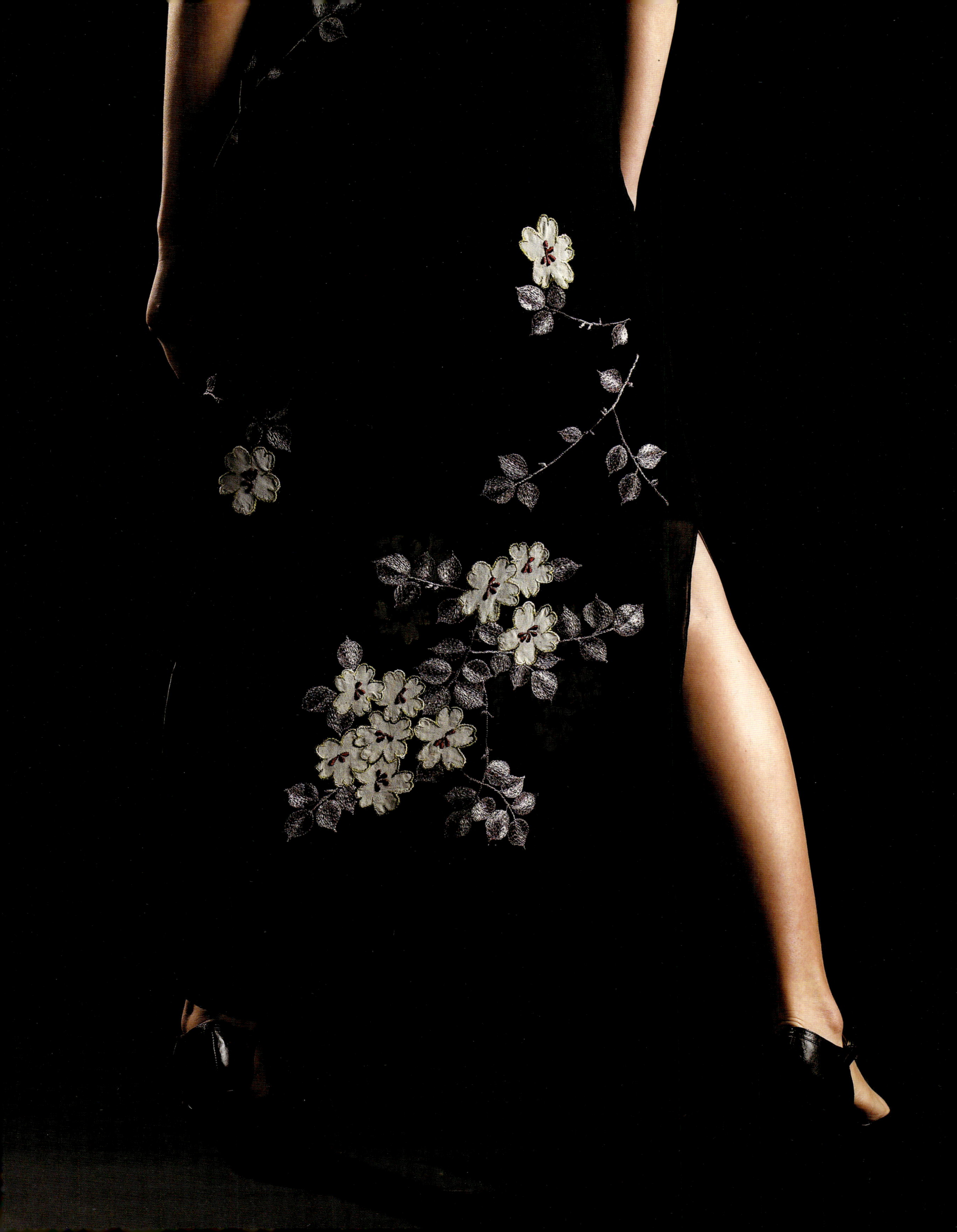

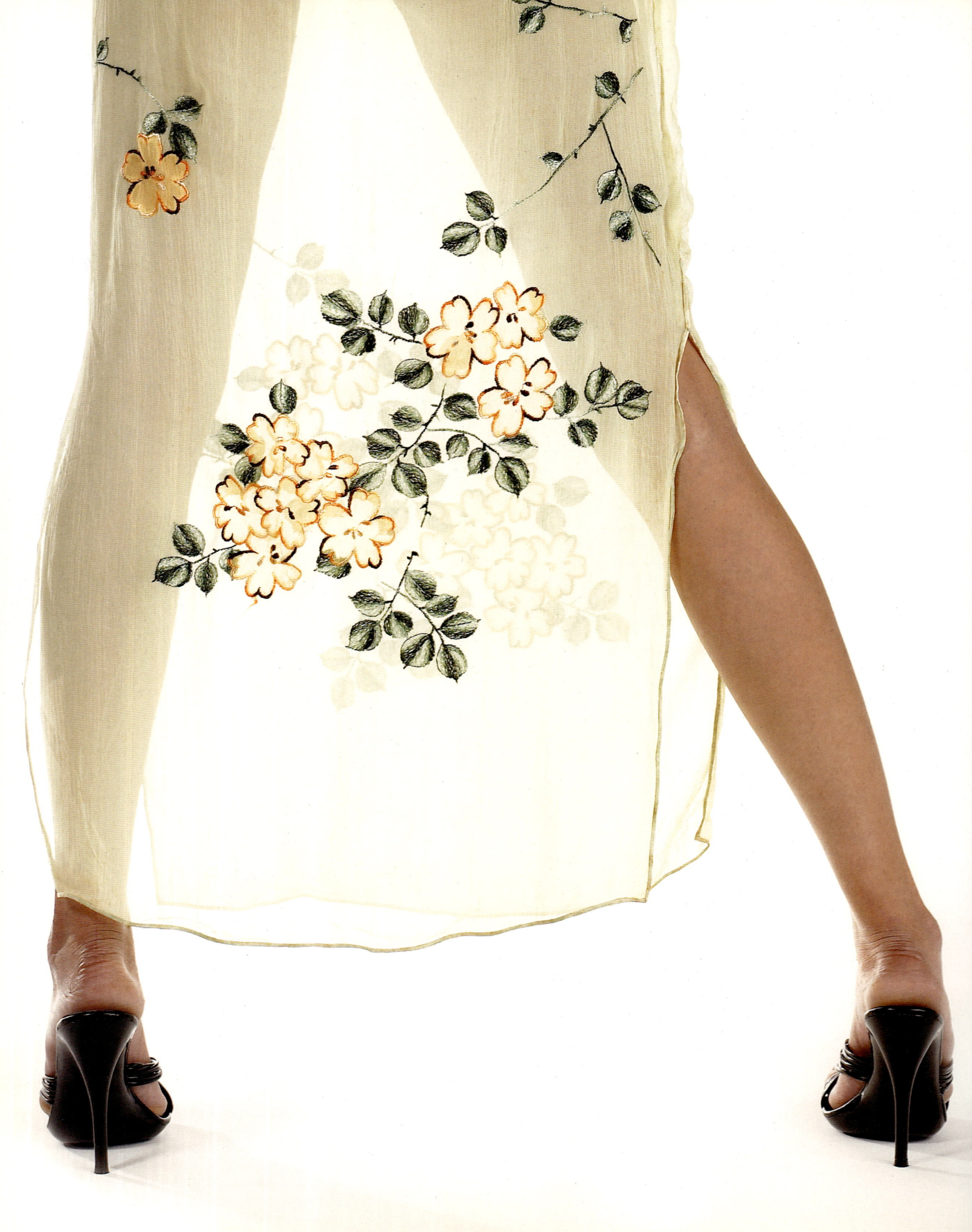

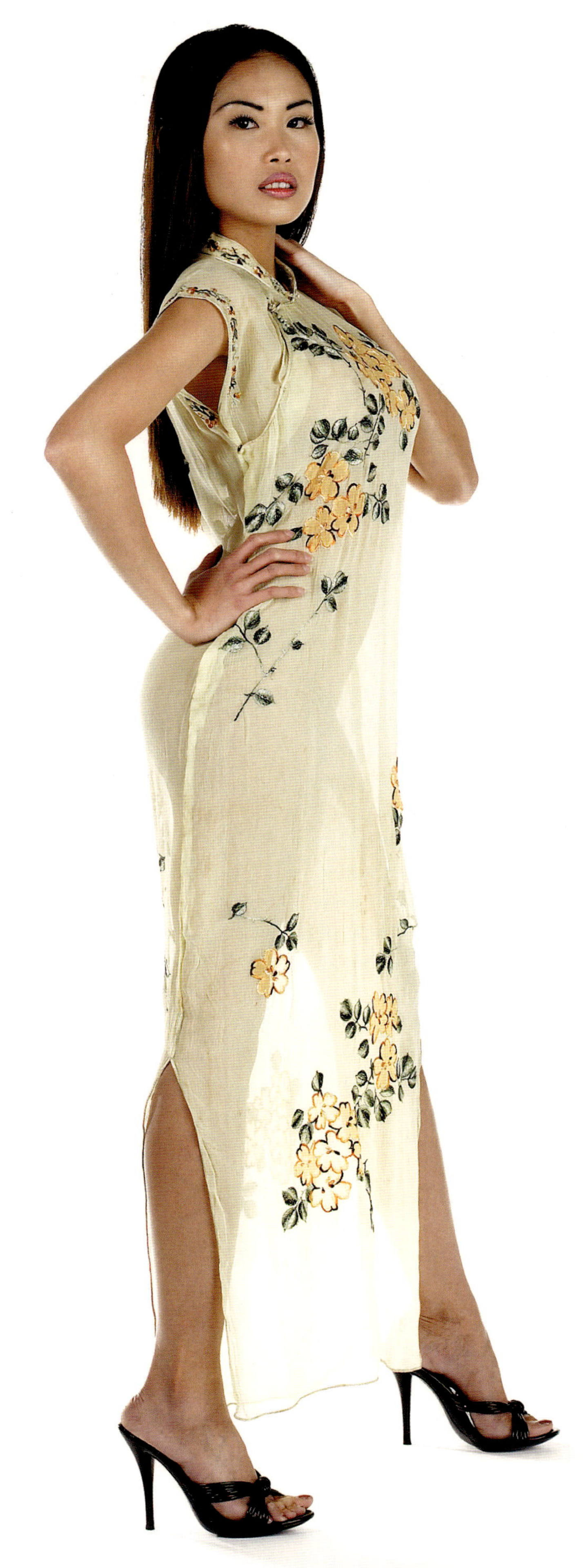

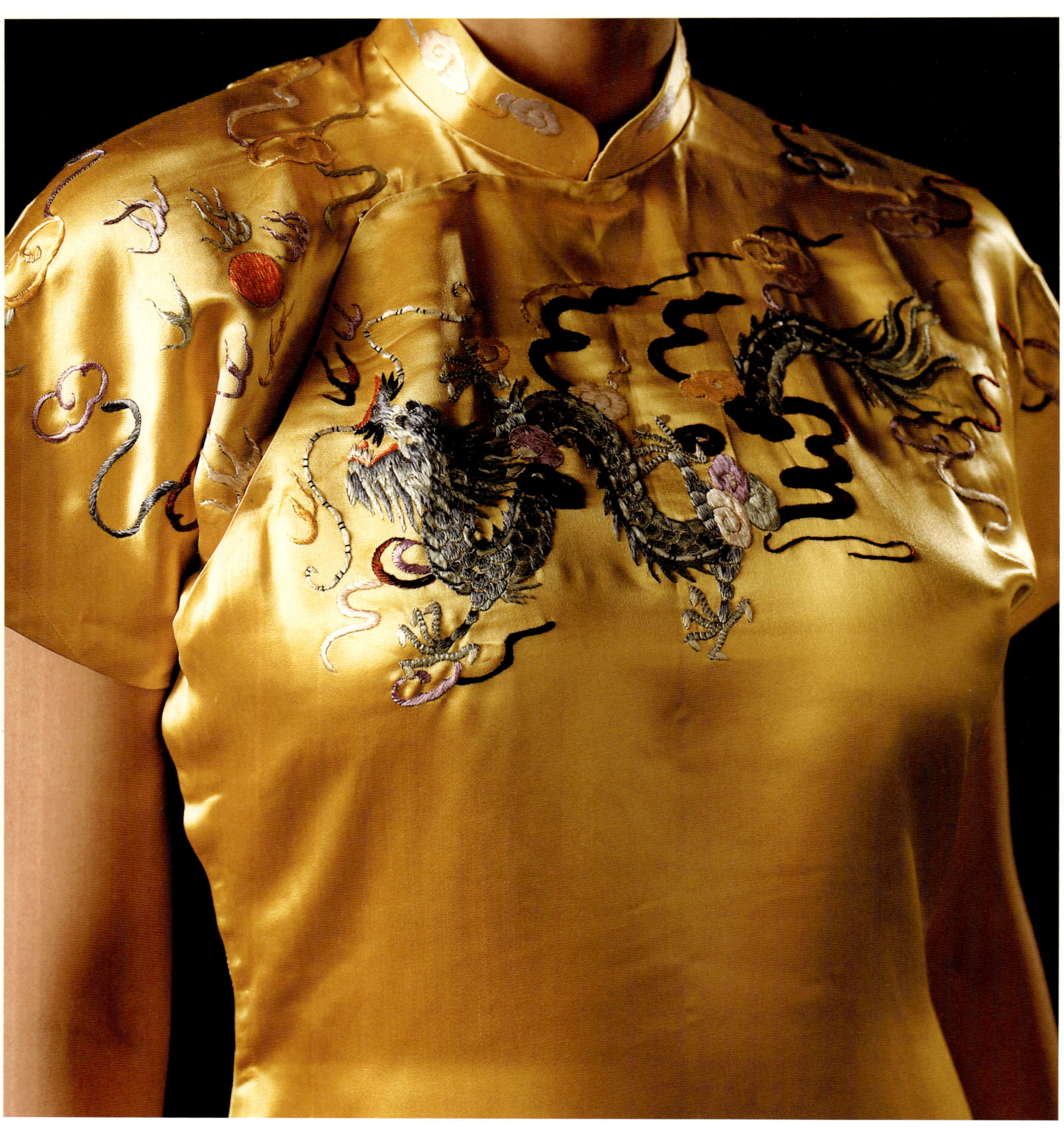

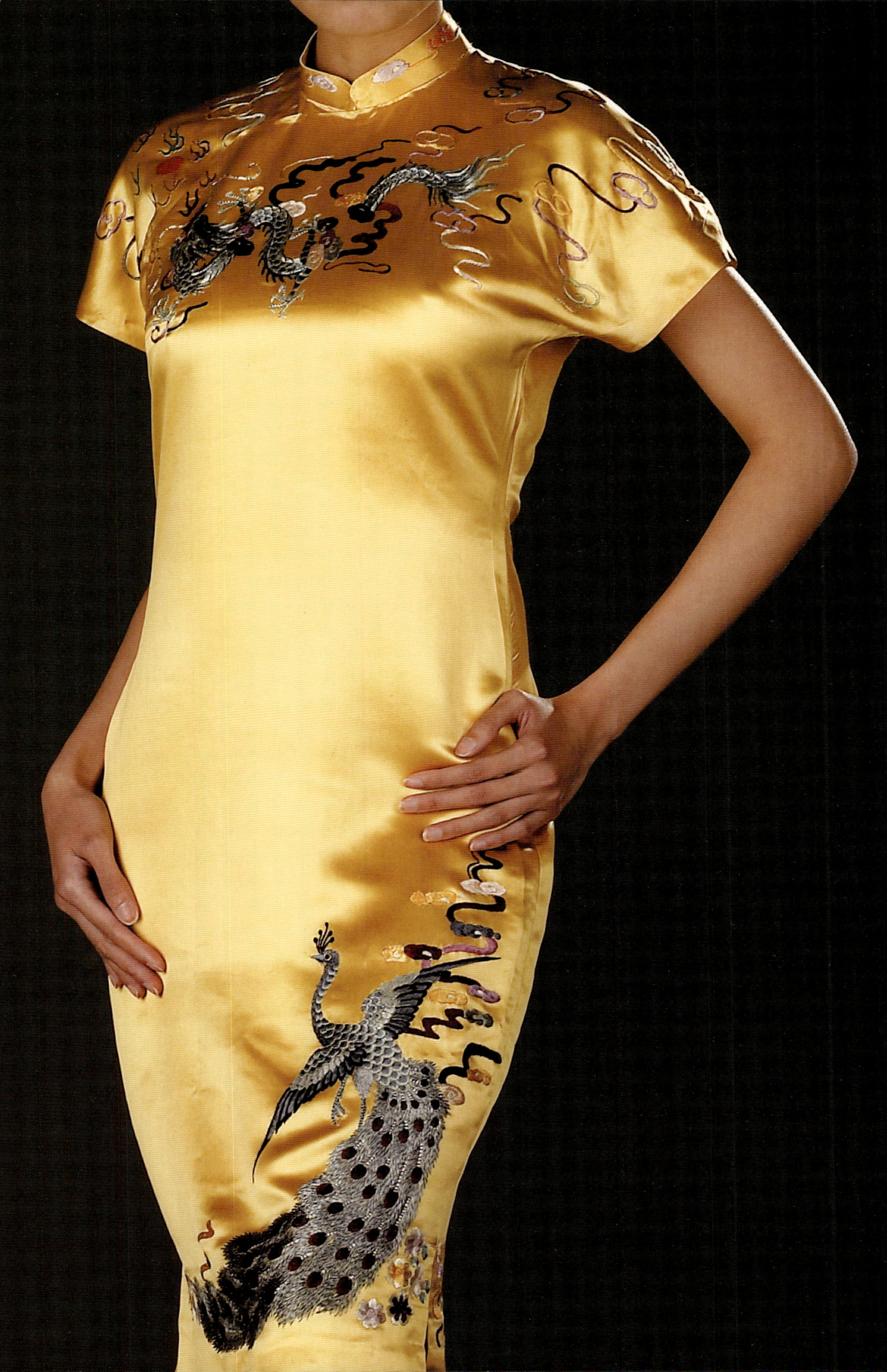

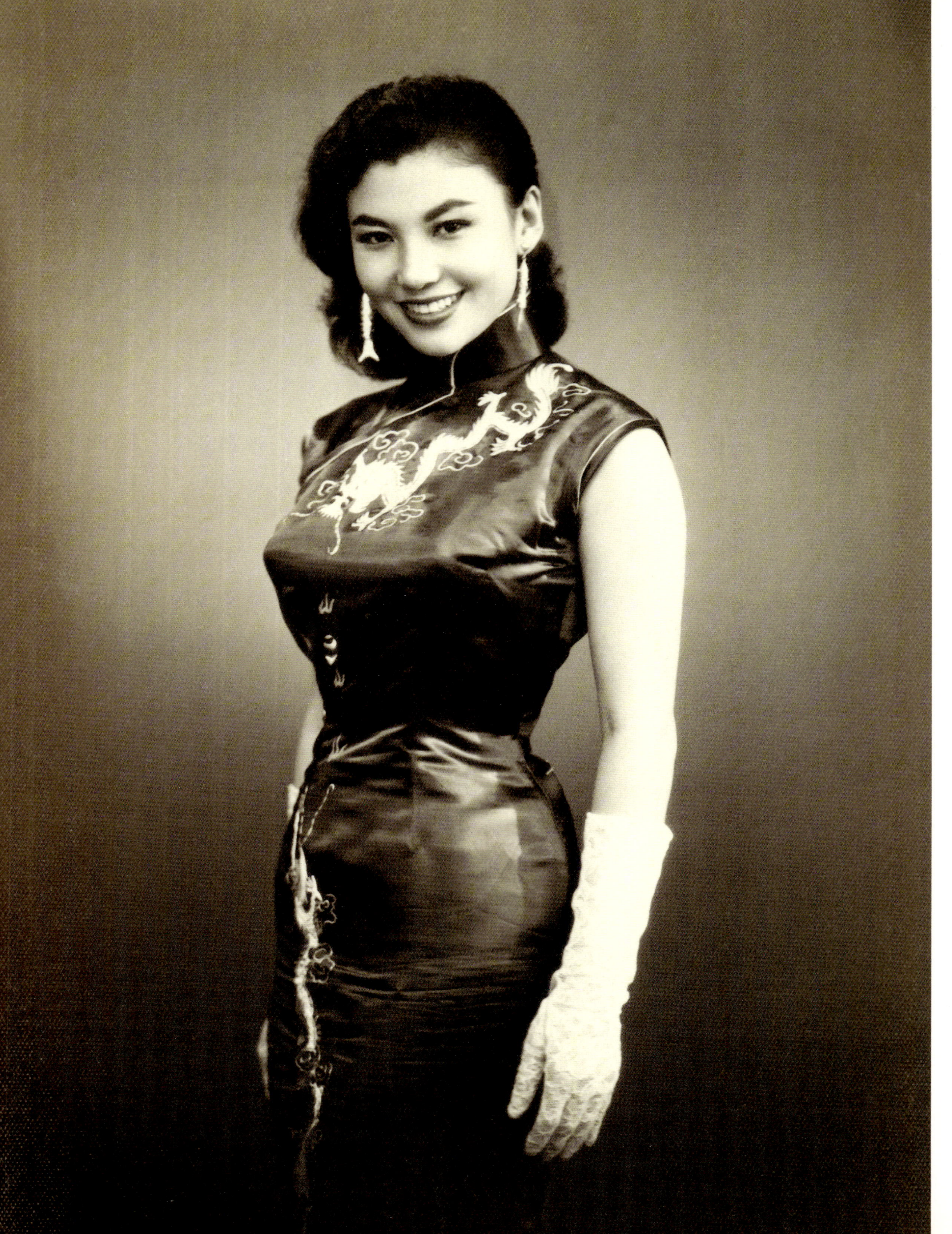

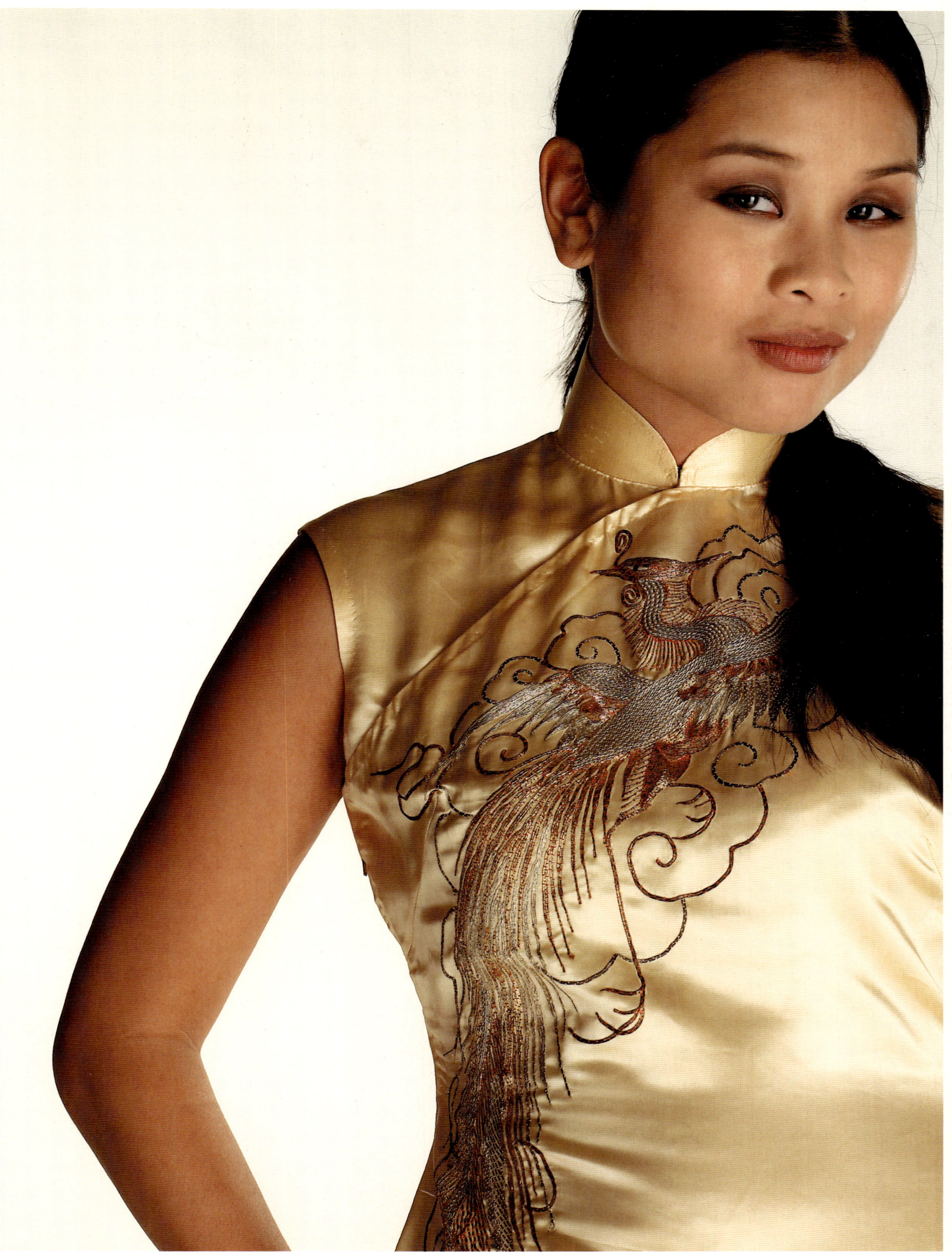

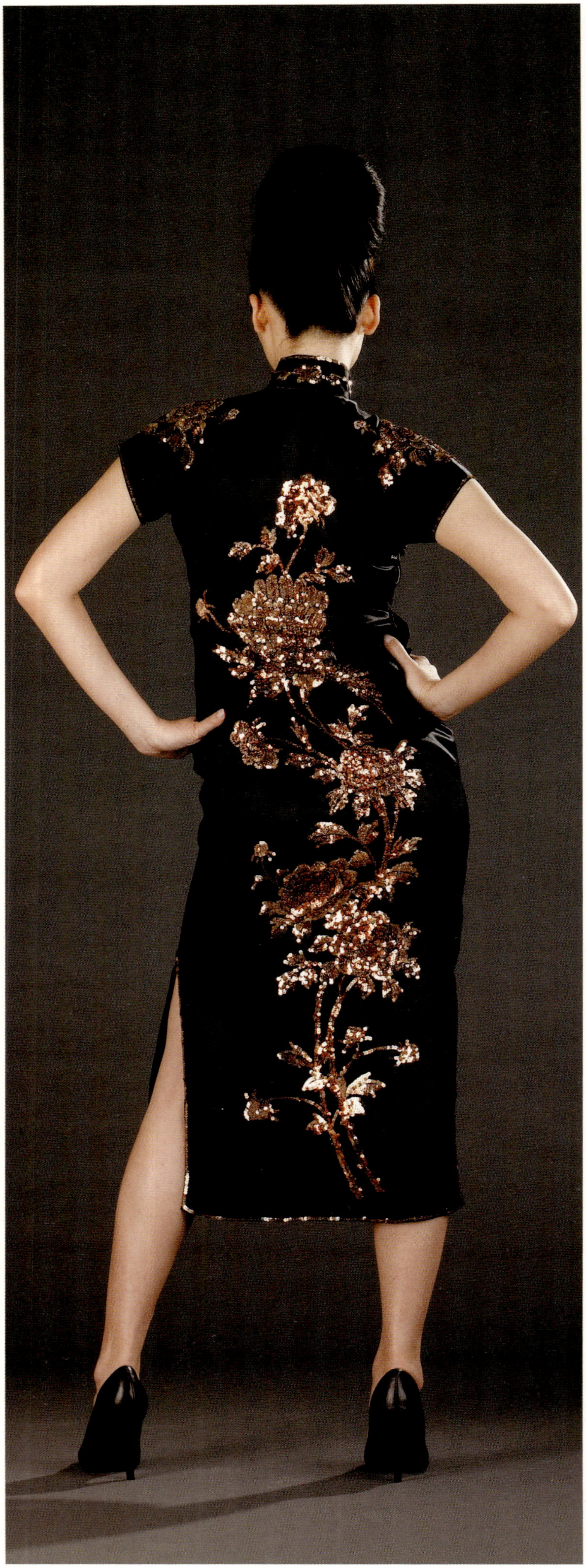

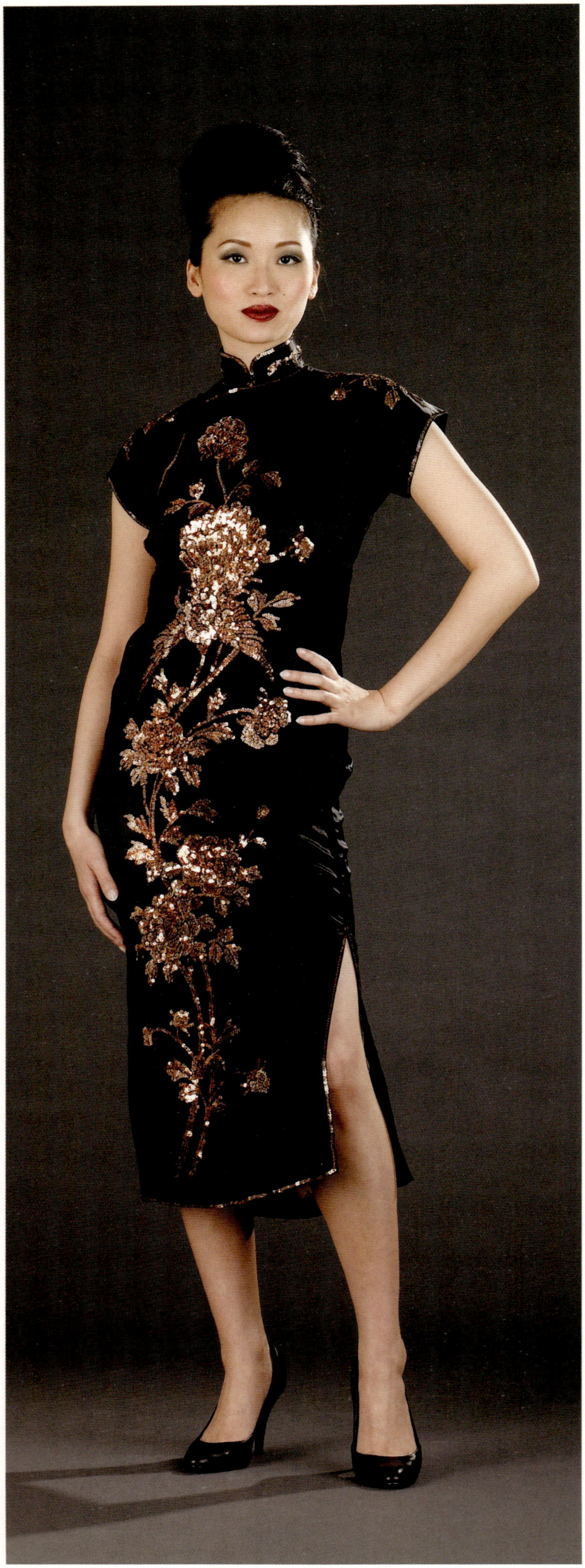

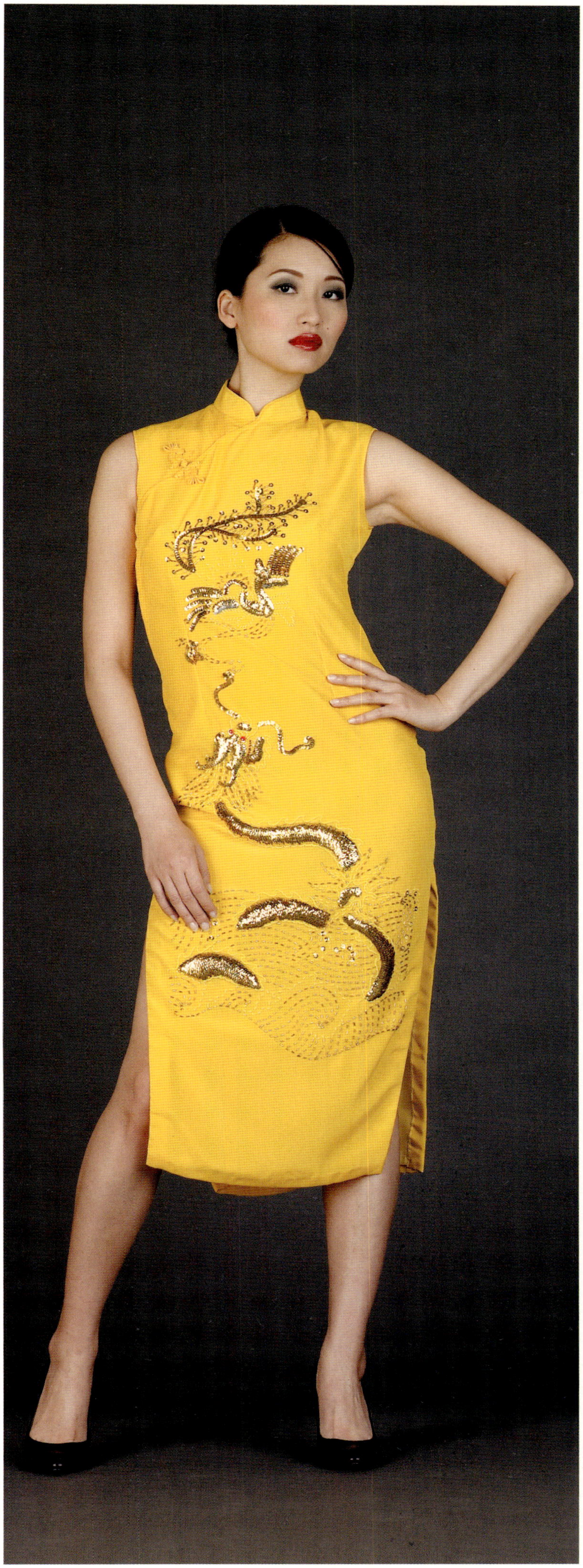

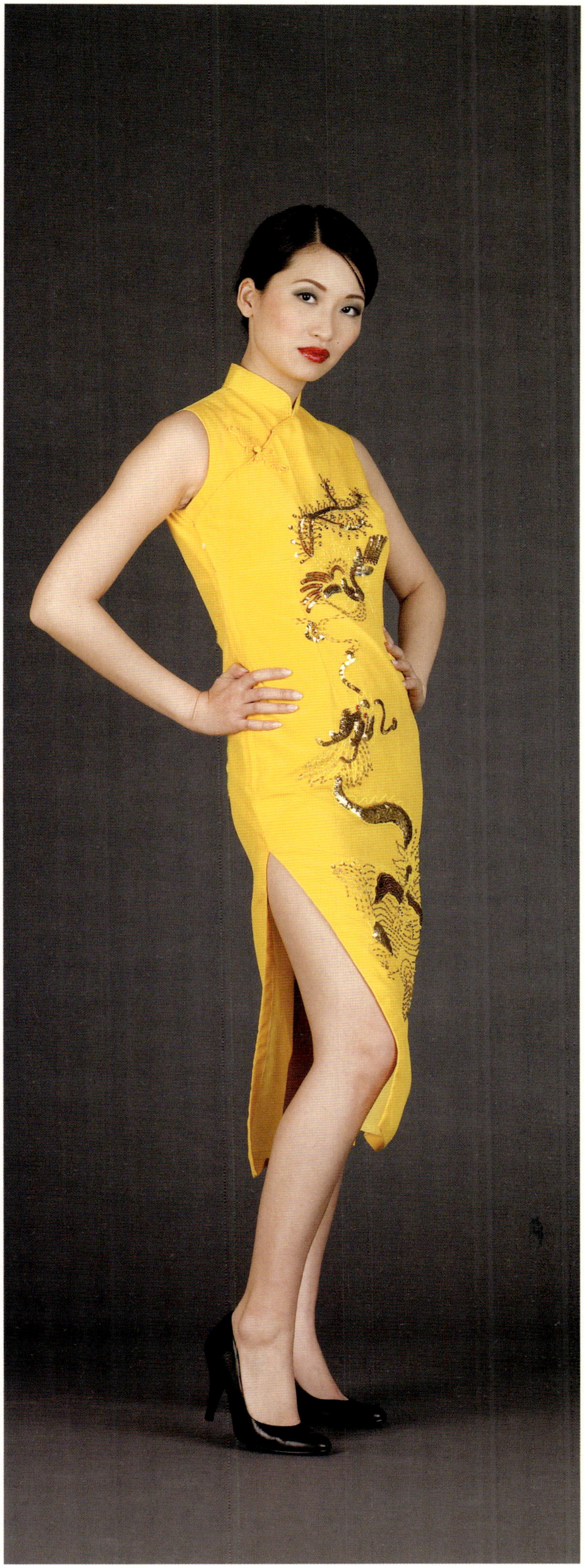

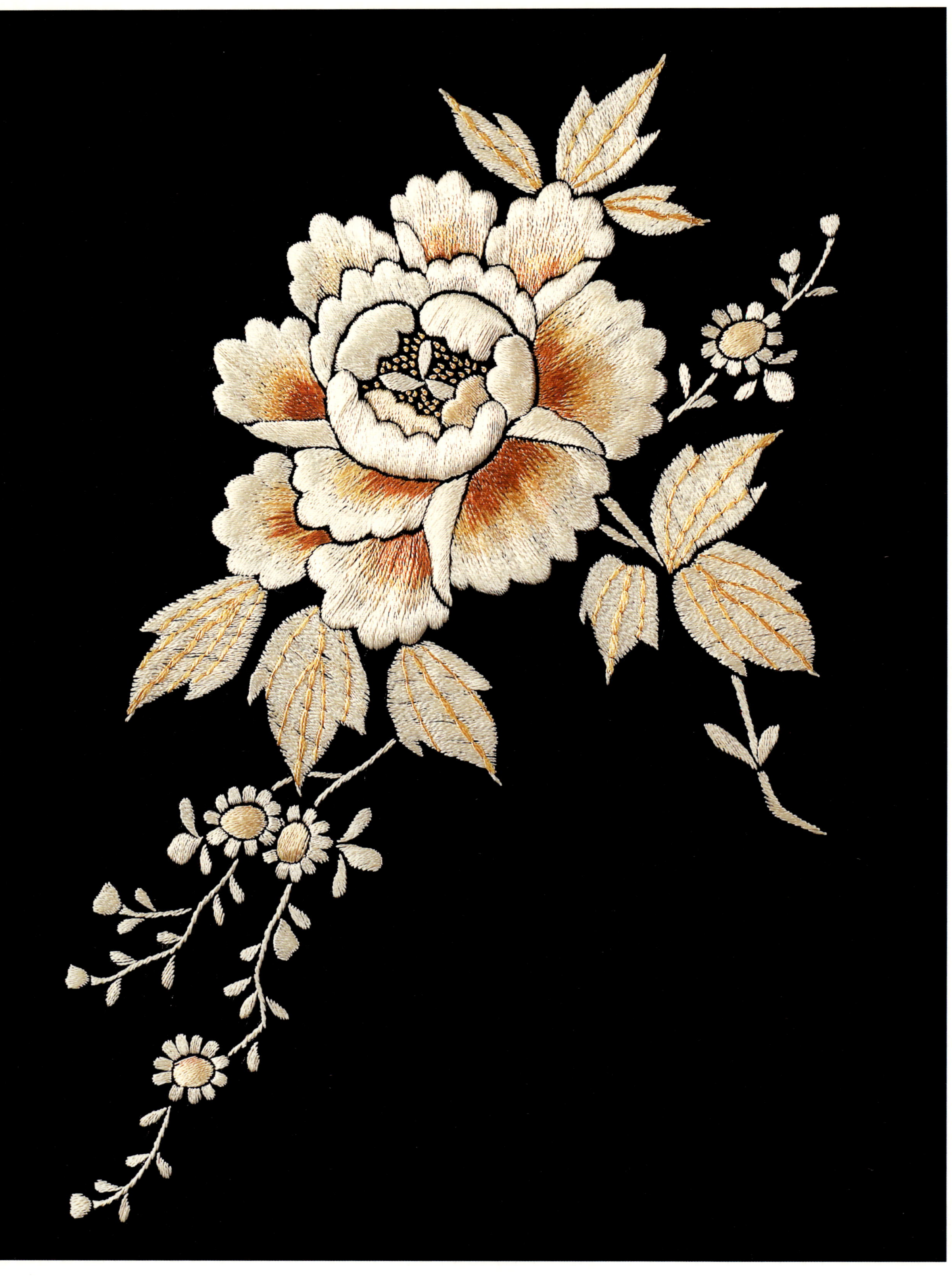

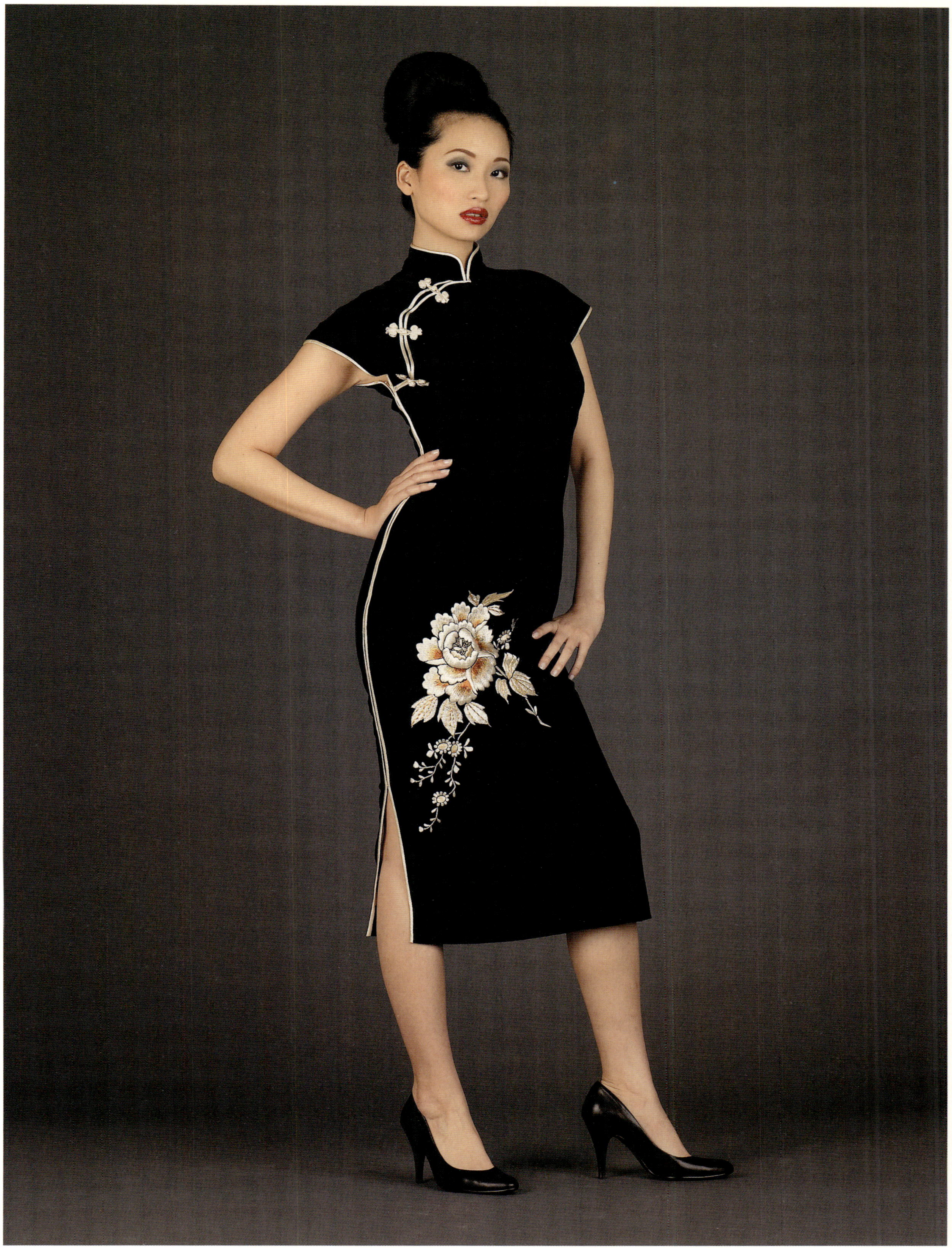

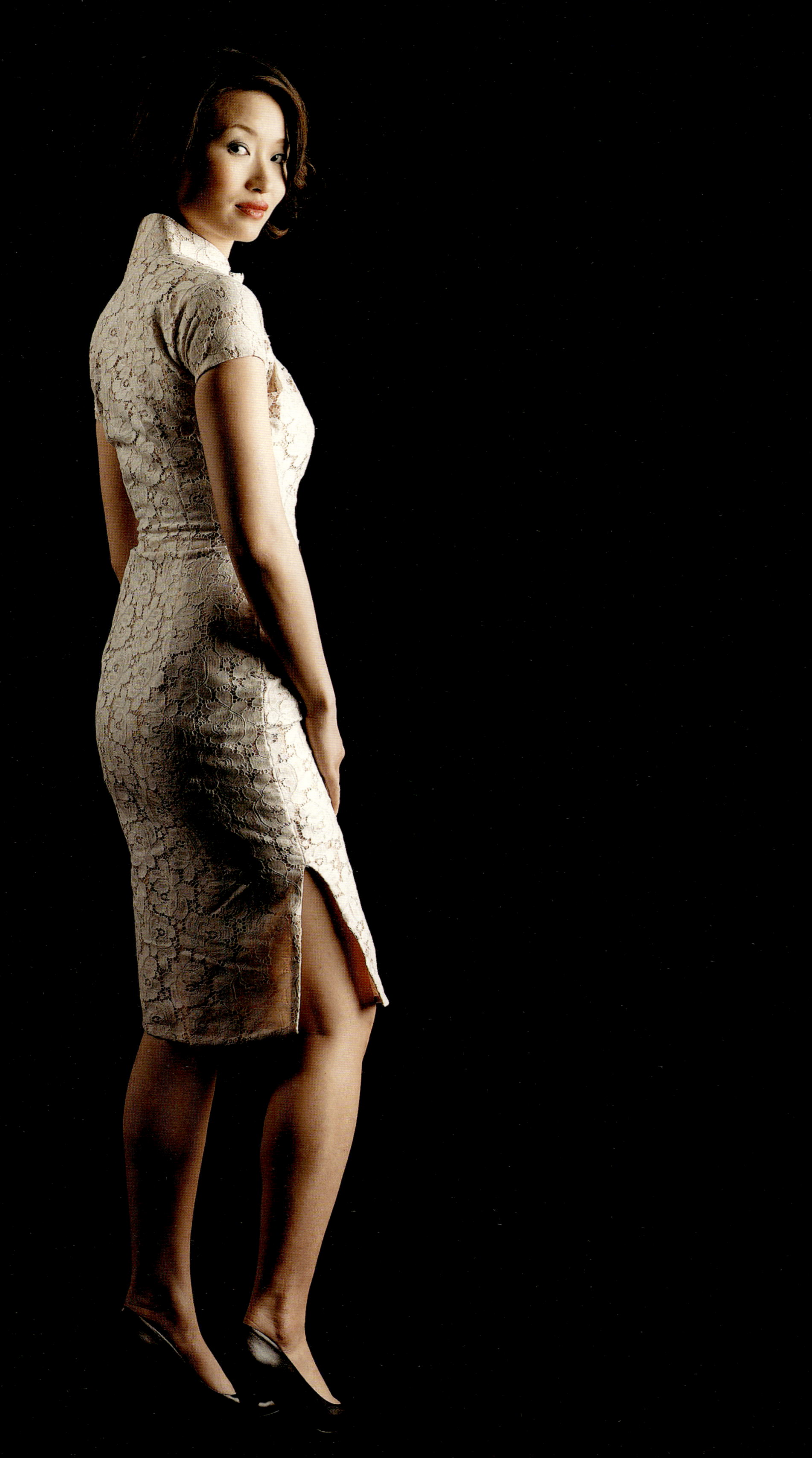

THE CHEONGSAM ATTRACTS MALE STARES AND CAUSES CAR ACCIDENTS

by Stanley Karnow

The following text was published in 1964 in The Saturday Evening Post, *accompanying a longer article about the Hong Kong fashion industry.*

Stanley Karnow was born 1925 in New York City and attended the Institut d'Études Politiques de Paris *(Paris Institute of Political Studies). Karnow won the Pulitzer Prize for his book* In Our Image: America's Empire in the Philippines *(New York : Random House, 1989). He lived for many years in southeast Asia, serving as chief correspondent for* Time *and* Life *magazines until 1959 and reporting for* The Saturday Evening Post, The Observer, The Washington Post, *and NBC News until 1974.*

Other books by Karnow include: Vietnam: A History *(New York : Viking Press, 1983);* Mao and China: A Legacy of Turmoil *(New York : Penguin Books, 1990) and* Paris in the Fifties *(New York : Times Books, c1997).*

One Hong Kong fashion that has not been widely adopted in America is the cheongsam—the split-seam Chinese garment that is the local costume. Perhaps just as well. Indeed, some students of the current scene submit that it lies at the root of much disorder in the Far East. Worthy gentlemen on important business occasionally go astray among the stenographers in Singapore offices. Traffic accidents in Taipei increase sharply at lunch hour, when girls in their slit skirts grace the city's boulevards. The cheongsam, originally invented by the Manchus who swept in from the north to conquer China in the 17th century, was designed for a species of lively amazons. The Manchu females wore ankle-length skirts cleft to the knee, ample blouses, elaborate headgear and woolen underwear. As the style moved south into warmer climes, the woolen underwear was eliminated, skirts rose, the sheath became slinkier, and blouses smaller. Today the proper cheongsam is supposed to look as if it were painted on. Women take their yard and a quarter of fabric to a tailor, who sews the garment to suit their shape. The real debate about the cheongsam revolves around the slit. Should it run a discreet four inches above the knee? Or can it go up to the lady's smallpox vaccination, midway to her hip? The amount of exposure tends to be inversely proportional to the official morality code of the prevailing government. In Saigon, when Madame Ngo Dinh Nhu outlawed dancing and holding hands in public, Chinese maidens used to put on an anatomical display reminiscent of Minsky's burlesque. Oddly enough in Hong Kong, a free-and-easy town, the cheongsam remains demure, with a handy zipper for the practical-minded.

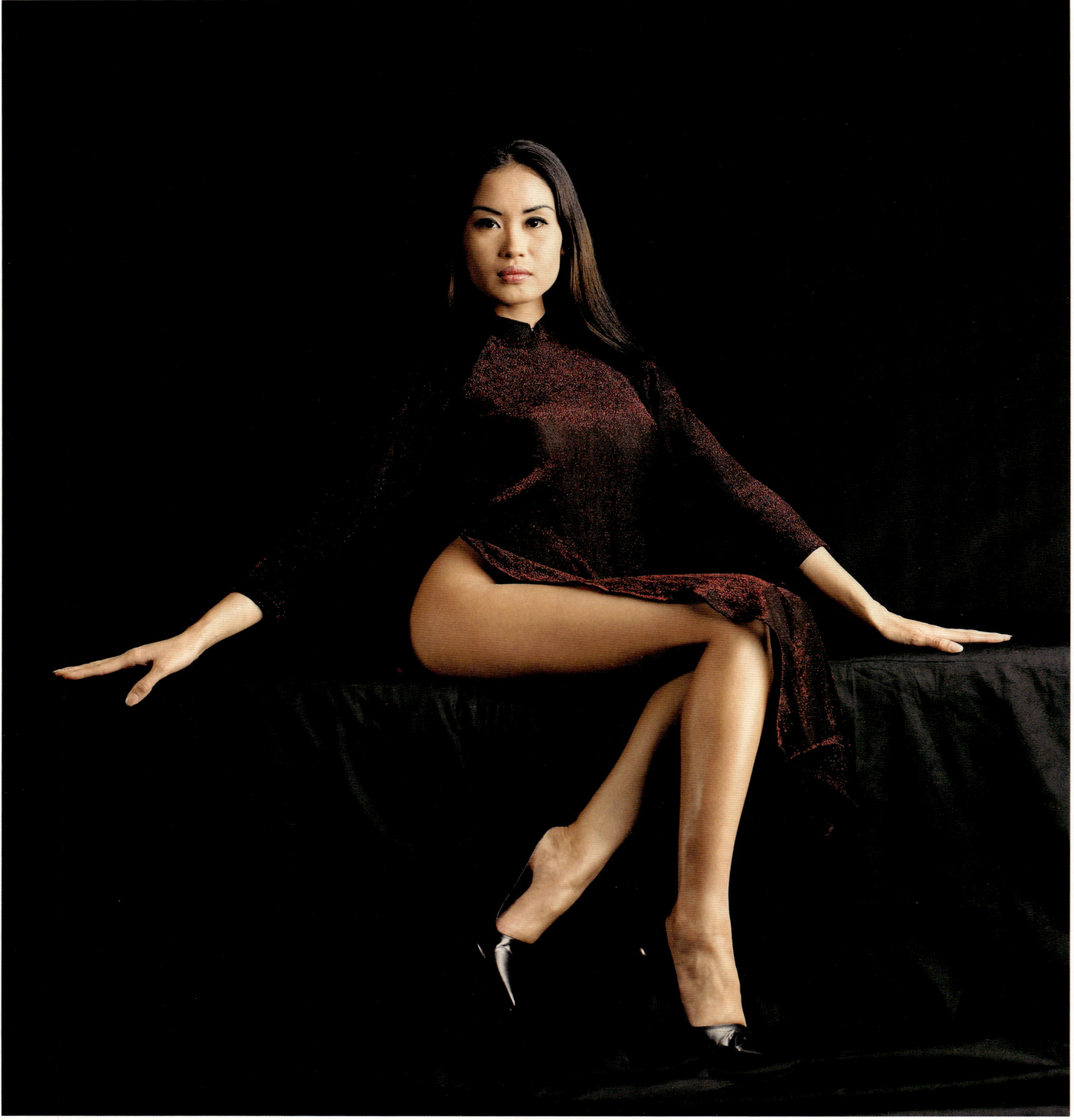

LE CHEONGSAM ATTIRE LES REGARDS MASCULINS ET PROVOQUE DES ACCIDENTS DE VOITURE

par Stanley Karnow

Le texte suivant a été publié en 1964 dans le magazine The Saturday Evening Post, *en même temps qu'un autre article, plus long, sur l'industrie de la mode à Hong Kong.*

Stanley Karnow est né en 1925, à New York, et a étudié à l'Institut d'Études Politiques de Paris. *Karnow a remporté le Prix Pulitzer pour son livre* In Our Image: America's Empire in the Philippines *(New York : Random House, 1989). Il a vécu en Asie du Sud-Est pendant de nombreuses années, où il a travaillé comme correspondant en chef des magazines* Time *et* Life *jusqu'en 1959, et comme reporter pour* The Saturday Evening Post, The Observer, The Washington Post *et* NBC News, *jusqu'en 1974.*

Il est également l'auteur de : Vietnam: A History *(New York: Viking Press, 1983) ;* Mao and China: A Legacy of Turmoil *(New York : Penguin Books, 1990) et* Paris in the Fifties *(New York : Times Books, c1997).*

Très à la mode à Hong Kong, la robe chinoise traditionnelle échancrée, appelée cheongsam, n'a pas remporté un franc succès en Amérique. Peut-être en est-il mieux ainsi. En effet, certains étudiants appartenant à la mouvance actuelle suggèrent qu'il suscite de nombreux émois en Extrême-Orient. Dans les bureaux de Singapour, d'honorables messieurs en mission professionnelle s'égarent parfois au milieu des sténographes. À Taipei, les accidents de la circulation augmentent considérablement à l'heure du déjeuner, lorsque les femmes vêtues de leurs jupes fendues déambulent sur les boulevards de la ville. Inventé à l'origine par le peuple Mandchou, qui déferla du nord pour conquérir la Chine, au XVIIe siècle, le cheongsam fut conçu pour de fougueuses Amazones. Les femmes manchoues portaient de longues jupes fendues jusqu'au genou, des blouses amples, des coiffes travaillées et des sous-vêtements en laine. Le style évolua au fur et à mesure de sa migration vers le sud, sous des climats plus hospitaliers. Les sous-vêtements en laine furent supprimés, les jupes raccourcirent, le fourreau devint plus moulant et les blouses rapetissèrent. Aujourd'hui, le cheongsam se porte comme une seconde peau. Les femmes achètent leur tissu au mètre et l'apportent au tailleur, chargé de coudre un vêtement qui épouse parfaitement la silhouette. Ce n'est pas tant le cheongsam que l'échancrure qui déclenche la véritable polémique. Doit-elle s'arrêter pudiquement à une dizaine de centimètres au-dessus du genou ? Ou peut-elle remonter jusqu'à mi-hauteur de la hanche, laissant apparaître la cicatrice du vaccin antivariolique. Il semblerait que la surface dévoilée soit inversement proportionnelle à la moralité affichée par le gouvernement en place. Tandis que Madame Ngo Dihn Nhu interdisait aux Saïgonais de danser et de se tenir la main en public, les jeunes chinoises révélaient leur anatomie à la façon des effeuilleuses des frères Minsky. Paradoxalement, à Hong Kong, ville libre et tolérante, le cheongsam reste sage et se dote d'une fermeture éclair très commode pour ceux qui font preuve de sens pratique.

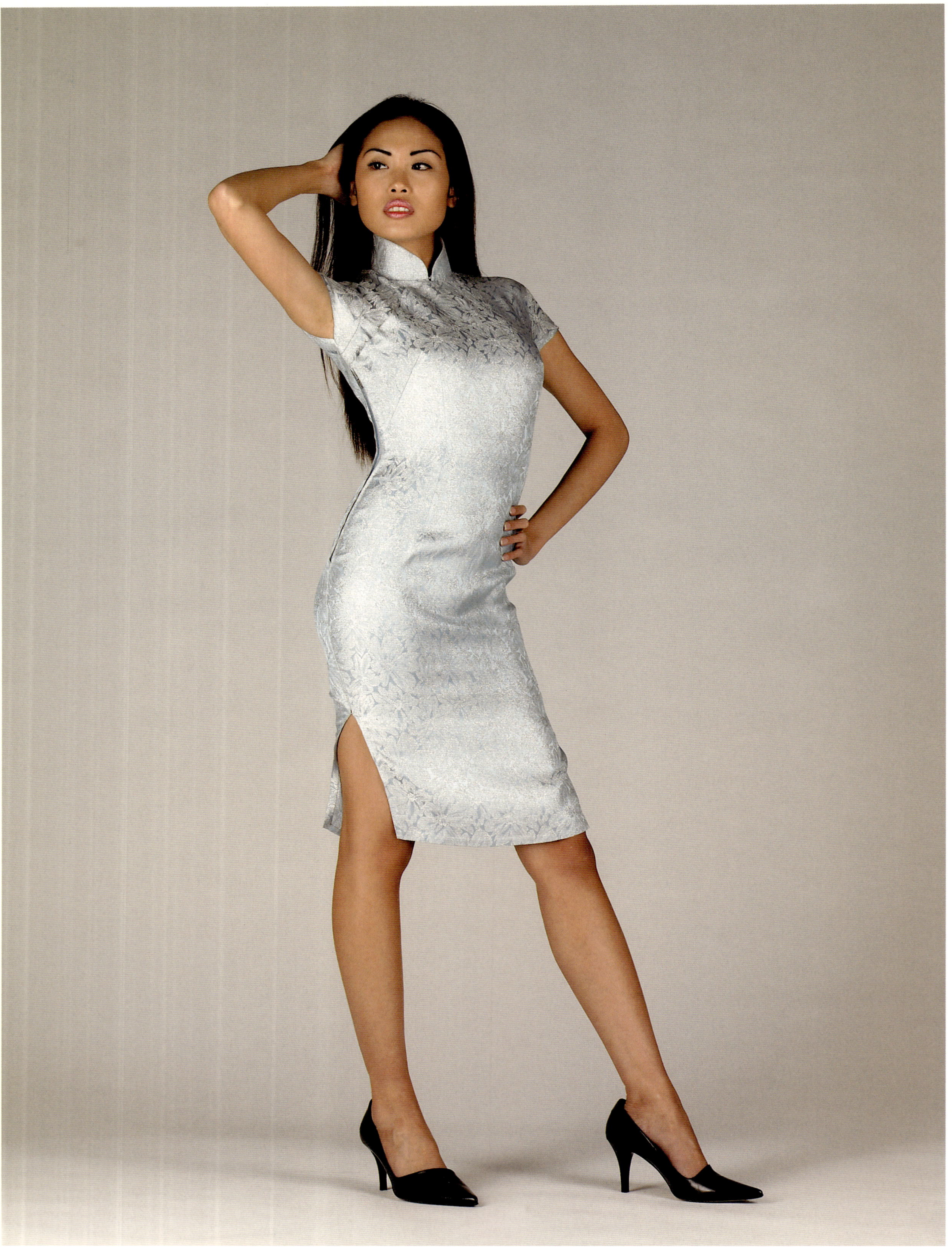

EL CHEONGSAM ATRAE LA MIRADA DE LOS HOMBRES Y PROVOCA ACCIDENTES DE TRÁFICO

Texto de Stanley Karnow

El texto que sigue fue publicado en 1964 en The Saturday Evening Post, *como complemento de un artículo más extenso sobre la industria de la moda en Hong Kong.*

Stanley Karnow nació en la ciudad de Nueva York en 1925 y estudió en el Institut d'Études Politiques de Paris (Instituto de Estudios Políticos de París). Karnow ganó el premio Pulitzer por su libro In Our Image: America's Empire in the Philippines *(A nuestra imagen y semejanza: el imperio americano en Filipinas; Nueva York: Random House, 1989). Vivió durante muchos años en el Sudeste Asiático, donde trabajó como corresponsal en jefe para las revistas* Time *y* Life *hasta 1959 y como reportero de* The Saturday Evening Post, The Observer, The Washington Post *y* NBC News *hasta 1974.*

Entre las obras de Karnow figuran: Vietnam: A History *(Vietnam: una historia; Nueva York: Viking Press, 1983);* Mao and China: A Legacy of Turmoil *(Mao y China: un legado confuso; Nueva York: Penguin Books, 1990) y* Paris in the Fifties *(París en la década de 1950; Nueva York: Times Books, 1997).*

Una prenda típica de Hong Kong que no goza de demasiada popularidad en Estados Unidos es el cheongsam, un vestido con aberturas laterales, que constituye el traje típico de la mujer china. Tal vez sea mejor así. De hecho, algunos observadores de la actualidad afirman que ha sido la raíz de muchos males en el Lejano Oriente. Ocasionalmente, respetables hombres de negocios emprenden el mal camino entre los estenógrafos de las oficinas de Singapur. En Taipéi, los accidentes de tráfico aumentan de forma significativa al mediodía, cuando las muchachas lucen sus atrevidas faldas por los bulevares de la ciudad. El cheongsam, inventado por los manchúes llegados del norte para conquistar China en el siglo XVII, fue diseñado para una especie de alegres amazonas. Las mujeres de etnia manchú llevaban faldas hasta el tobillo con una abertura hasta la rodilla, blusas anchas, tocados elaborados y ropa interior de lana. Al trasladar su estilo al sur, a climas más templados, la ropa interior de lana desapareció, las faldas se acortaron, el cuerpo del vestido se volvió más ceñido y las blusas más ajustadas. Hoy en día, se considera que un buen cheongsam debe parecer pintado sobre la piel. Las mujeres llevan su palmito y un trozo de tela a un sastre que les cose la prenda a medida. El verdadero debate en torno al cheongsam versa sobre la abertura. ¿Diez discretos centímetros sobre la rodilla o hasta la marca de la vacuna de la viruela a media cadera? La cantidad de piel que queda a la vista suele ser inversamente proporcional al código moral oficial del gobierno de turno. En Saigón, cuando la Sra. Ngo Dinh Nhu fue proscrita por bailar e ir de la mano en público, las chinas solteras solían realzar su anatomía de forma que parecían *vedettes* de revista. Curiosamente, en Hong Kong, una ciudad de carácter despreocupado, el cheongsam conserva su recato, con una cremallera que lo hace adaptable para las mujeres más prácticas.

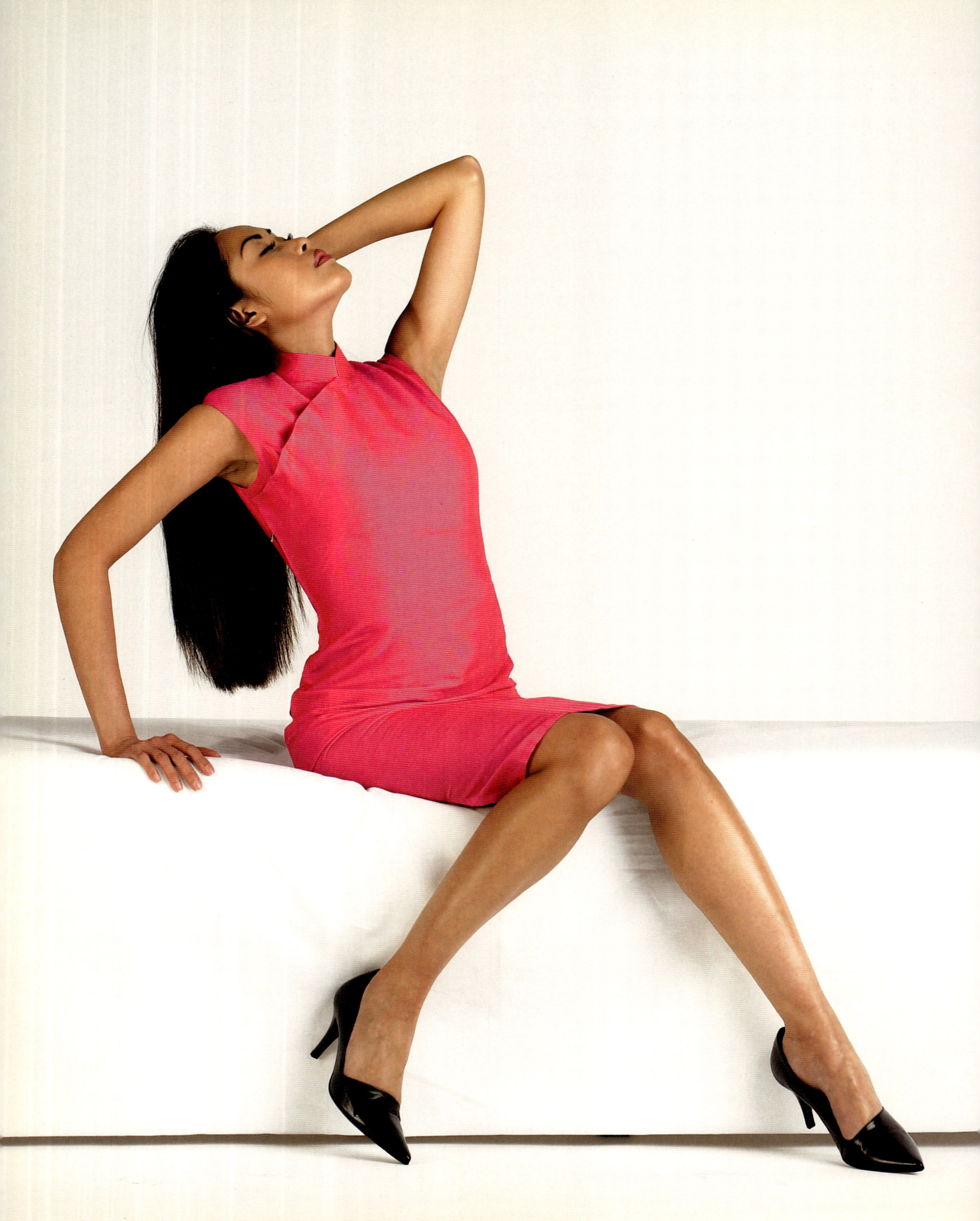

CHEONGSAMS ZIEHEN MÄNNERBLICKE AUF SICH UND FÜHREN ZU VERKEHRSUNFÄLLEN

von Stanley Karnow

Der unten stehende Artikel erschien 1964 in The Saturday Evening Post *zusammen mit einem längeren Artikel über Hongkongs Modebranche.*

Stanley Karnow, geboren 1925 in New York, studierte am Pariser Institut d'Études Politiques. *Karnow erhielt für sein Buch* In Our Image: America's Empire in the Philippines *(New York : Random House, 1989) den Pulitzer-Preis. Er lebte lange Zeit in Südostasien und arbeitete dort bis 1959 als Chefkorrespondent für die Magazine* Time *und* Life *und bis 1974 für* The Saturday Evening Post, The Observer, The Washington Post *und* NBC News.

Von Karnow erschienen auch folgende Bücher: Vietnam: A History *(New York : Viking Press, 1983);* Mao and China: A Legacy of Turmoil *(New York : Penguin Books, 1990) und* Paris in the Fifties *(New York : Times Books, c1997).*

Das Cheongsam - ein geschlitztes chinesisches Kleid, das in Hongkong Lokaltracht ist -, ist ein Kleidungsstück, das sich in Amerika nicht weit verbreitet hat. Vielleicht ist es auch besser so. Zumindest berichten einige Beobachter der aktuellen Lage, es sei die Ursache vieler Unruhen im Fernen Osten. Ehrenwerte Gentlemen geraten bei ihren wichtigen Geschäften zwischen den Stenografinnen der Singapurer Büros zuweilen auf Irrwege. In Taipeh schnellt die Unfallstatistik zur Lunchzeit in die Höhe, wenn dort Mädchen in geschlitzten Kleidern die Boulevards zieren. Das Cheongsam, erfunden von den Mandschus, die im 17. Jahrhundert vom Norden in China einfielen und es unterwarfen, war ursprünglich auf eine Art von quicklebendigen Amazonen zugeschnitten. Die Mandschu-Damen trugen knöchellange, kniehoch geschlitzte Röcke, weite Blusen, kunstvolle Kopfbedeckungen und wollene Unterwäsche. Als die Tracht südwärts in wärmere Gefilde wanderte, fiel die Wollunterwäsche fort, der Rocksaum kletterte nach oben, der Schnitt wurde unverkennbar enger und die Bluse saß knapper. Heute sieht ein zünftiges Cheongsam aus, als sei es aufgemalt. Die Damen bringen eineinviertel Meter Stoff zum Schneider, der ihnen das Tuch dann auf die Haut schneidert. Im Mittelpunkt der Cheongsam-Polemik steht der Schlitz: Muss er diskret zehn Zentimeter überm Knie enden? Oder darf es bis zur Impfnarbe der Dame auf halber Schenkelhöhe sein? Der Entblößungsgrad verhält sich meist umgekehrt proportional zum Moralkodex der jeweiligen Regierung. Nachdem Madame Ngo Dinh Nhu in Saigon öffentliches Tanzen und Händchenhalten verboten hatte, trugen chinesische Mädchen ihre Anatomie in nie da gewesener Weise zur Schau. Im ansonsten so legeren Hongkong bleibt das Cheongsam jedoch kurioserweise gesittet - mit griffigem Reißverschluss für praktisch Denkende.

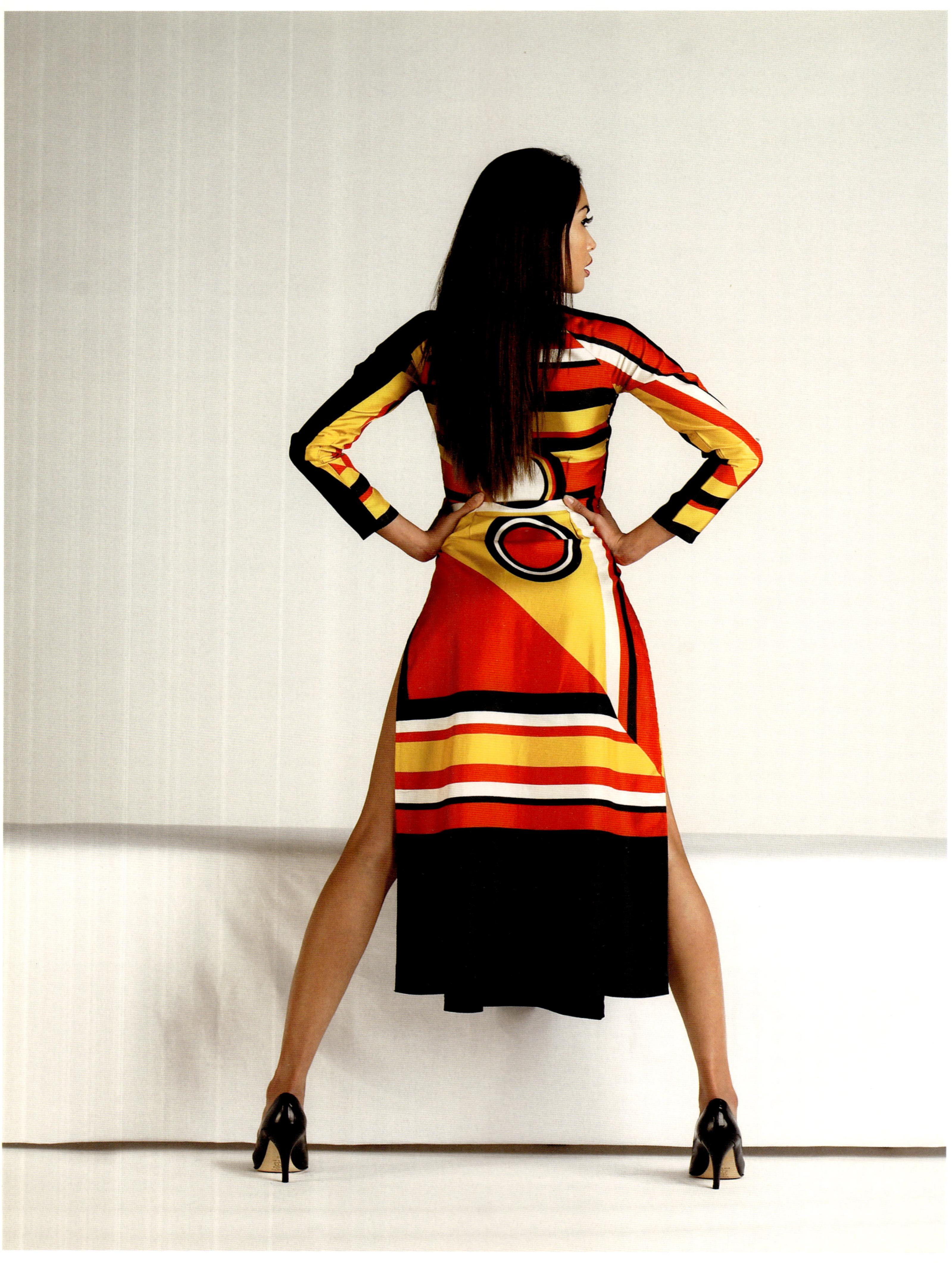

IL CHEONGSAM, UN CATALIZZATORE DI SGUARDI MASCHILI E INCIDENTI STRADALI

di Stanley Karnow

Il testo seguente è apparso nel 1964 sul Saturday Evening Post *accanto a un articolo più lungo dedicato all'industria della moda di Hong Kong.*

Sanley Karnow è nato nel 1925 a New York e ha frequentato l'Institut d'Études Politiques de Paris *(l'Istituto di Studi Politici di Parigi). Karnow ha vinto il Premio Pulitzer con il libro* In Our Image: America's Empire in the Philippines *(Random House, New York, 1989). Per molti anni ha vissuto nel Sud-Est Asiatico dove fino al 1959 ha ricoperto l'incarico di corrispondente capo per le riviste* Time *e* Life *e, fino al 1974, quello di reporter per il* Saturday Evening Post, *l'*Observer, *il* Washington Post *e il notiziario NBC News.*

Tra i libri di Karnow si ricordano: Storia della Guerra del Vietnam *(Rizzoli, Milano, 1985);* Mao and China: A Legacy of Turmoil *(Penguin Books, New York, 1990) e* Paris in the Fifties *(Times Books, New York, c1997).*

Una moda importata da Hong Kong che non ha trovato ampia diffusione in America è il cheongsam, il tradizionale abito femminile cinese dai generosi spacchi. E forse è stato meglio così. Alcuni studiosi della scena contemporanea sostengono infatti che esso sia alla radice di gran parte del disordine che regna in Estremo Oriente. Si racconta di rispettabili signori impegnati in importanti trattative d'affari che occasionalmente perdono la bussola tra le stenografe degli uffici di Singapore. A Taipei gli incidenti stradali subiscono un picco all'ora di pranzo, quando i viali della città si popolano di ragazze e dei loro spacchi. Il cheongsam fu inventato dai Manciù, popolazione che nel XVII secolo conquistò l'intera Cina partendo da nord, e fu concepito con una particolare tipologia femminile in mente: le agili amazzoni manciù. Le donne mancesi portavano gonne alla caviglia aperte sino al ginocchio, ampie bluse, copricapi elaborati e biancheria di lana. Con l'avanzare di questo stile verso i climi più caldi del sud, la biancheria di lana venne eliminata, la gonna si accorciò, il fodero divenne un ricordo e le bluse si fecero più aderenti. Oggi, per essere considerato tale, il cheongsam deve sembrare tatuato addosso. Le donne portano il loro metro e venti di stoffa dal sarto che provvede a confezionare l'abito seguendo la loro silhouette. Il vero oggetto del contendere in materia di cheongsam è lo spacco. Deve mantenere una certa discrezione e fermarsi una decina di centimetri sopra il ginocchio? Oppure può spingersi fino al segno lasciato dall'antitifica a metà del cammino verso i fianchi? La quantità di pelle scoperta tende ad essere inversamente proporzionale alla rigidità del codice morale imposto dal governo in carica. A Saigon, quando Madame Ngo Dinh Nhu mise al bando il ballo e il tenersi pubblicamente per mano, le fanciulle cinesi indossavano vestiti che rivelavano più dettagli anatomici di uno spettacolo burlesque. Stranamente, in una città libera e tollerante come Hong Kong il cheongsam ha mantenuto uno stile più castigato, dotandosi di una comoda zip in nome della praticità.

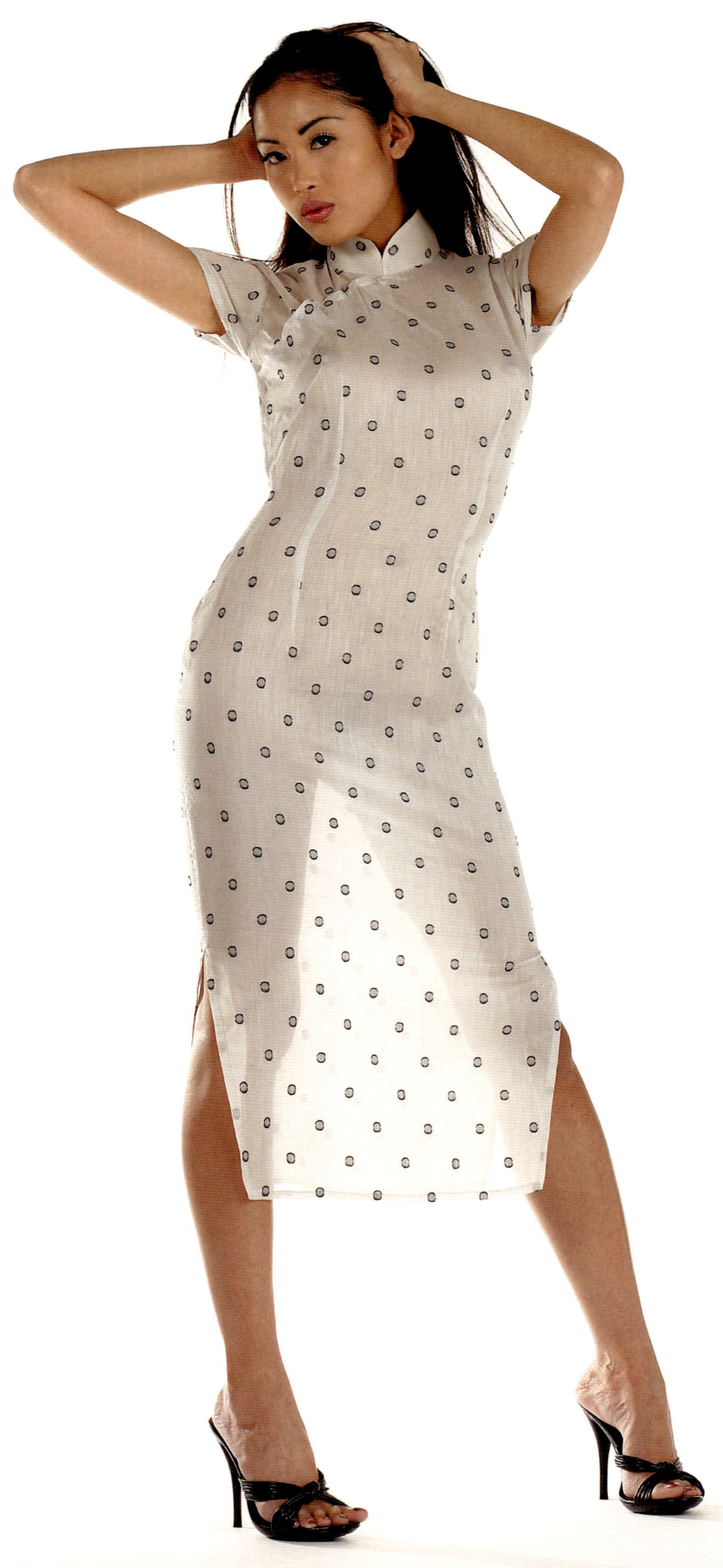

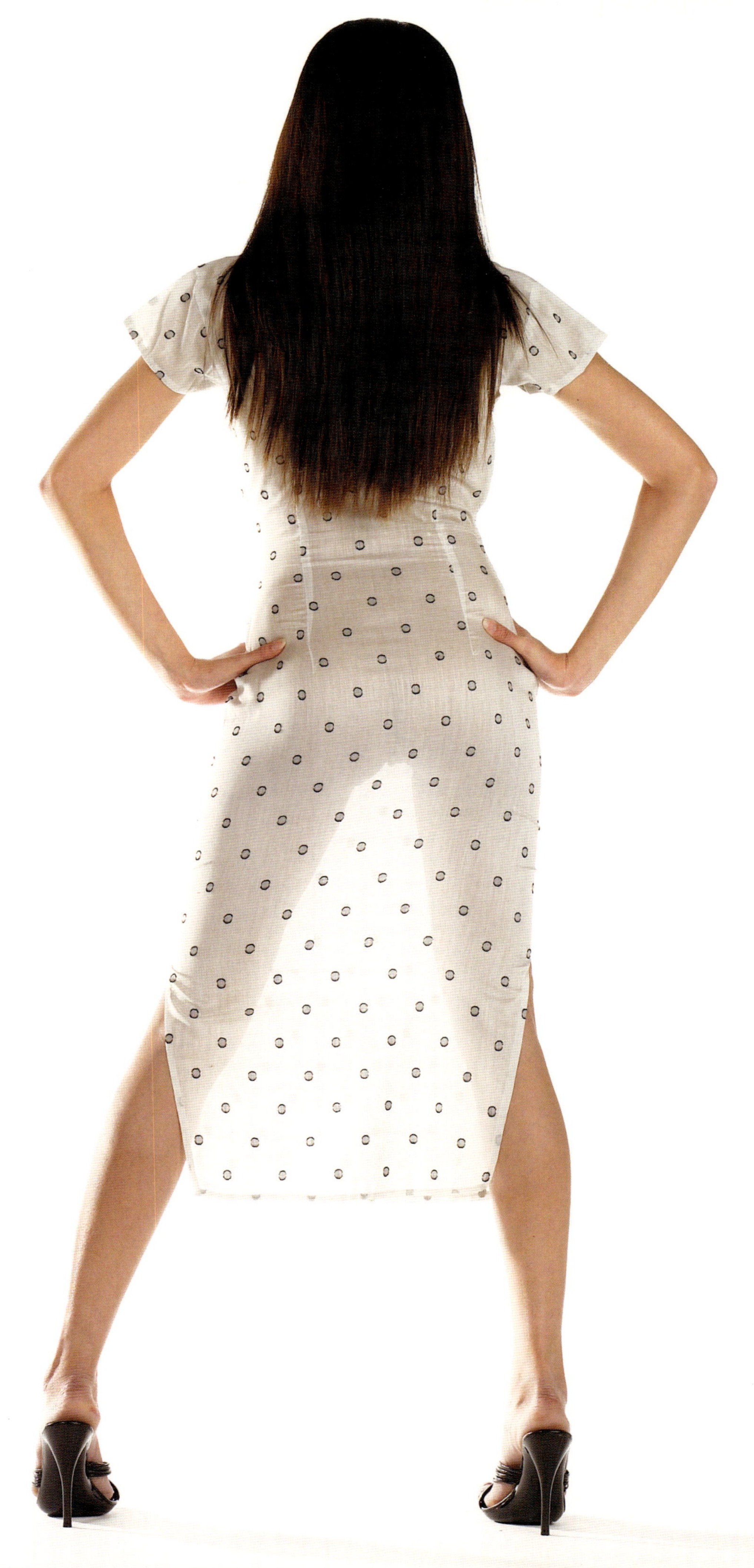

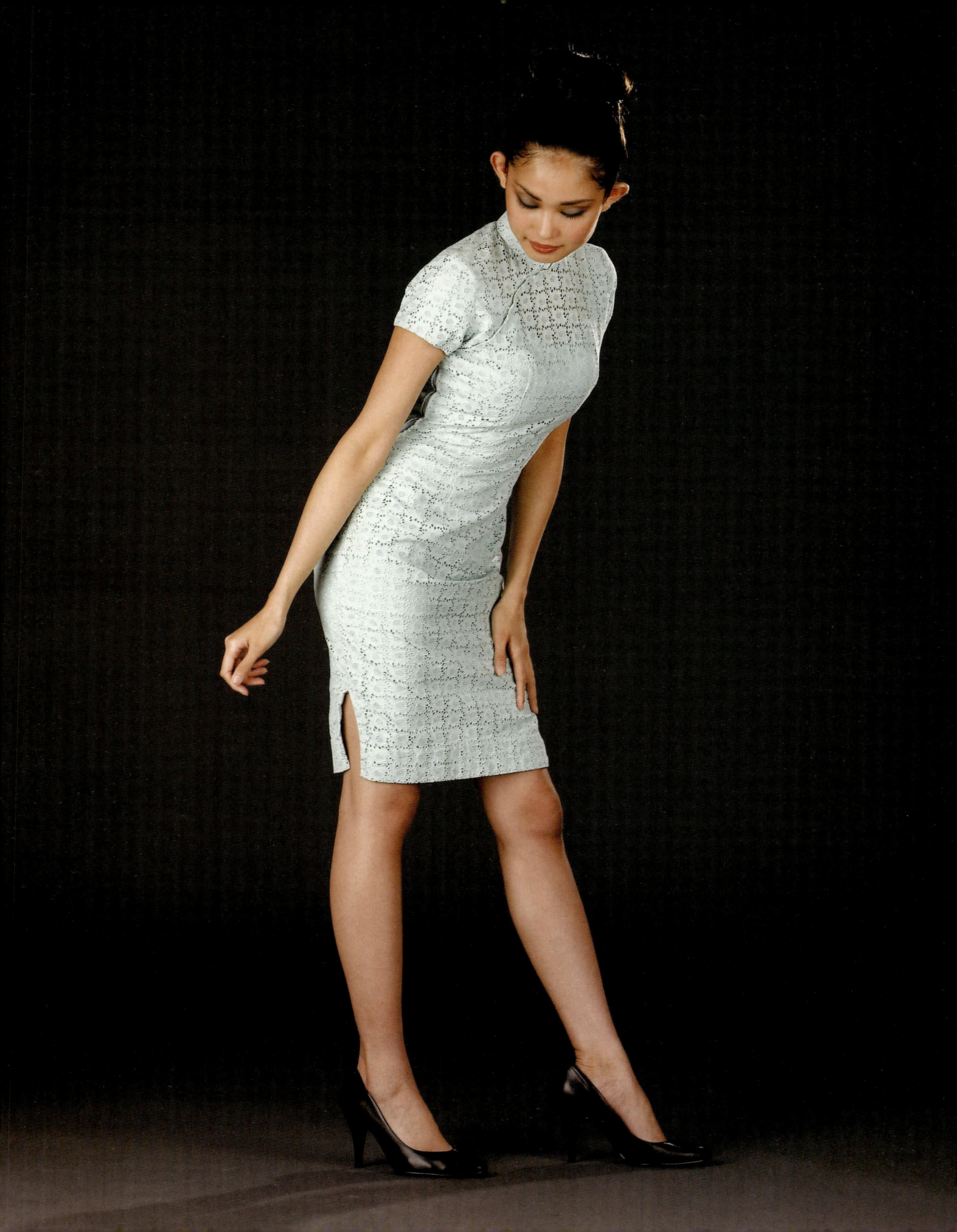

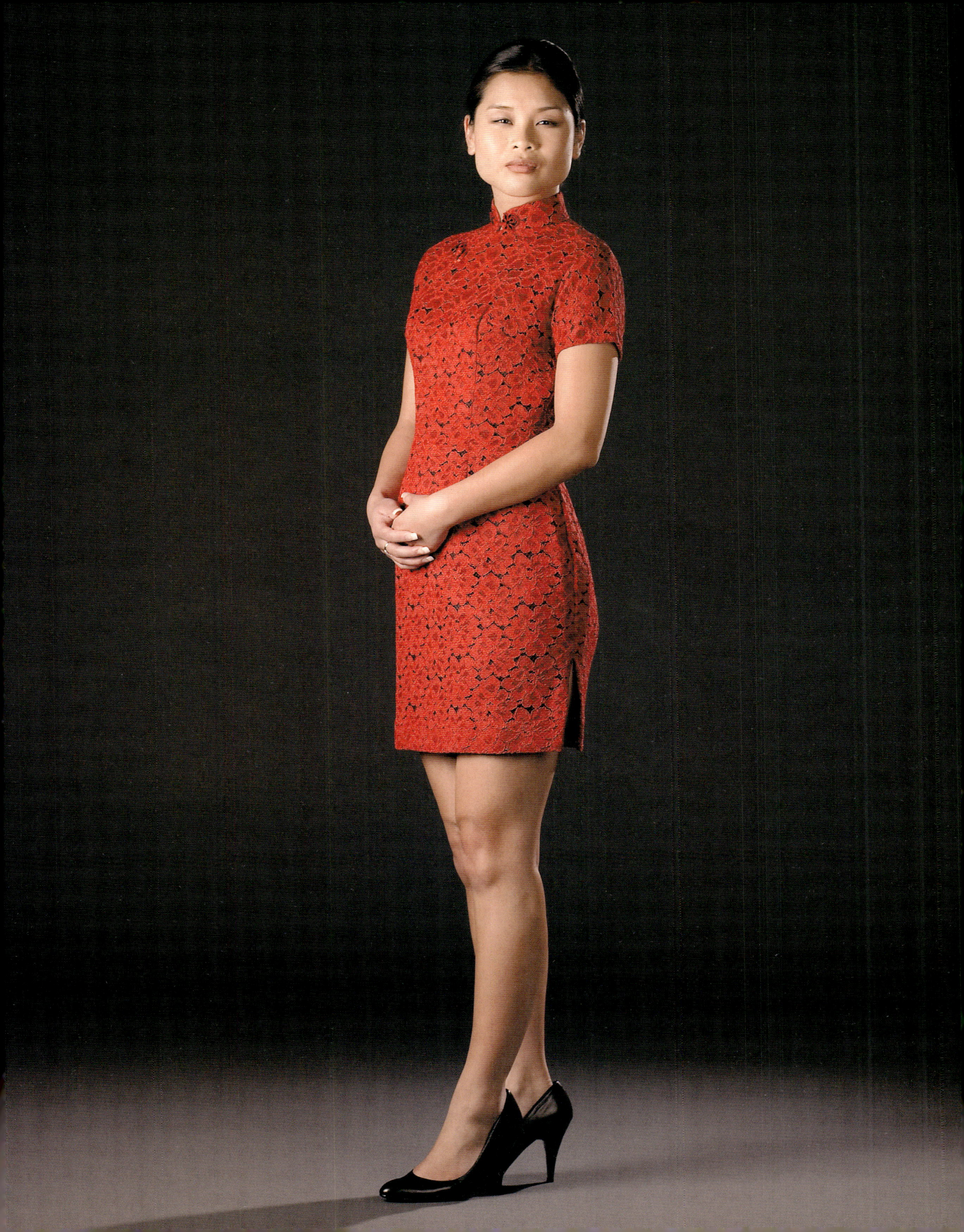

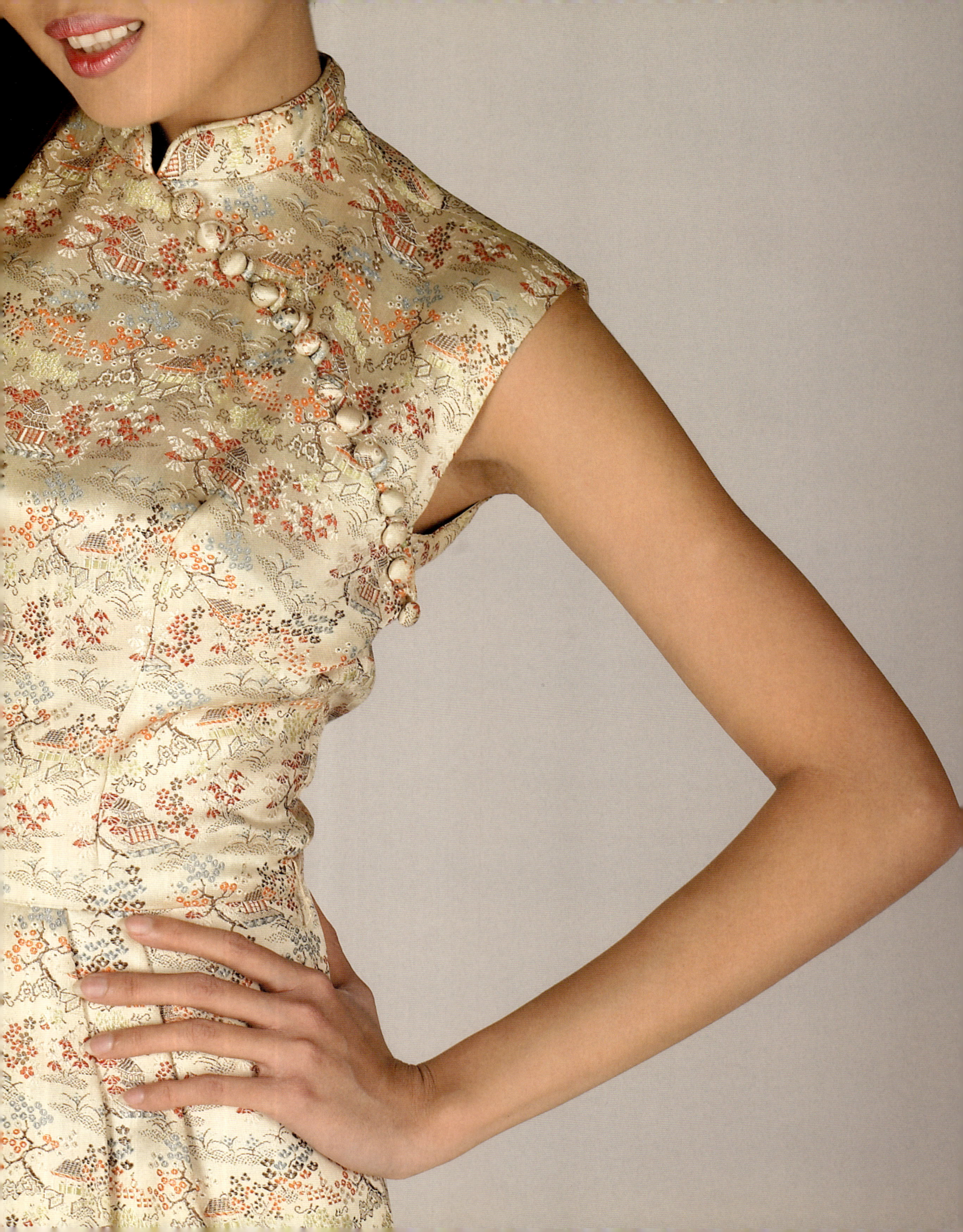

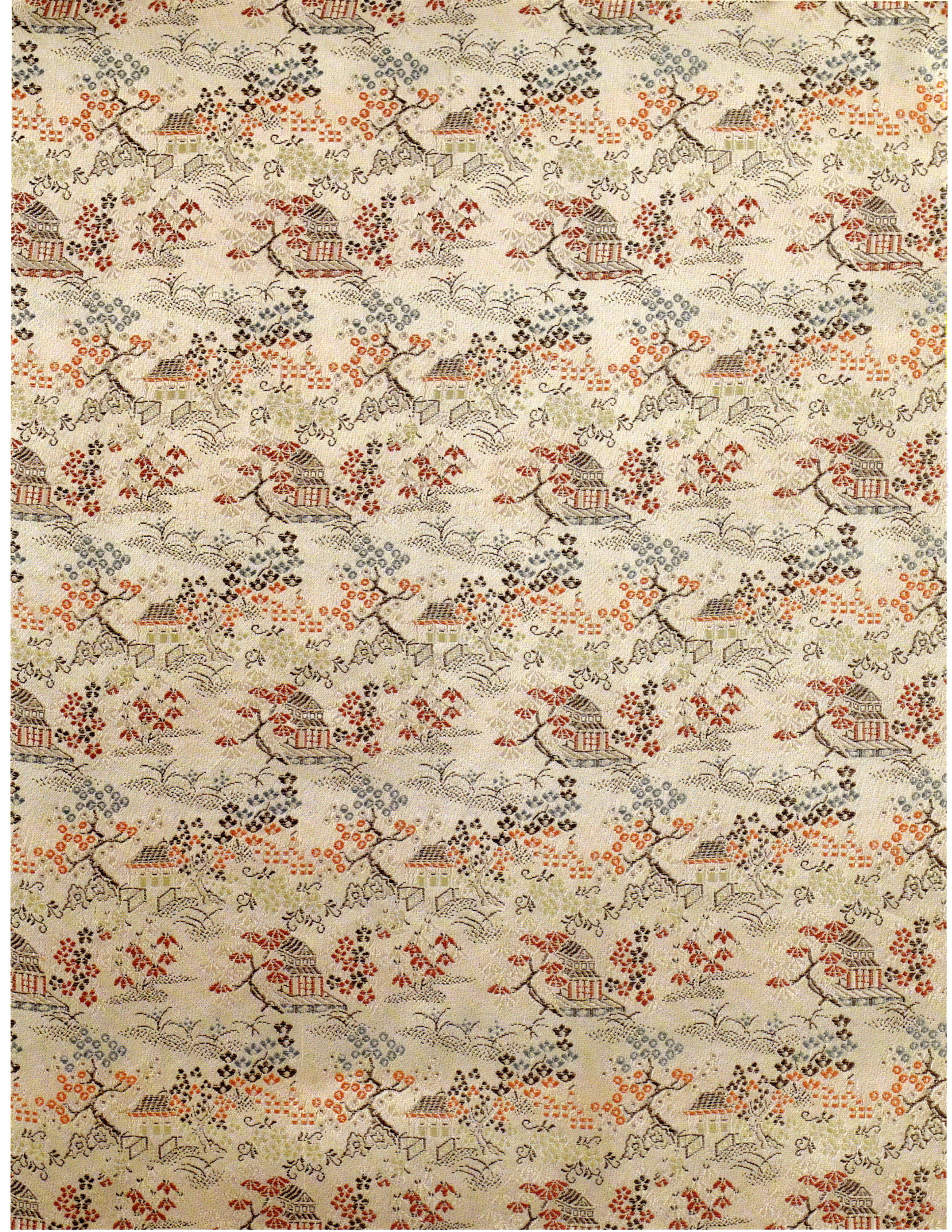

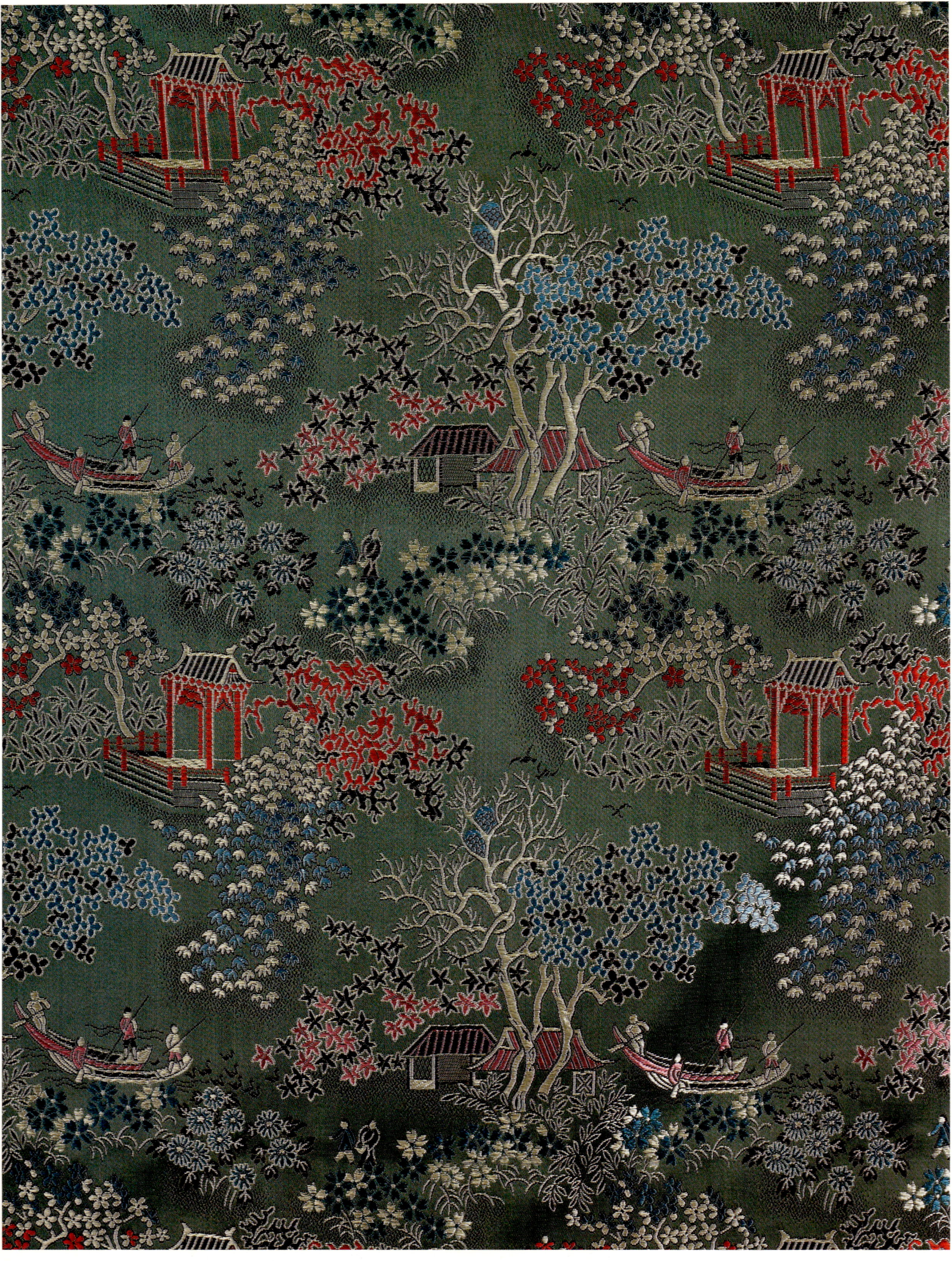

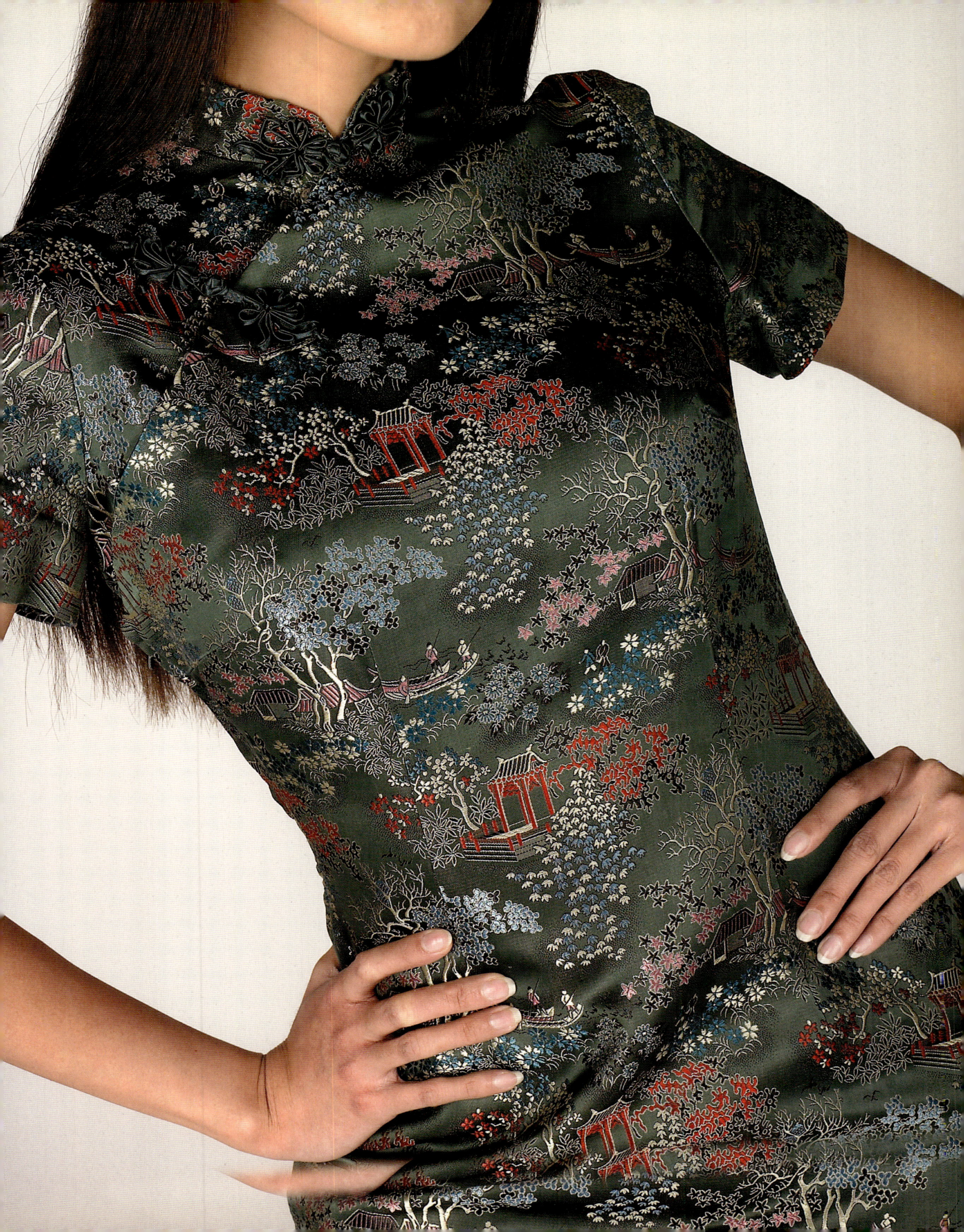

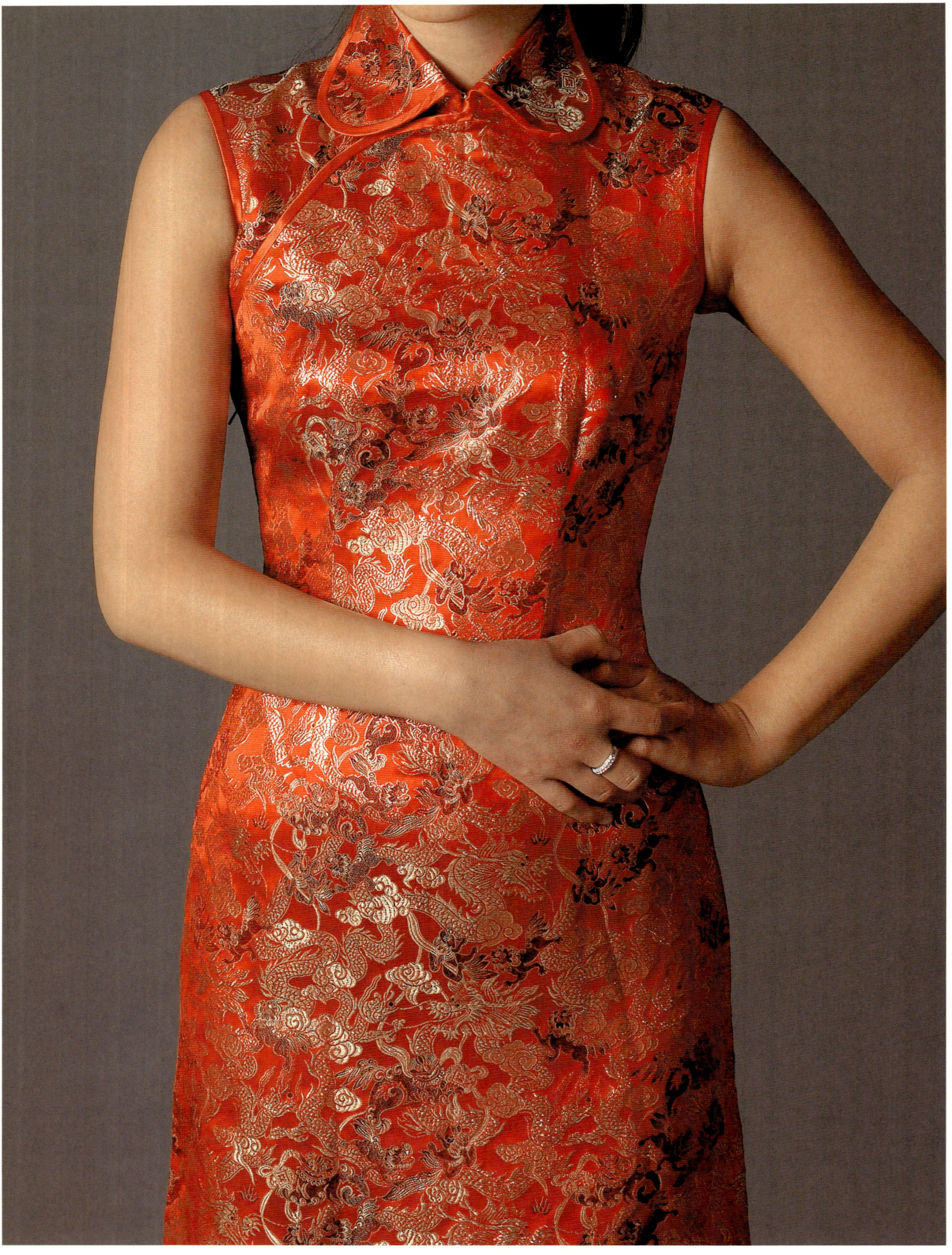

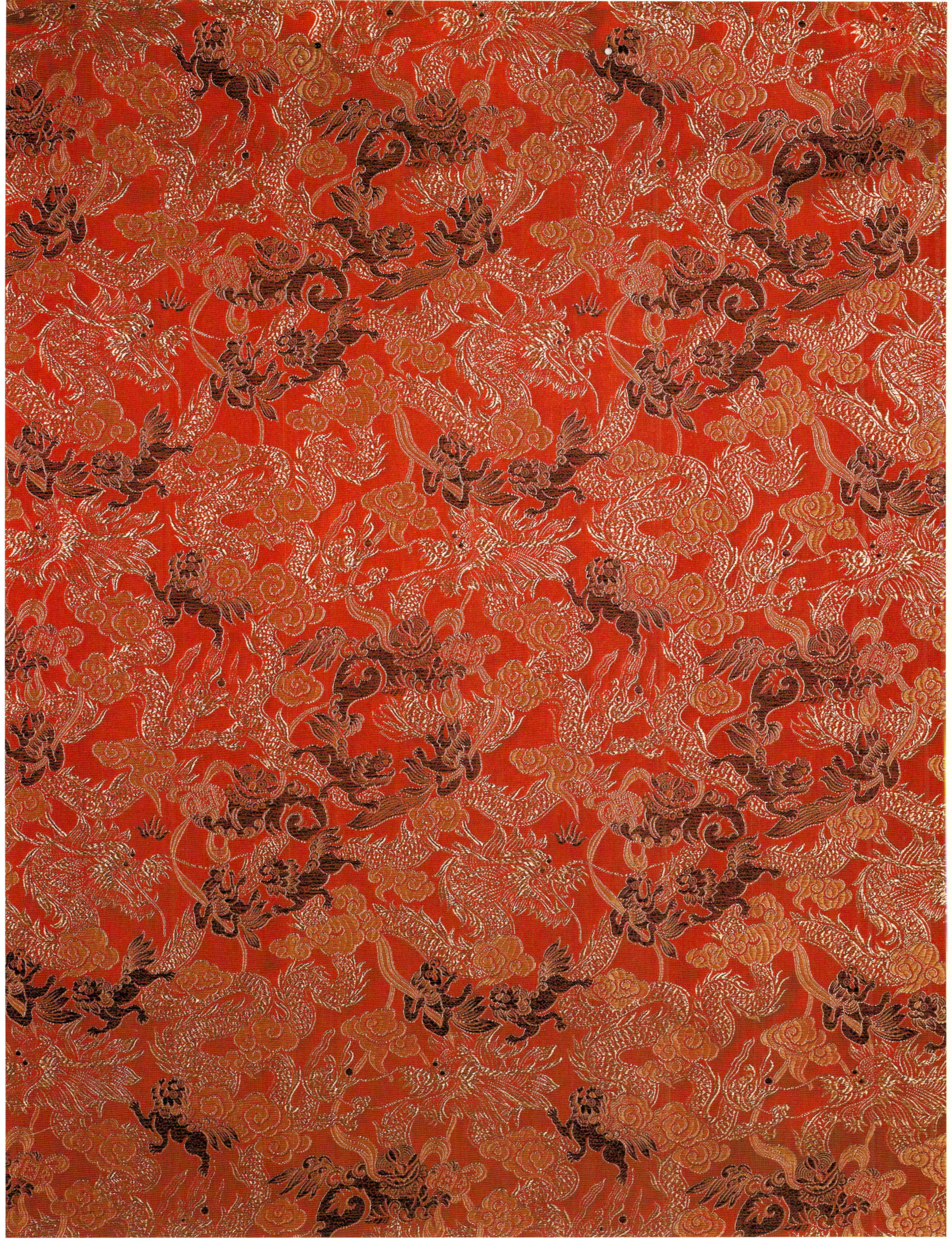

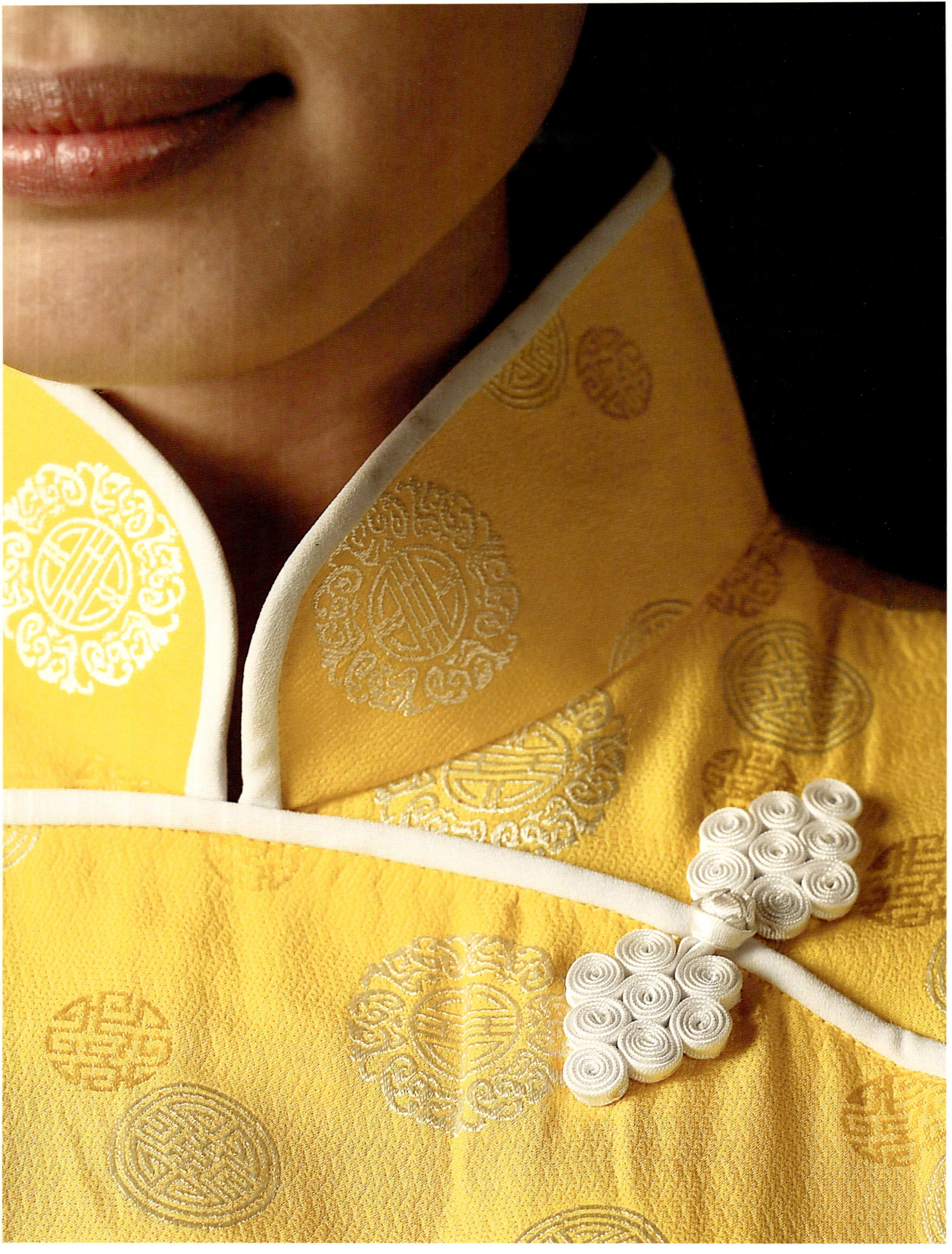

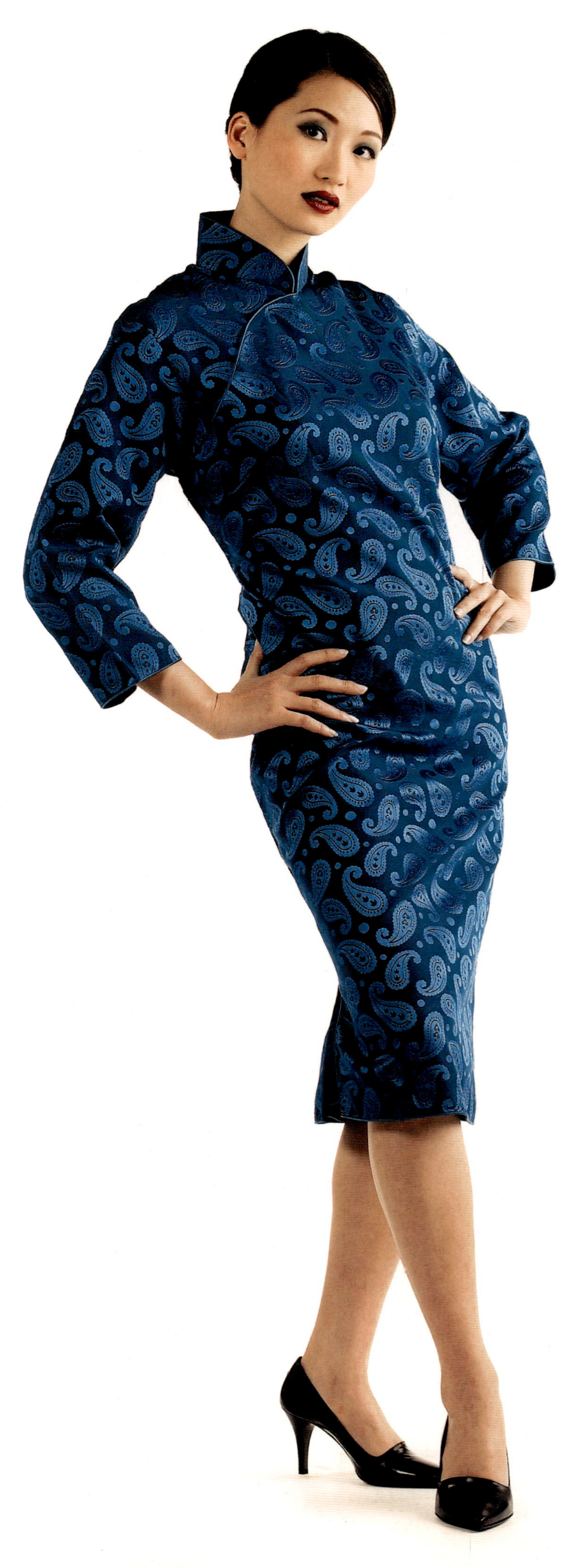

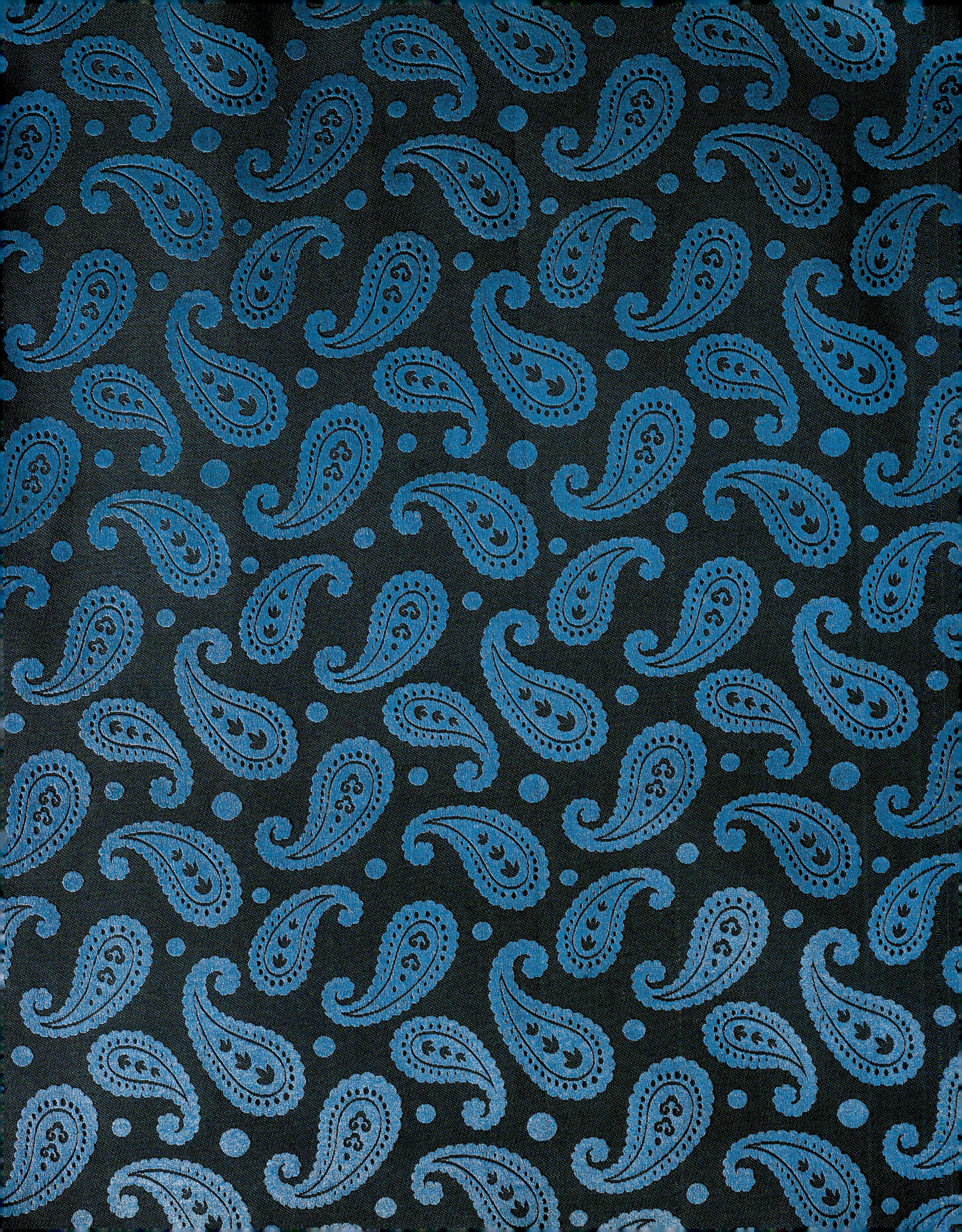

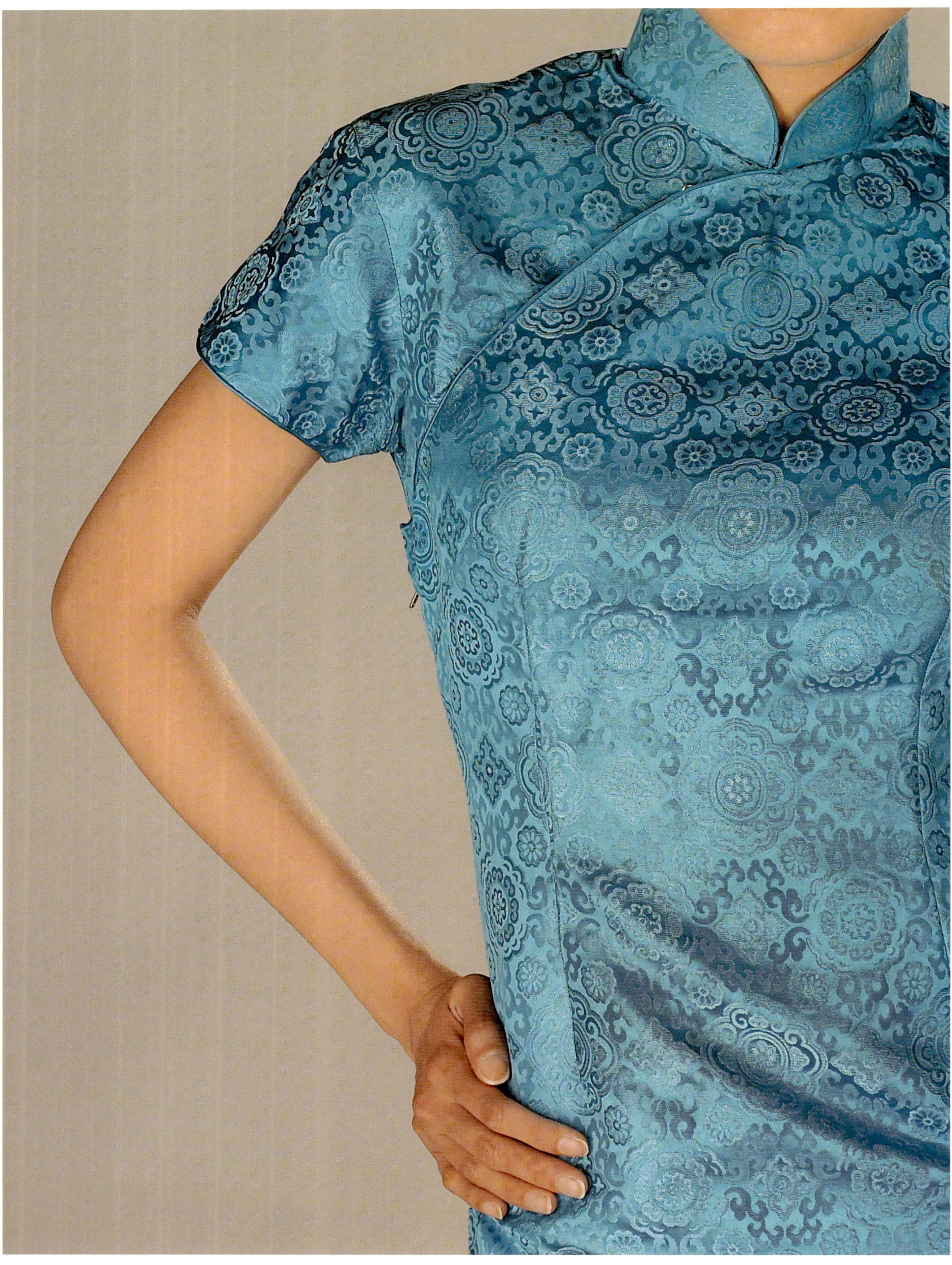

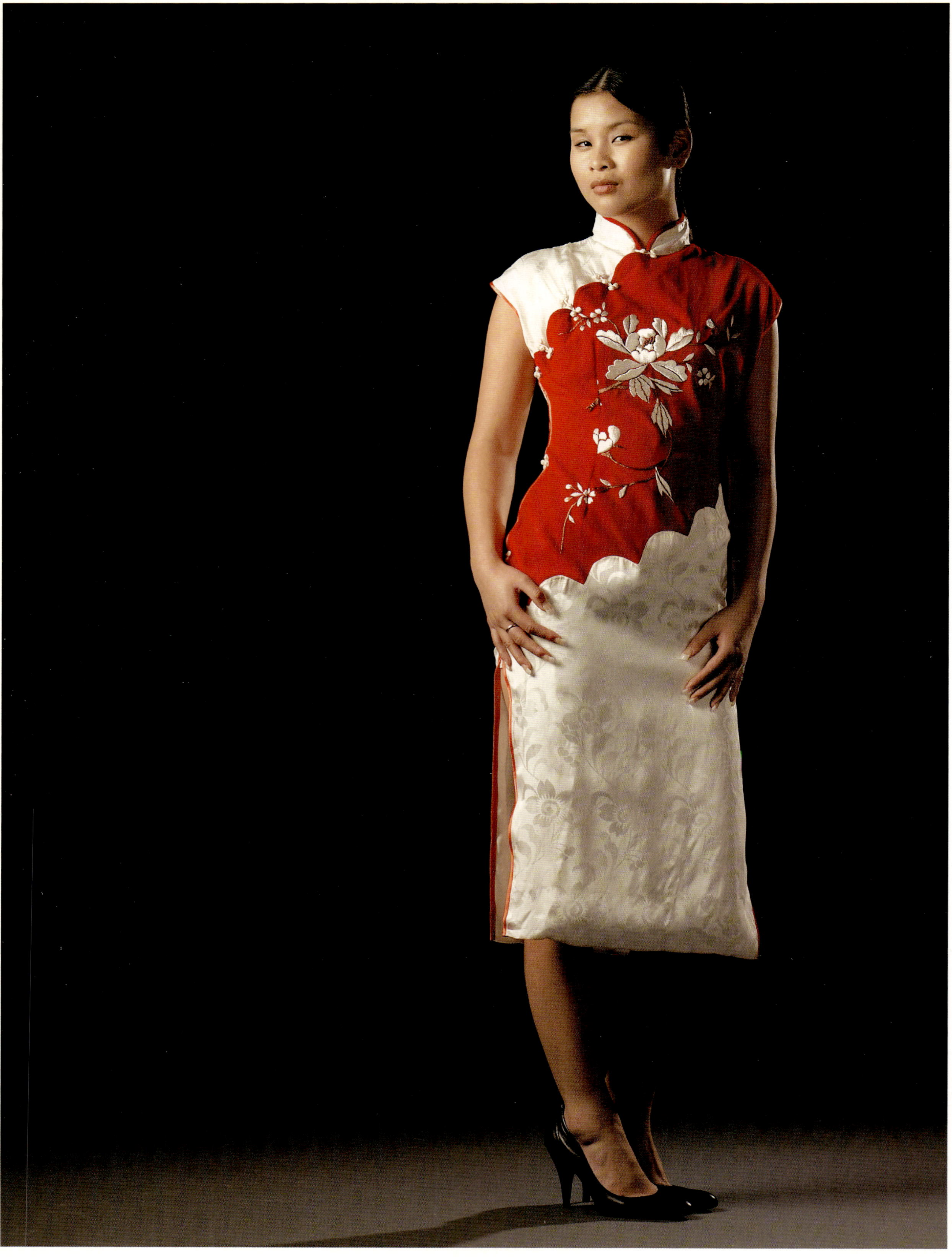

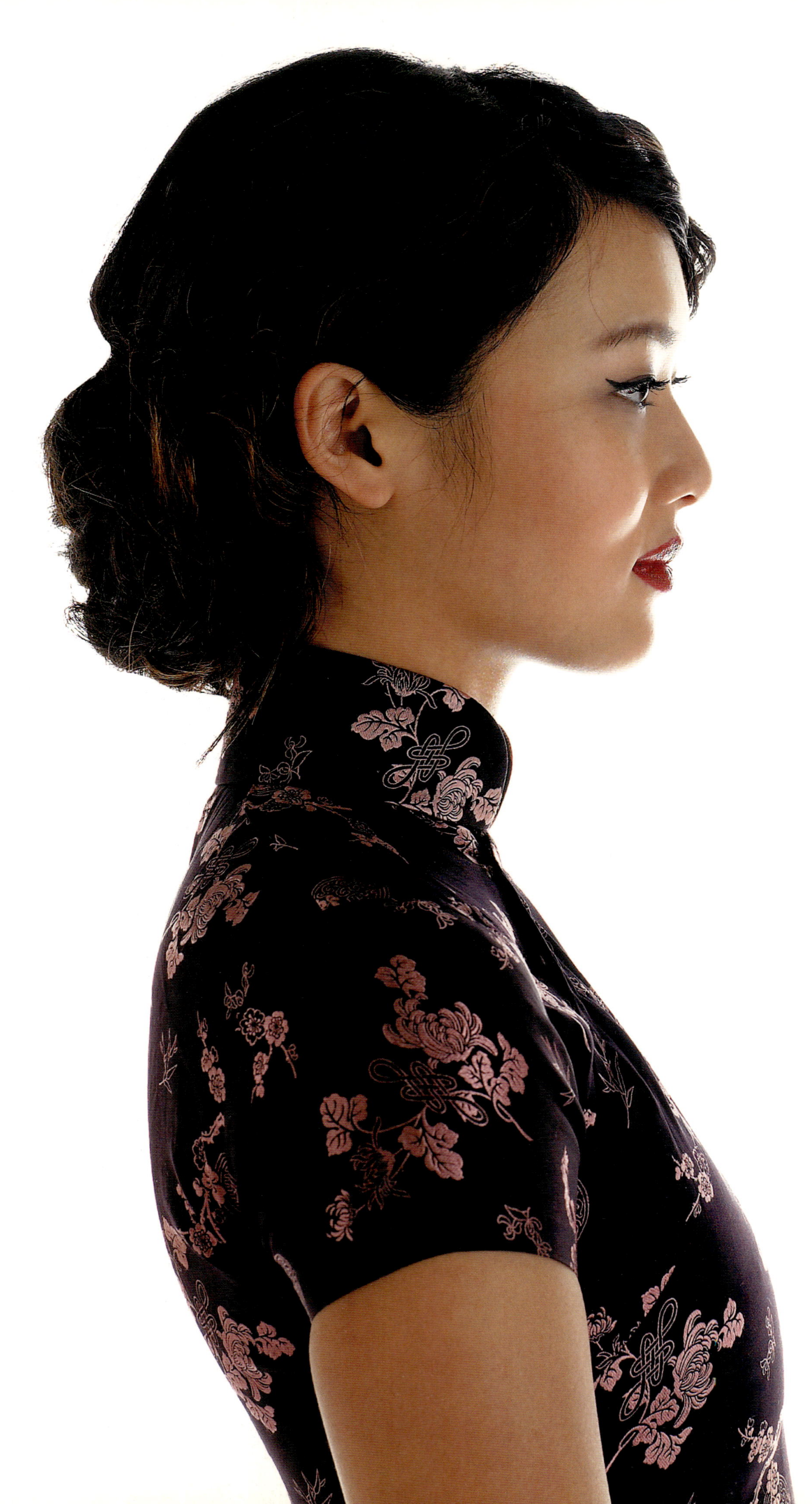

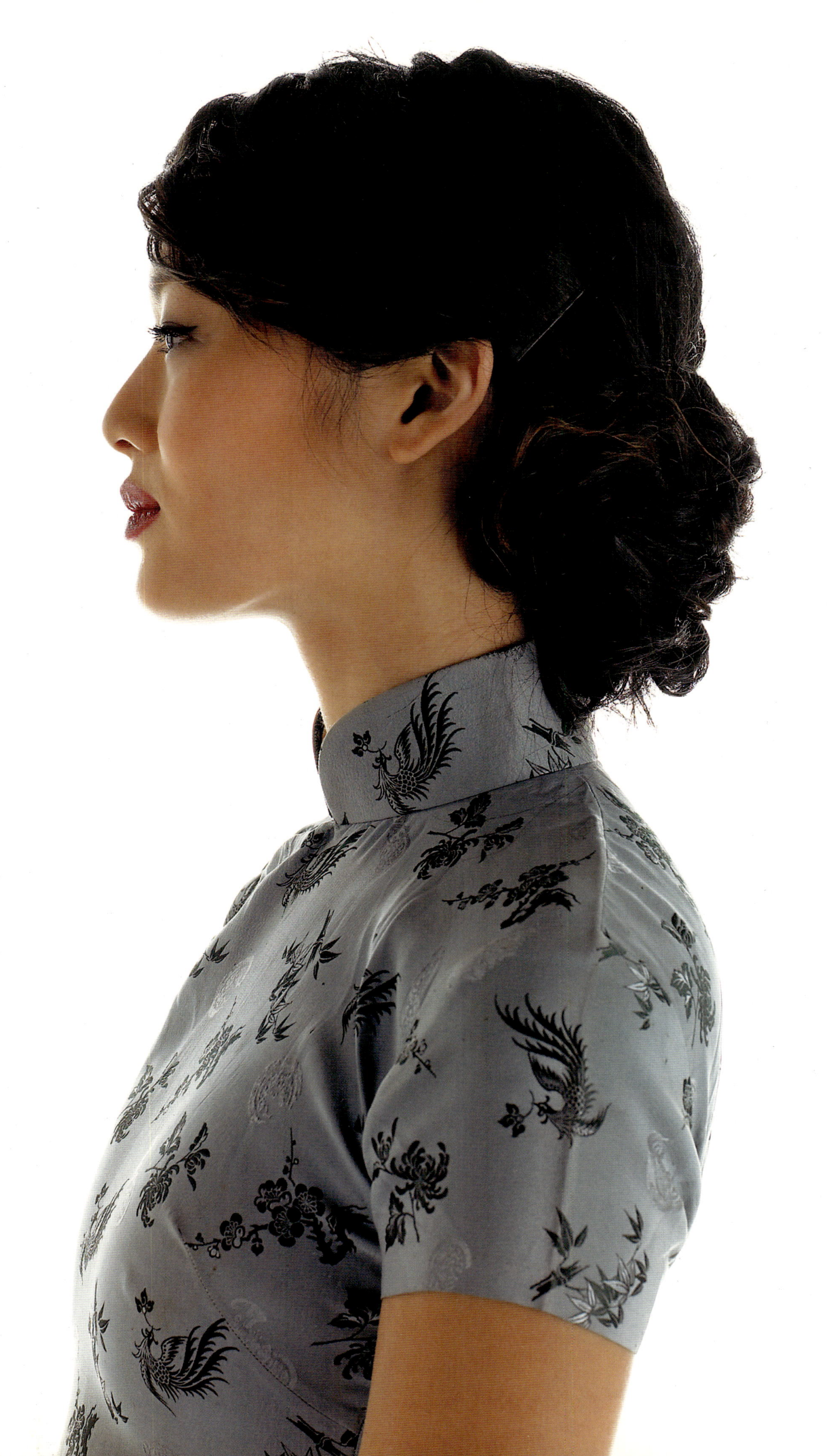

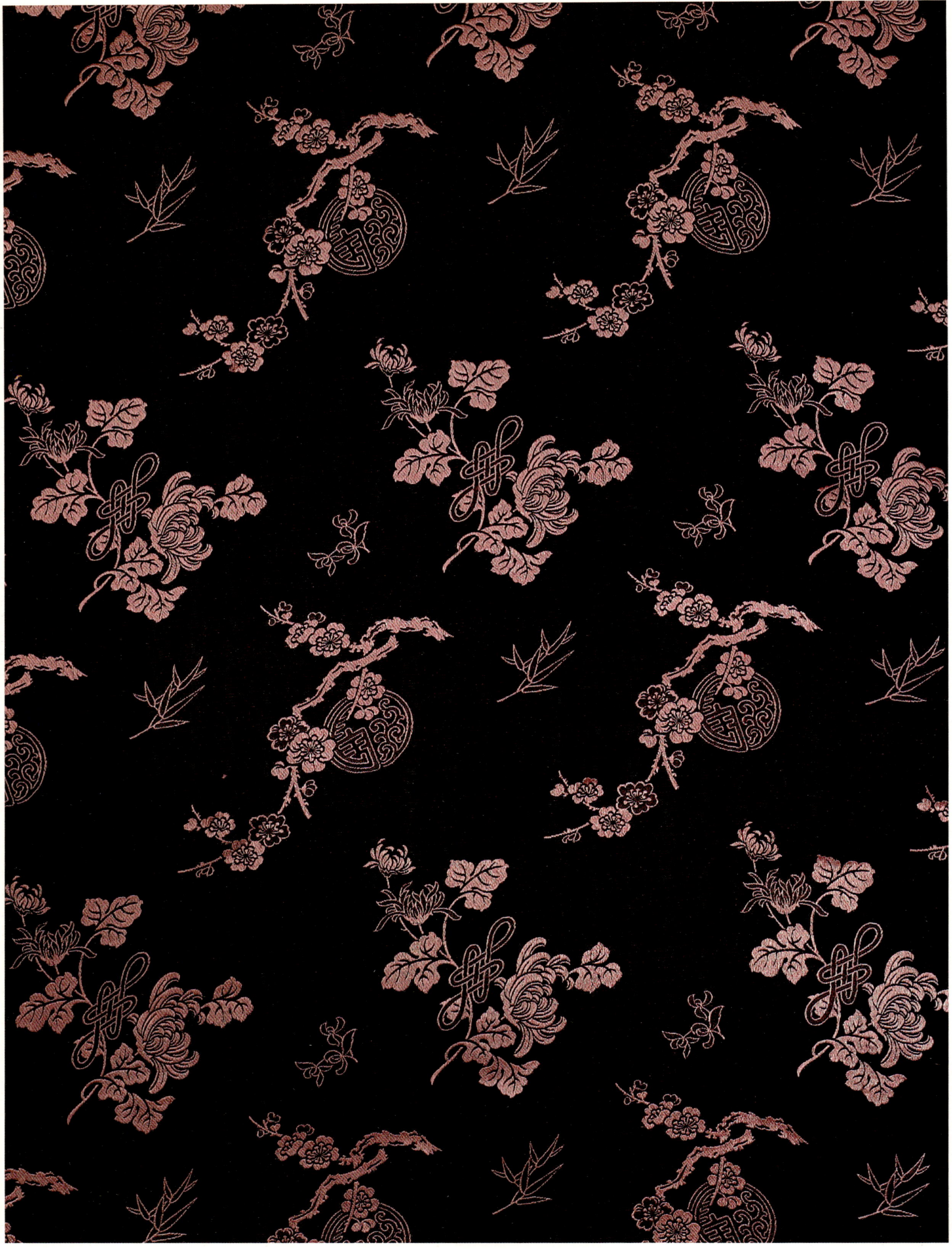

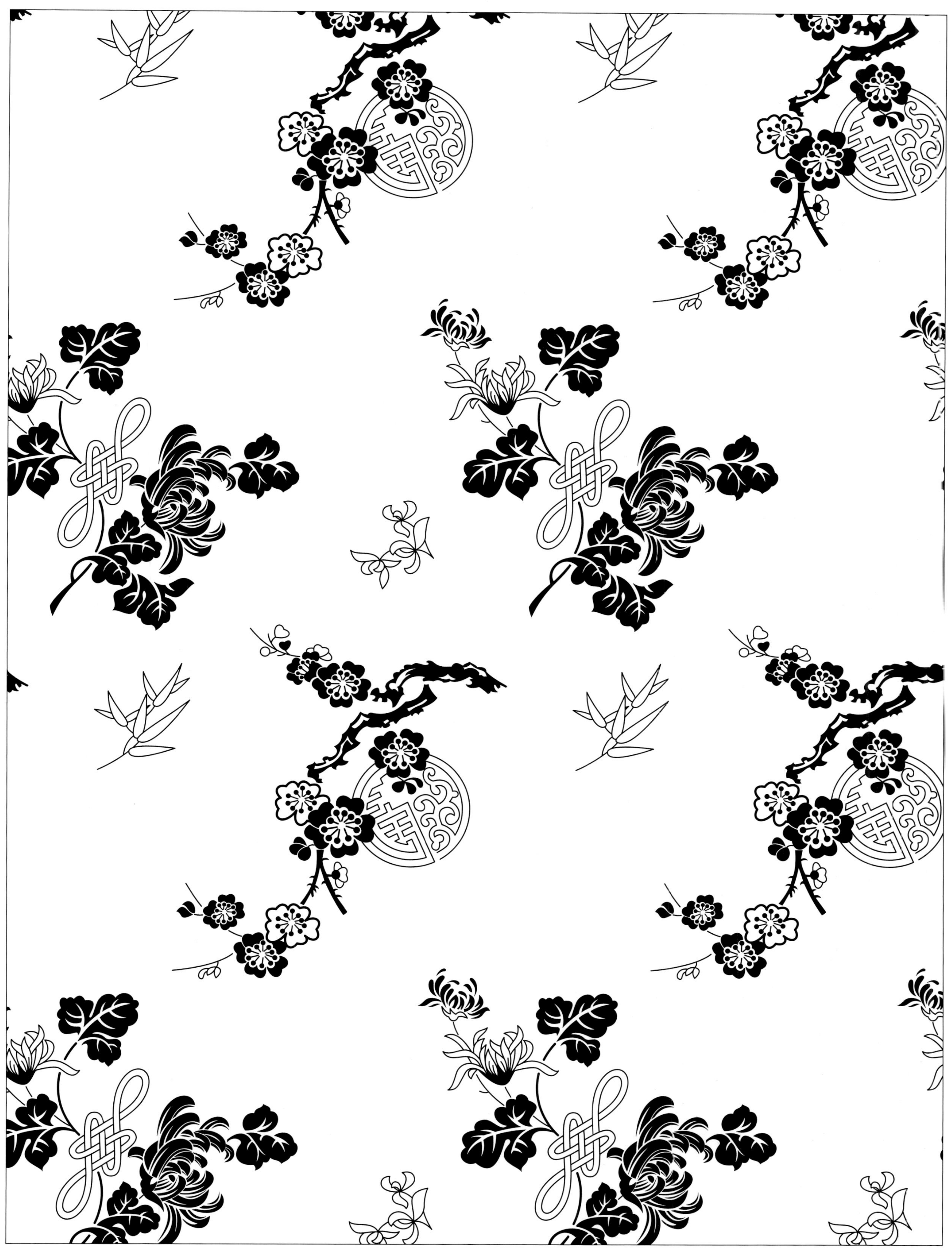

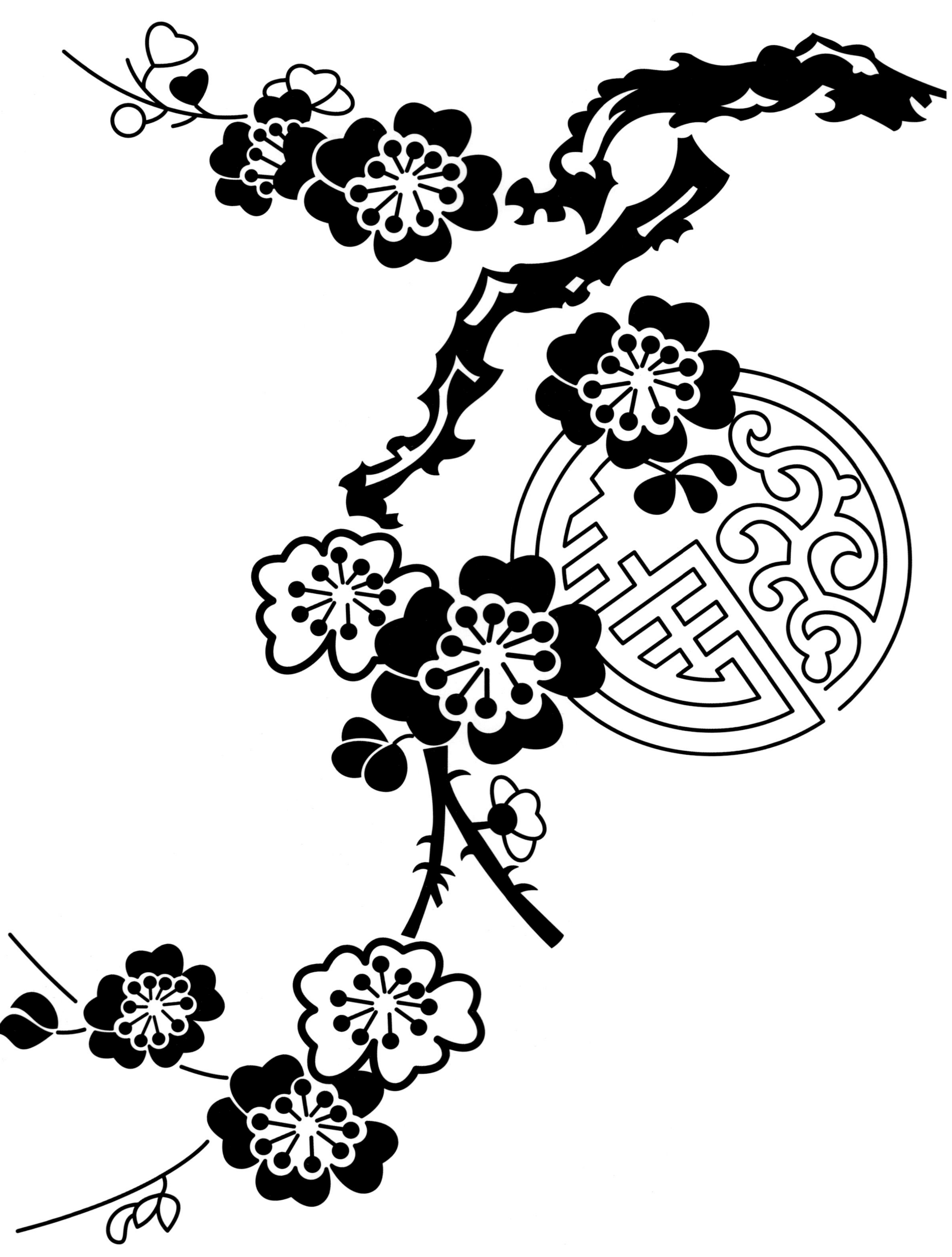

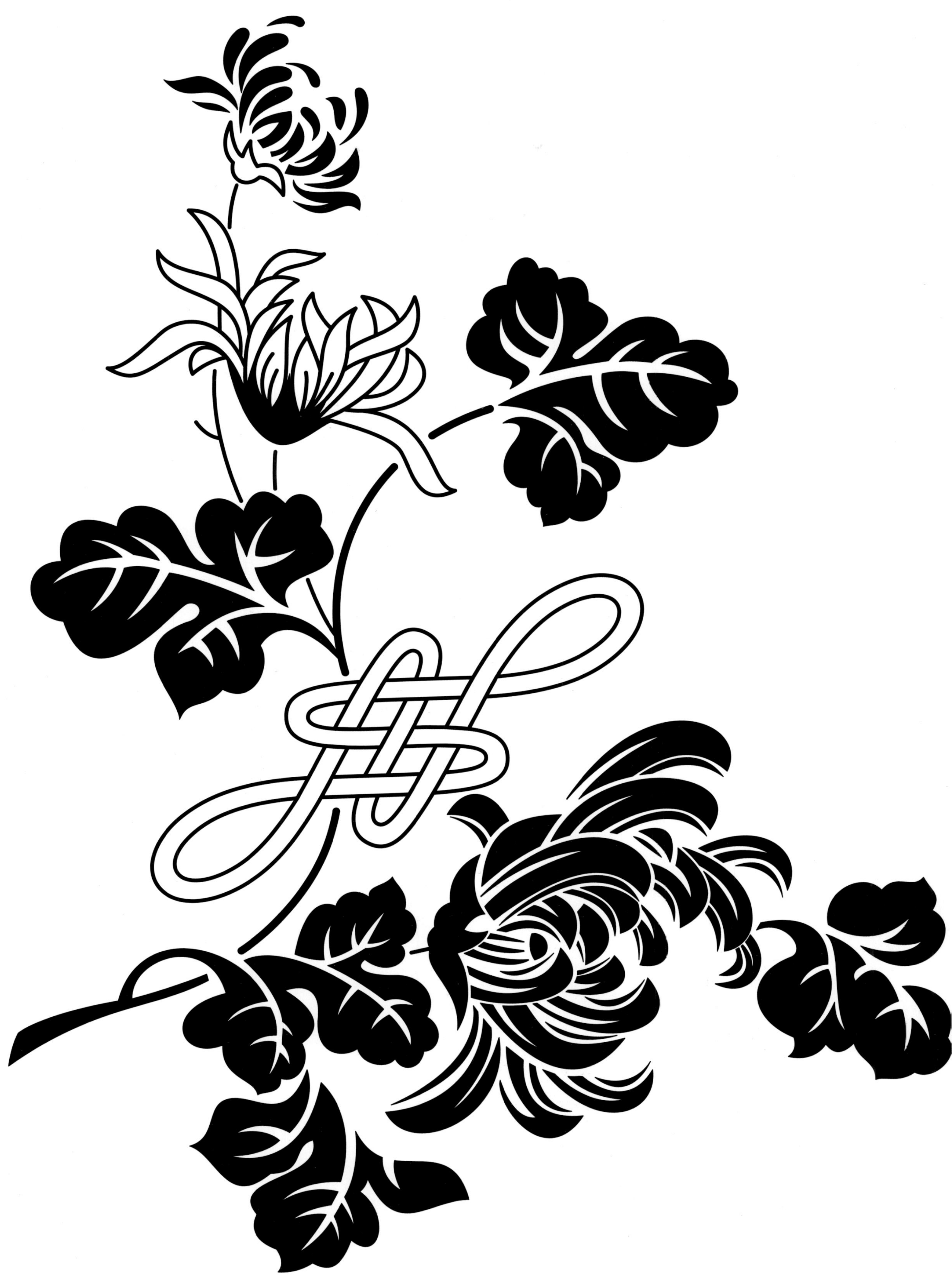

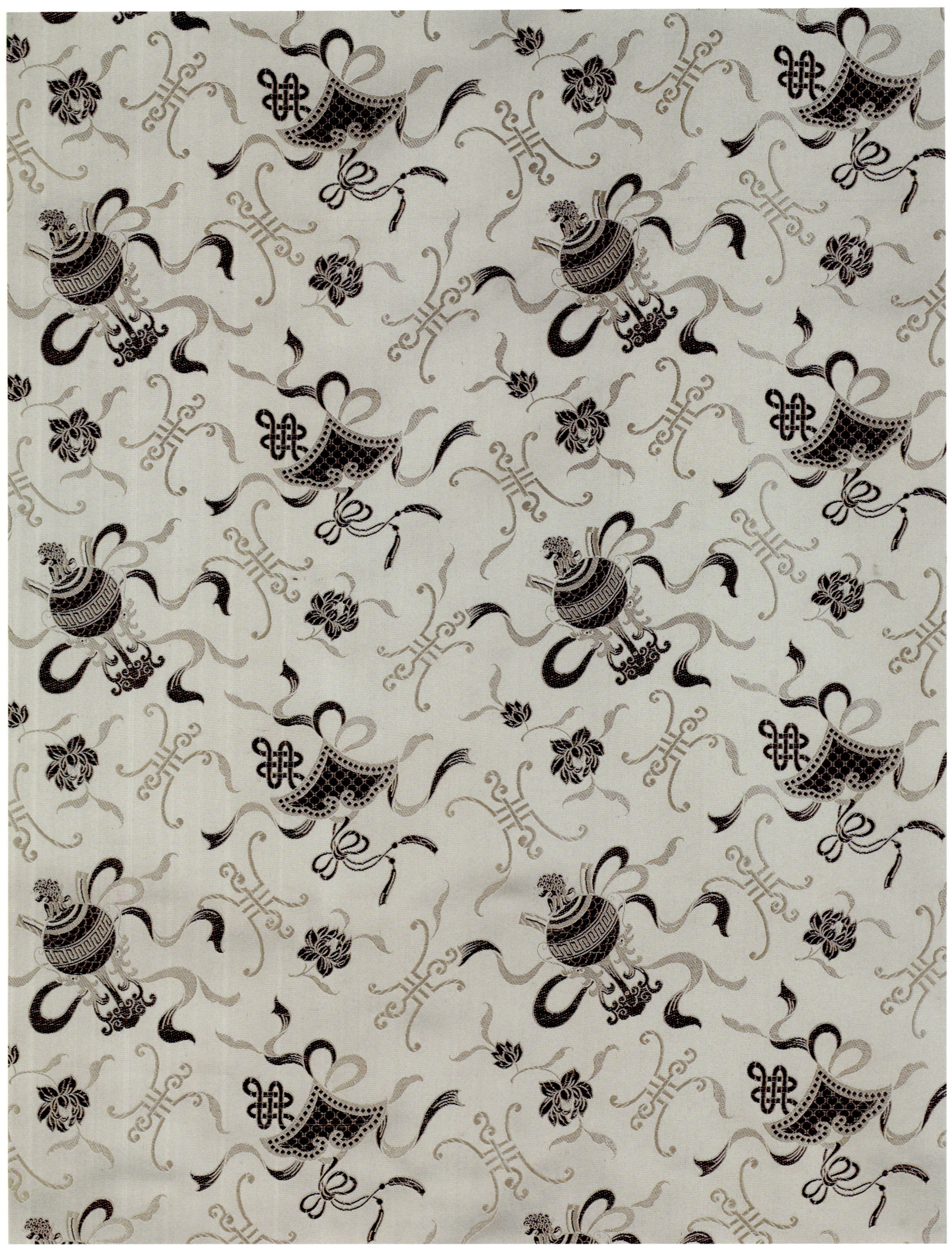

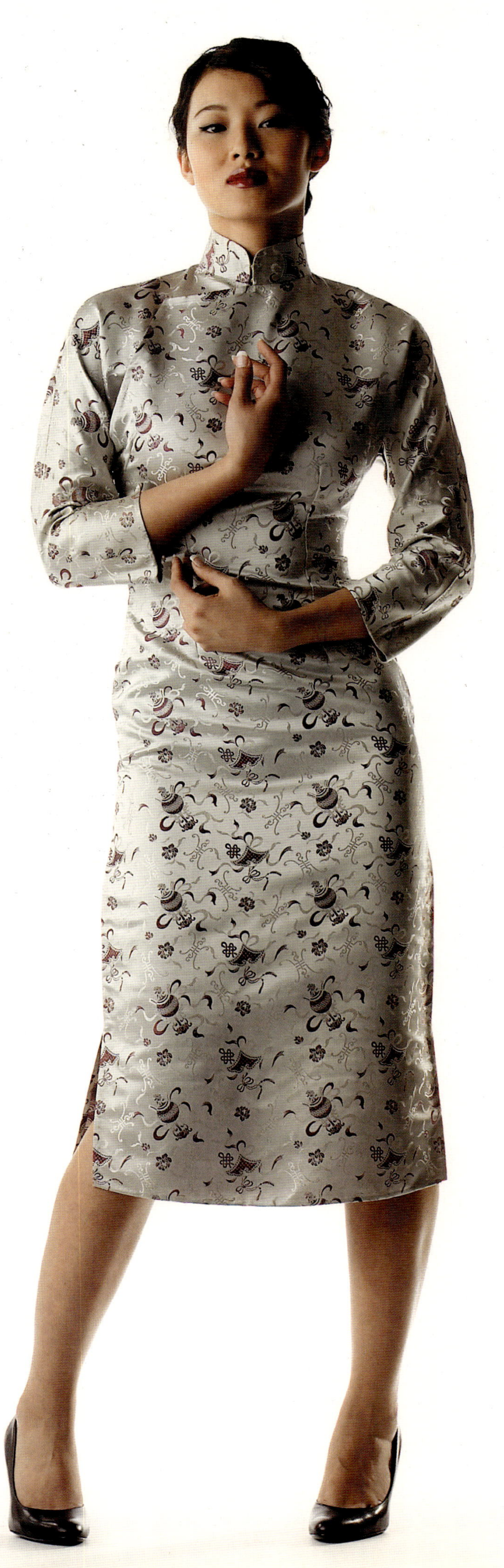

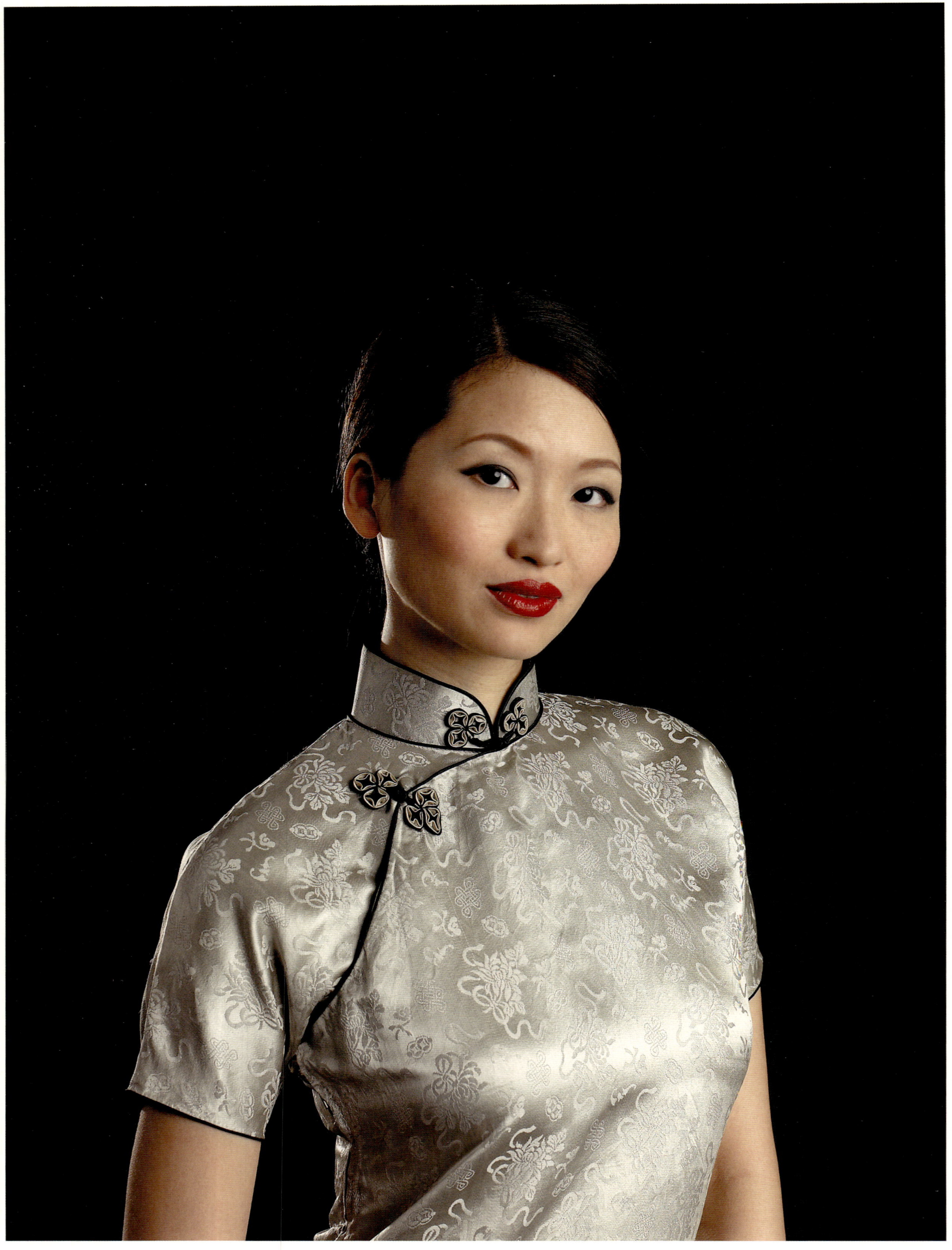

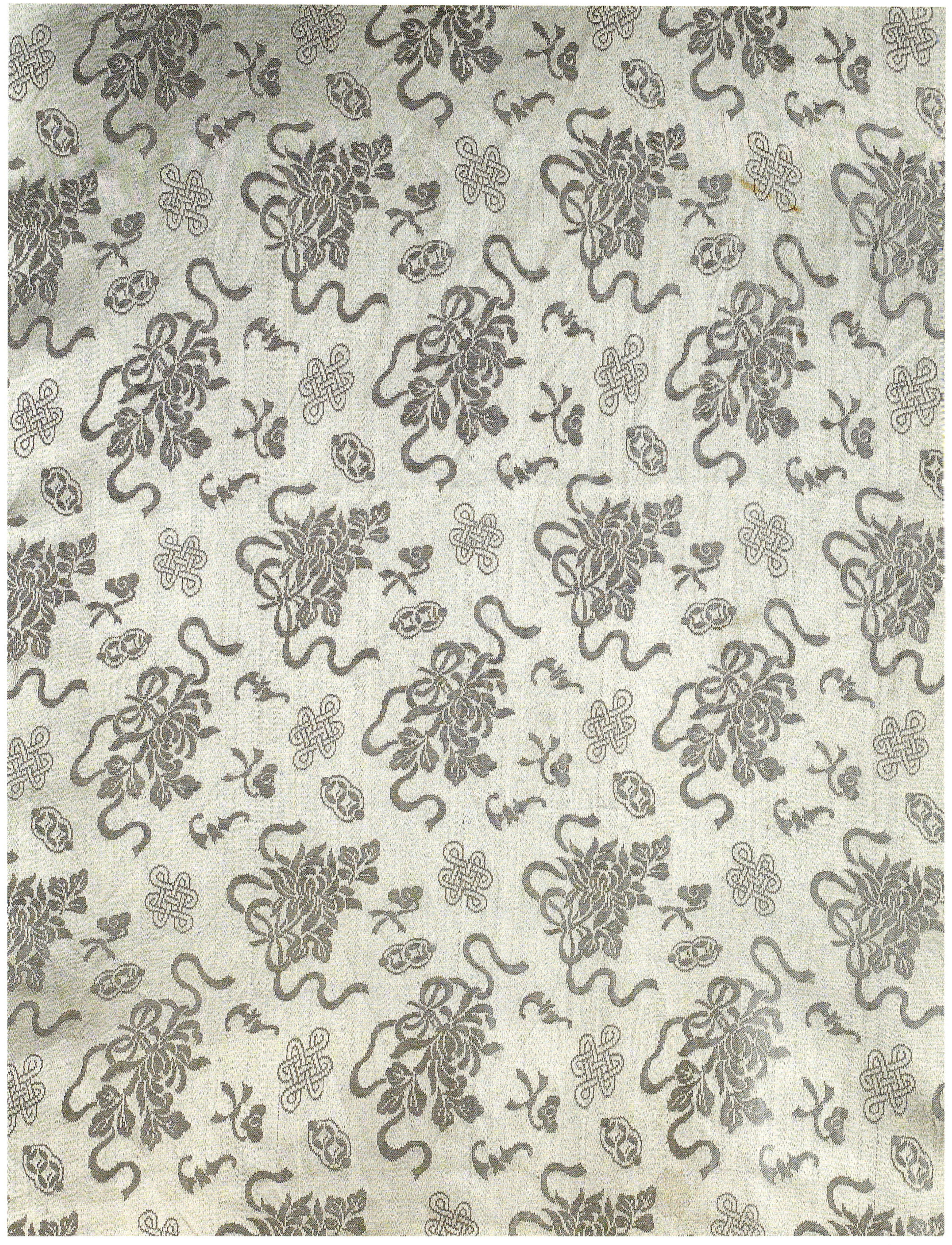

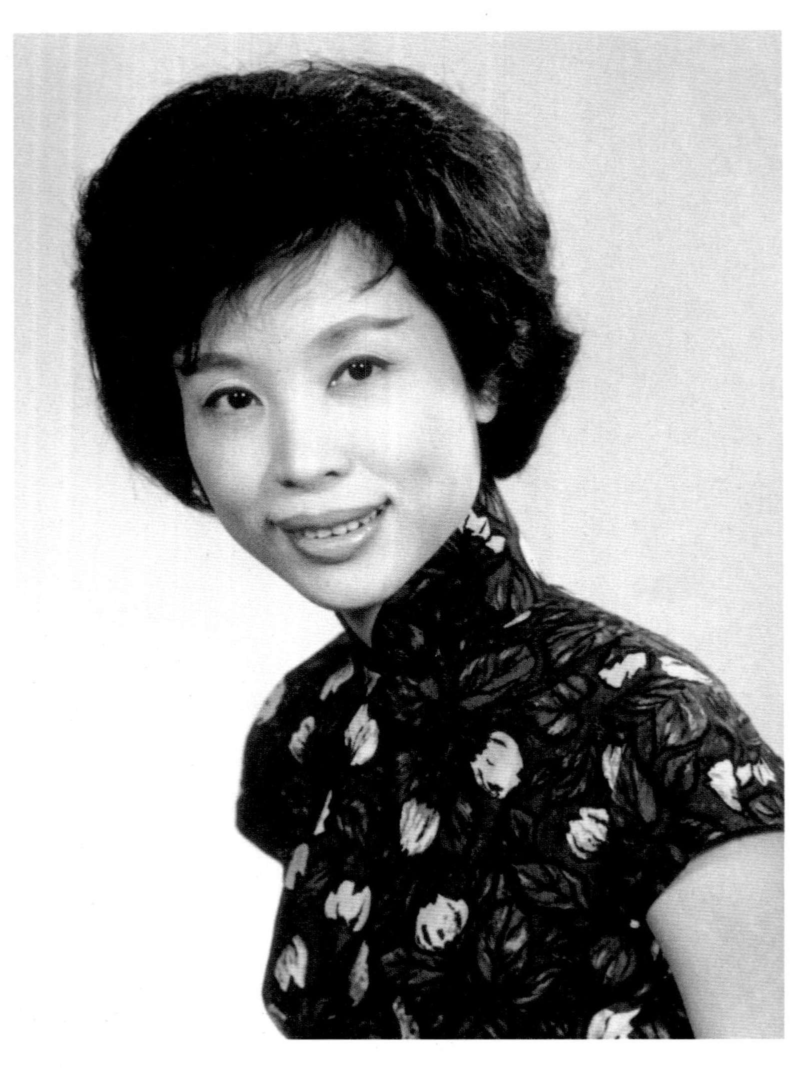
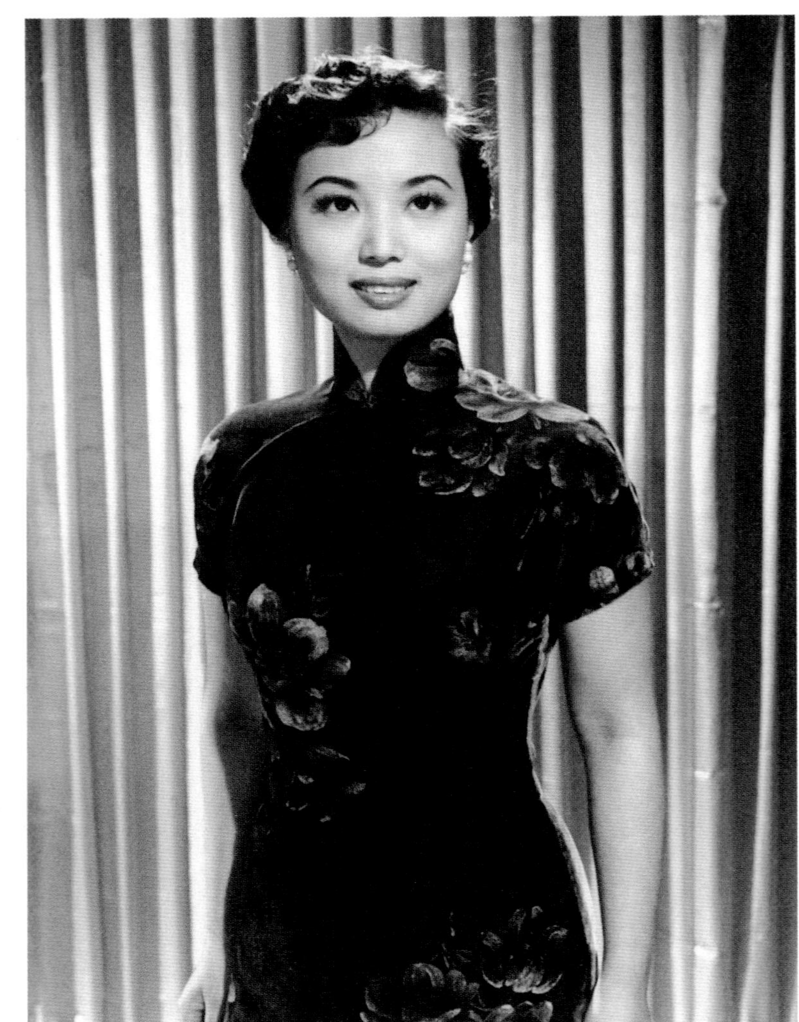
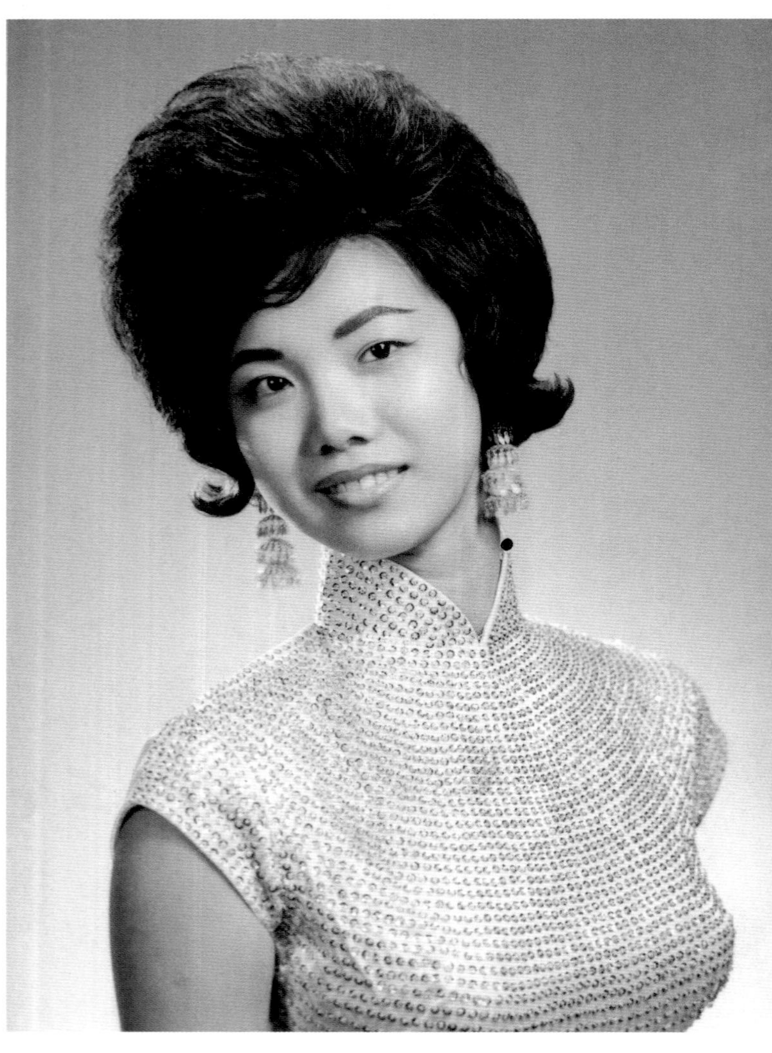
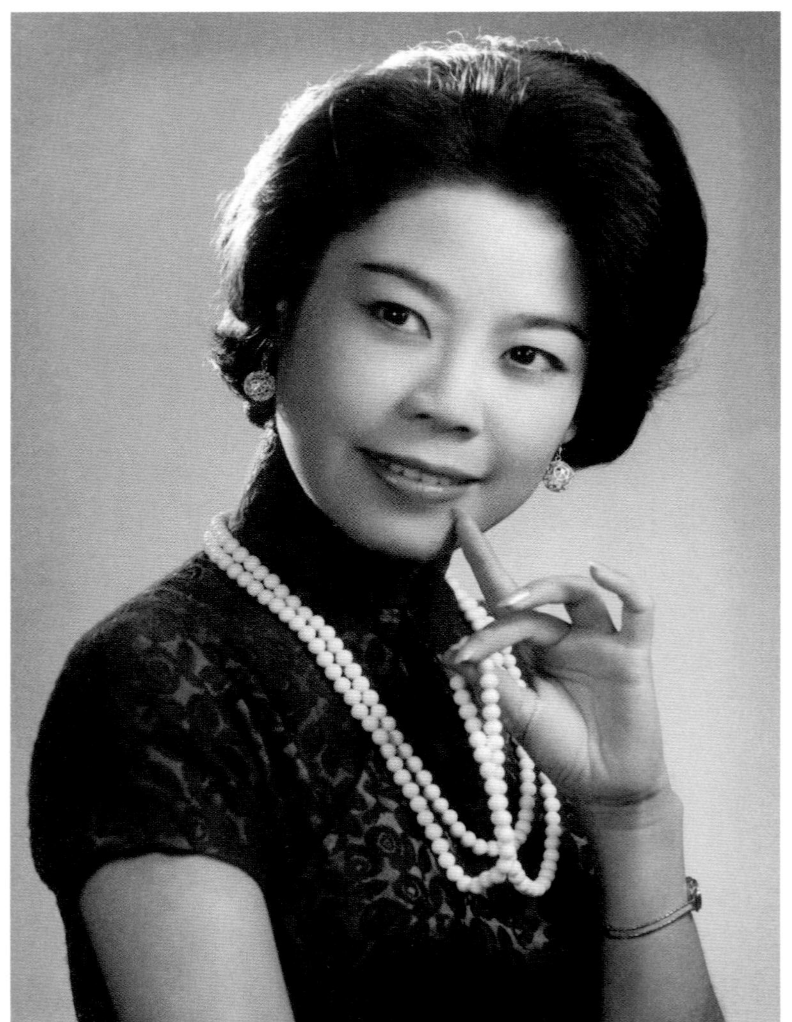

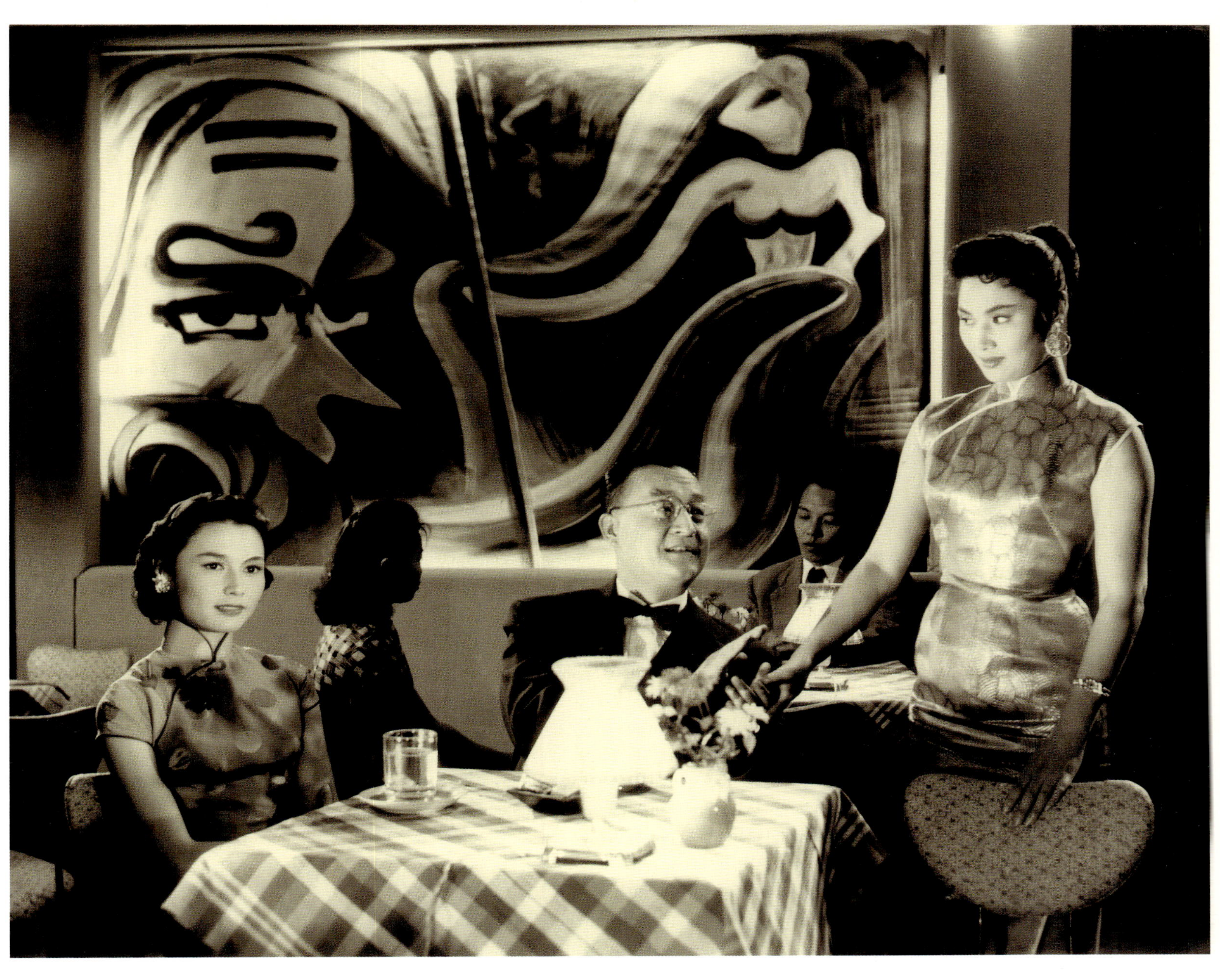

Hong Kong actresses from the 1950s,
wearing fashionable cheongsams.
On pages 126-143 are more typical
50s dresses.
The dresses on pages 144, 148, 157
and 158 are made of typically Chinese
machine-embellished fabric.

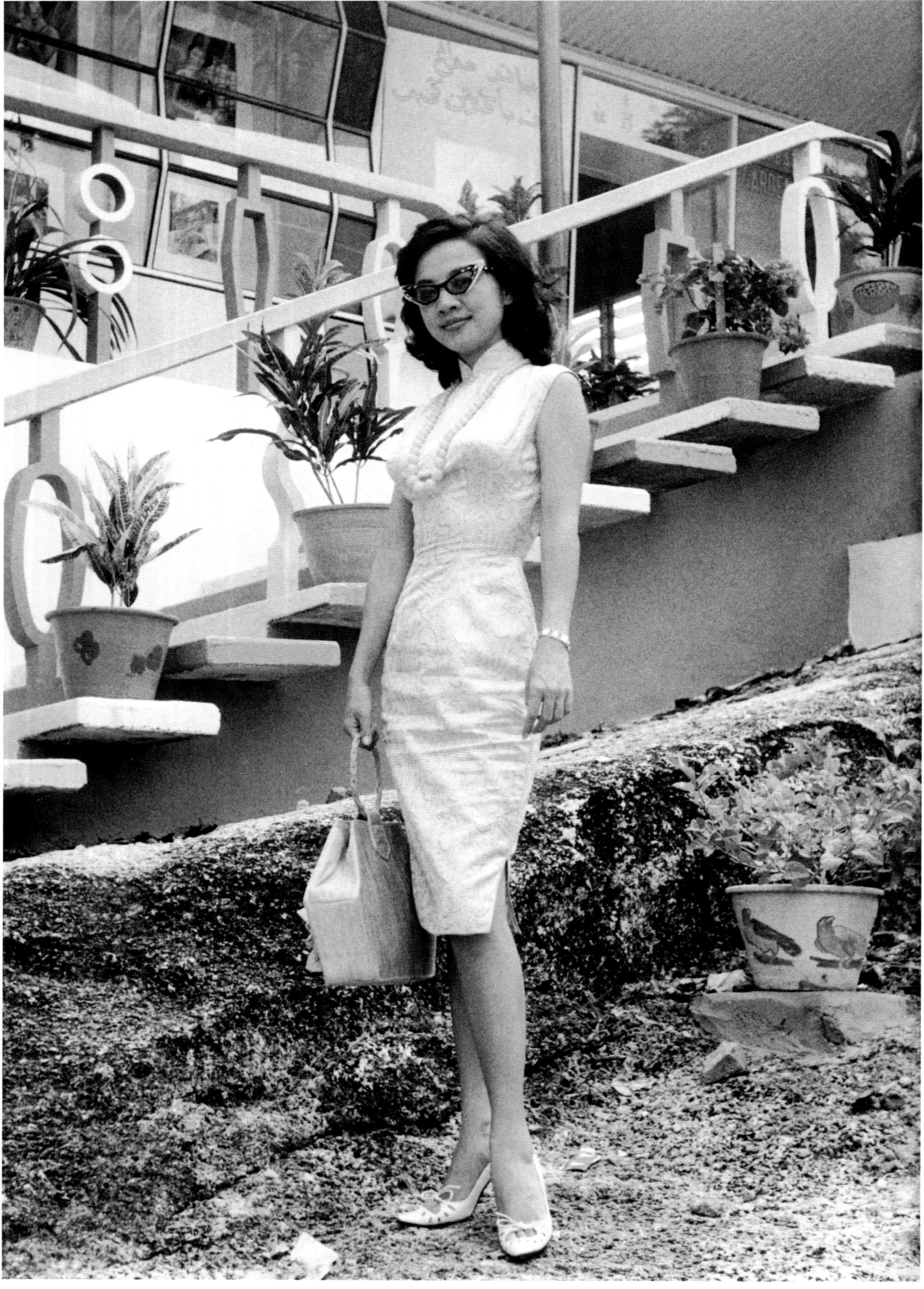

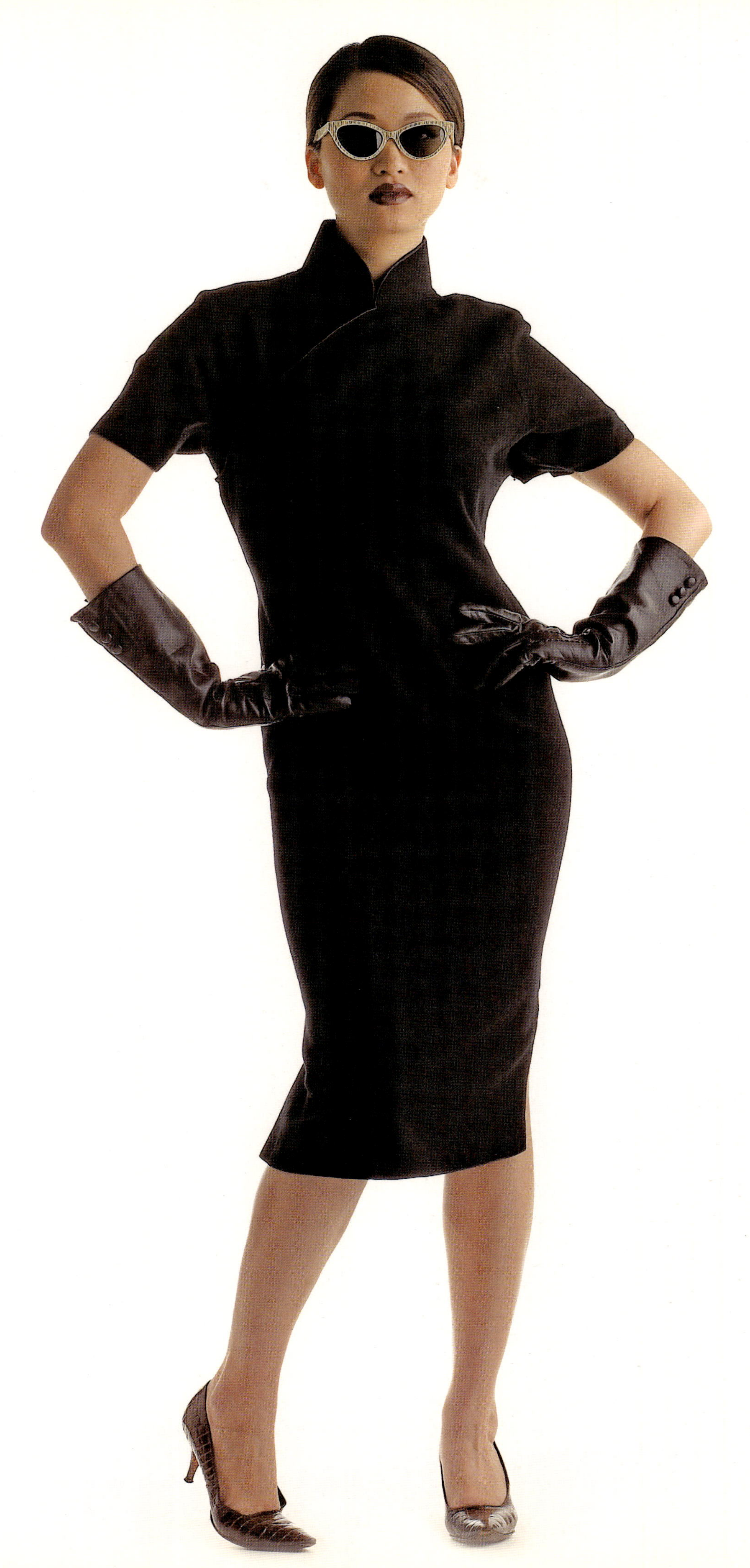

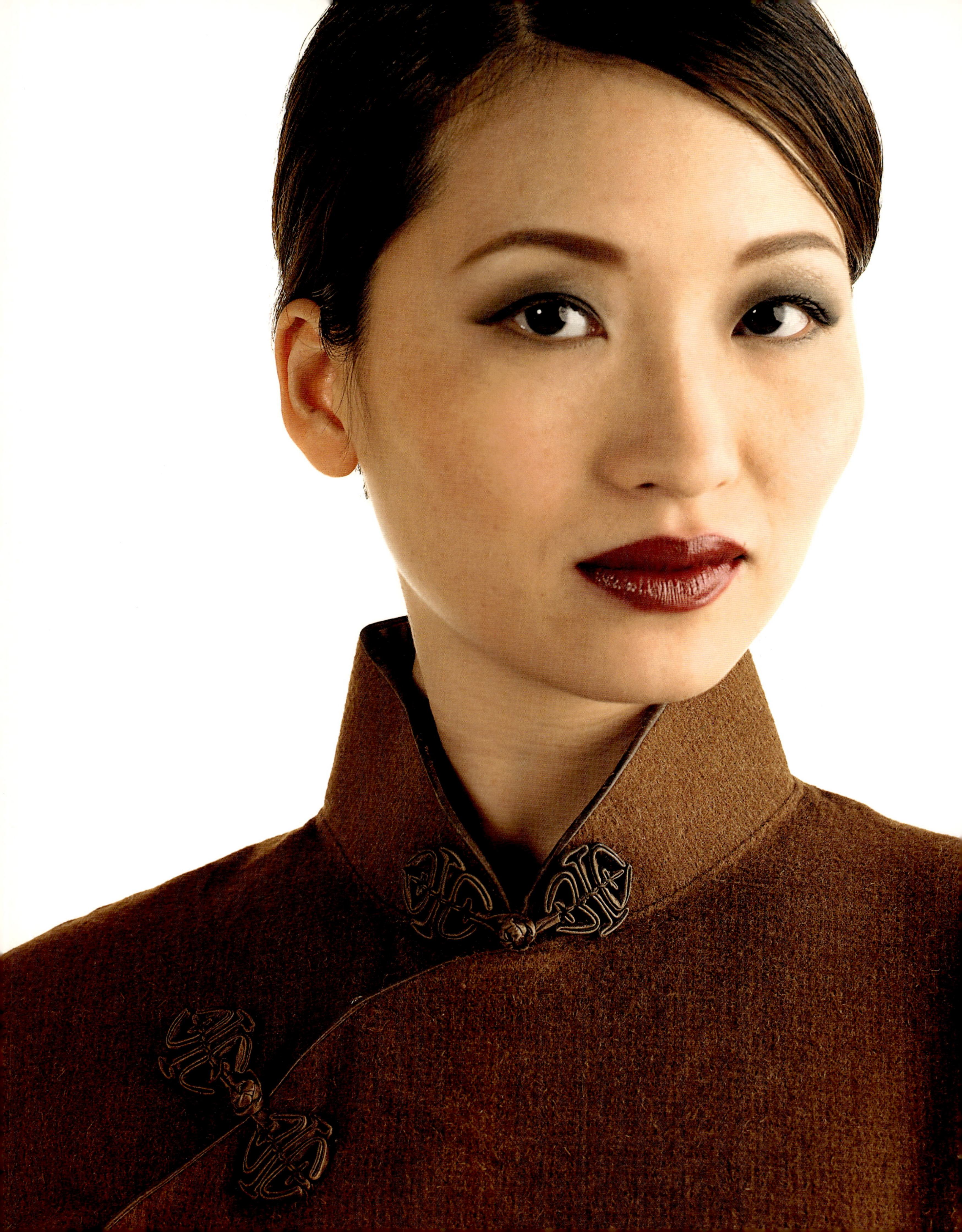

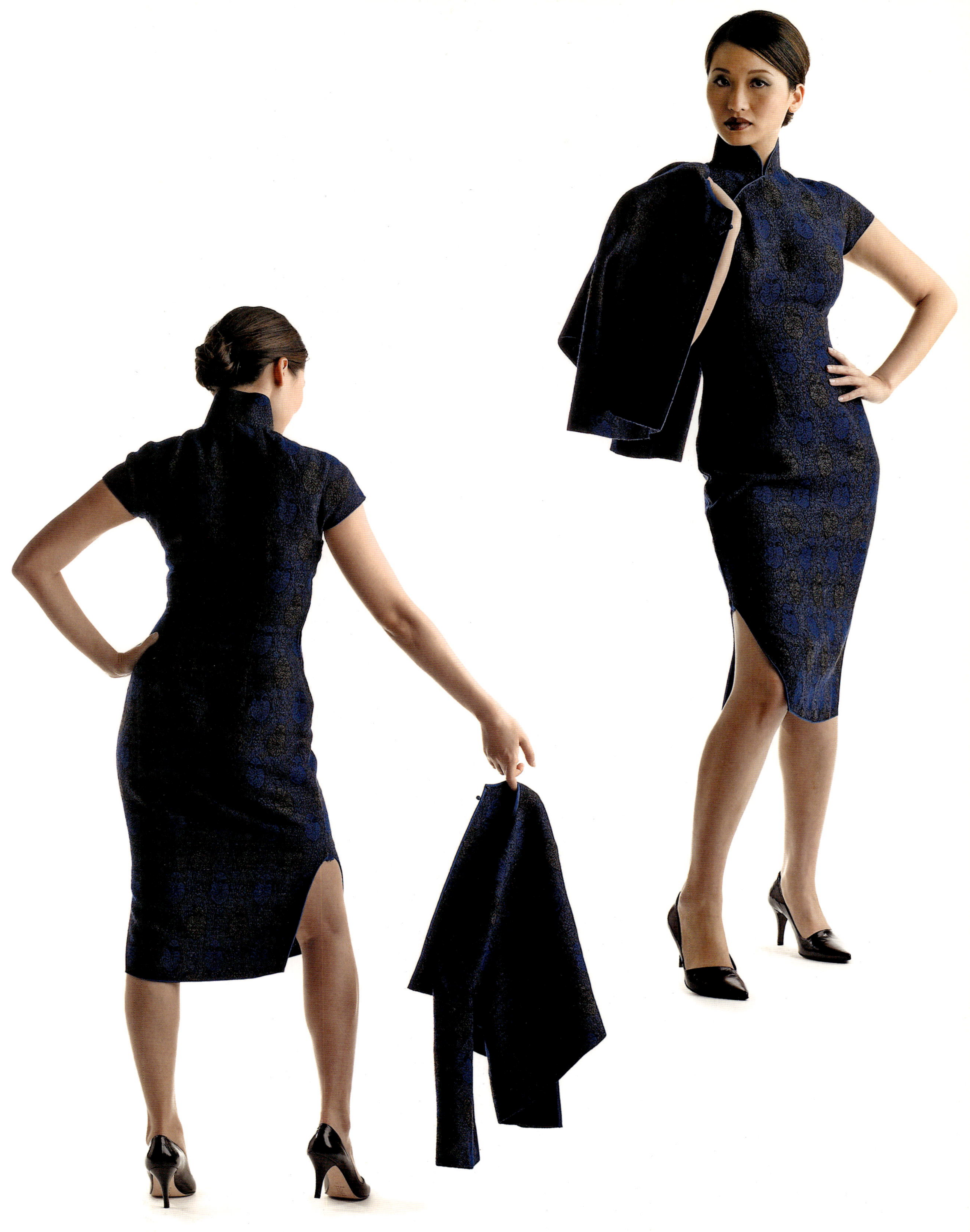

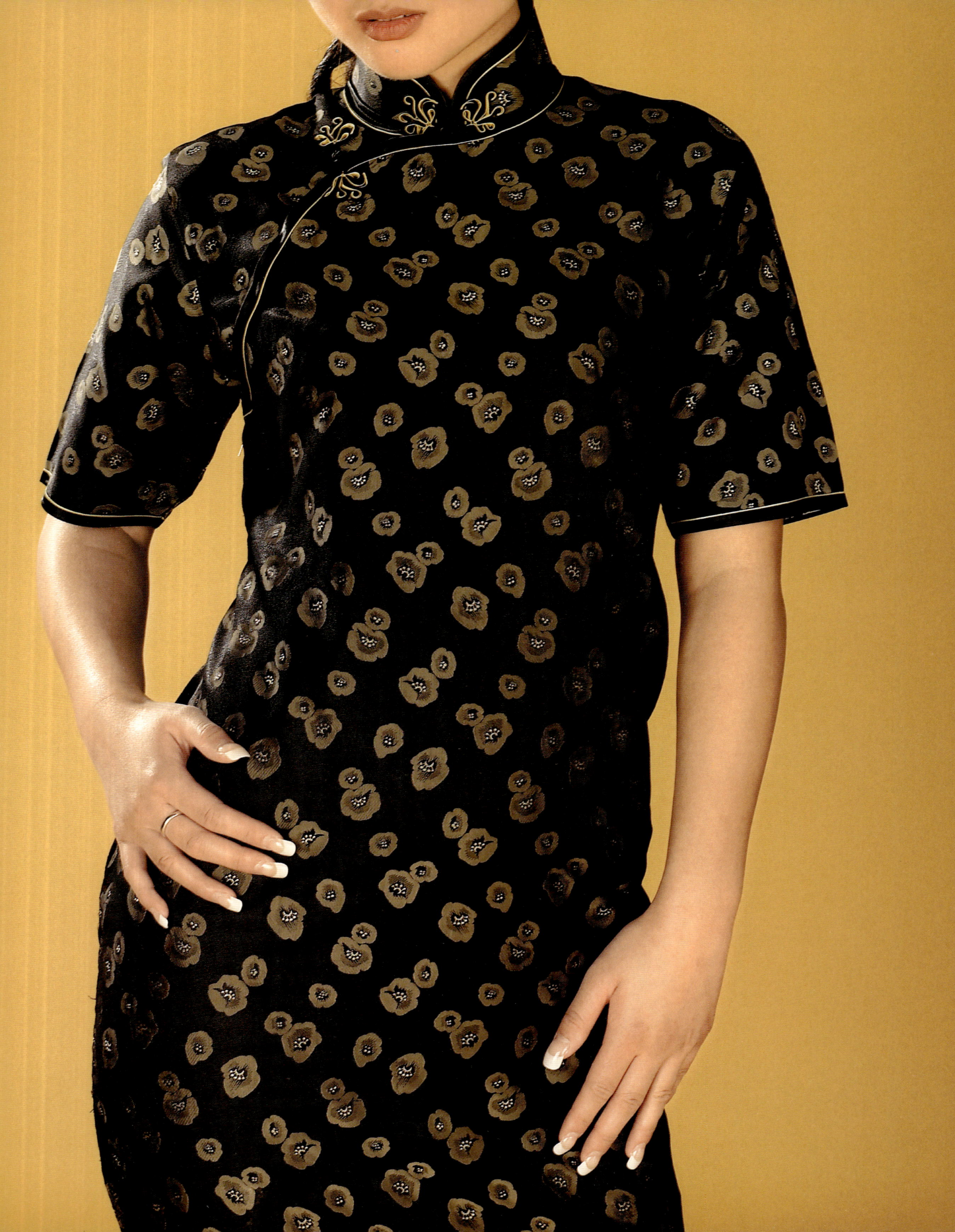

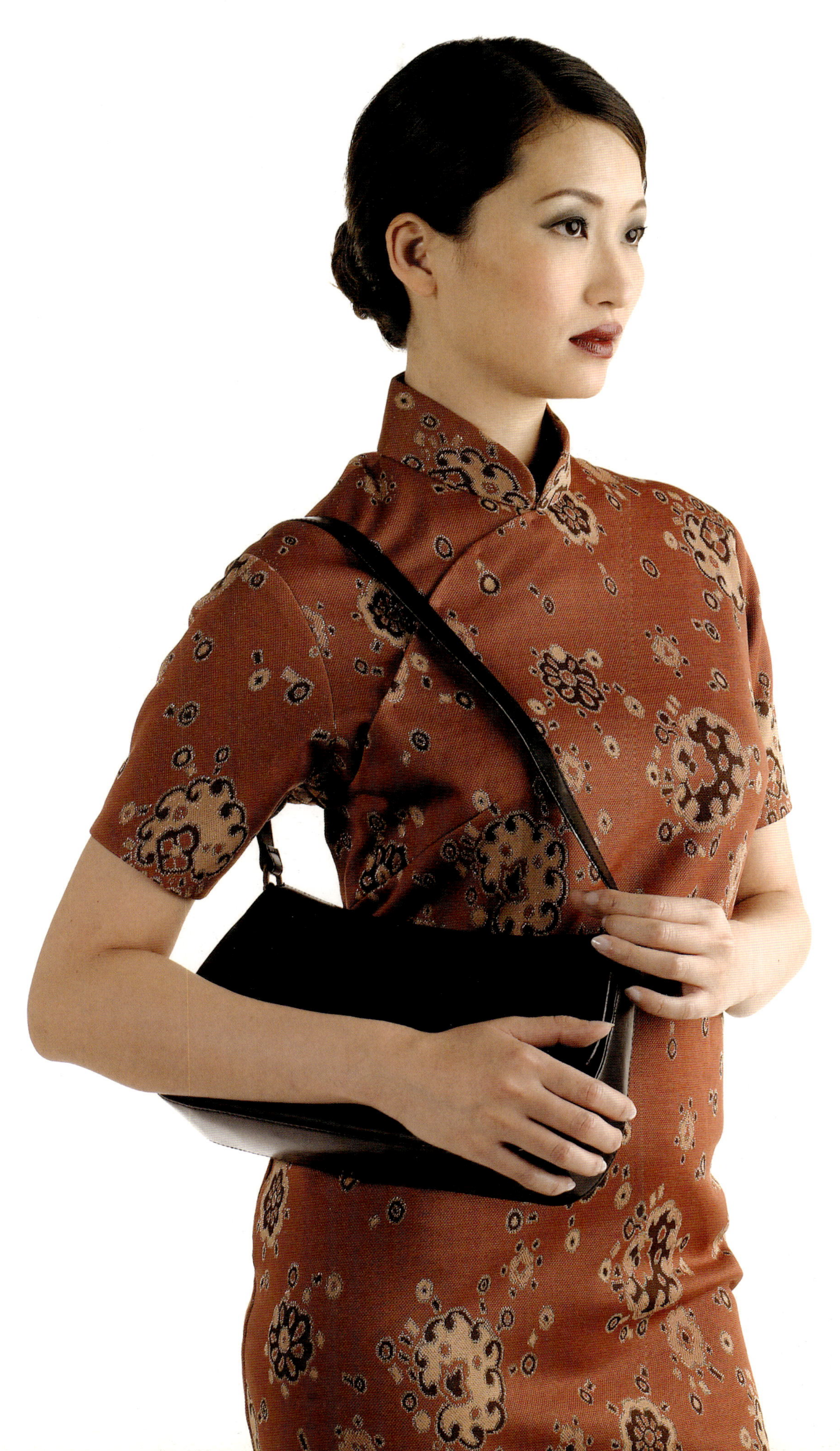

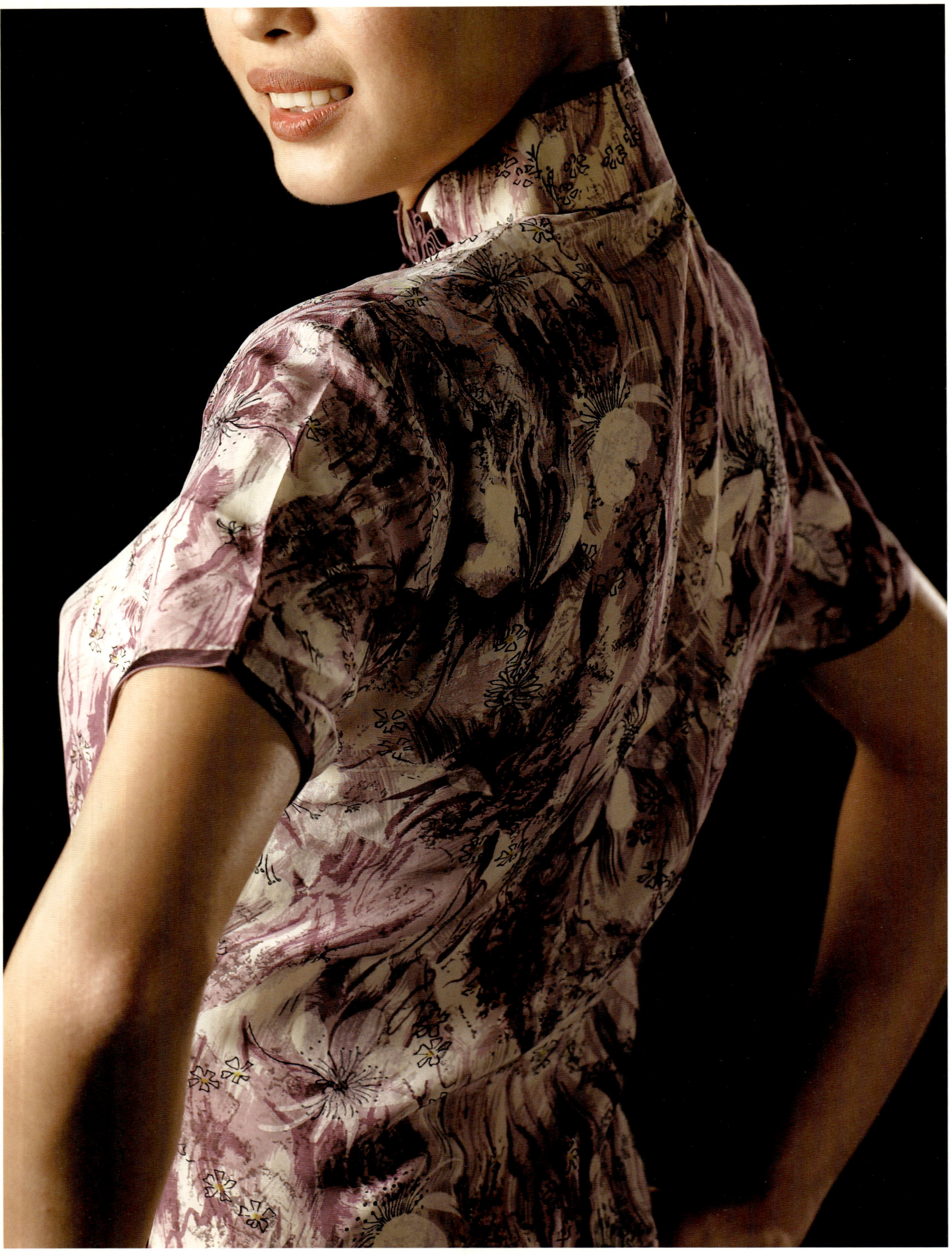

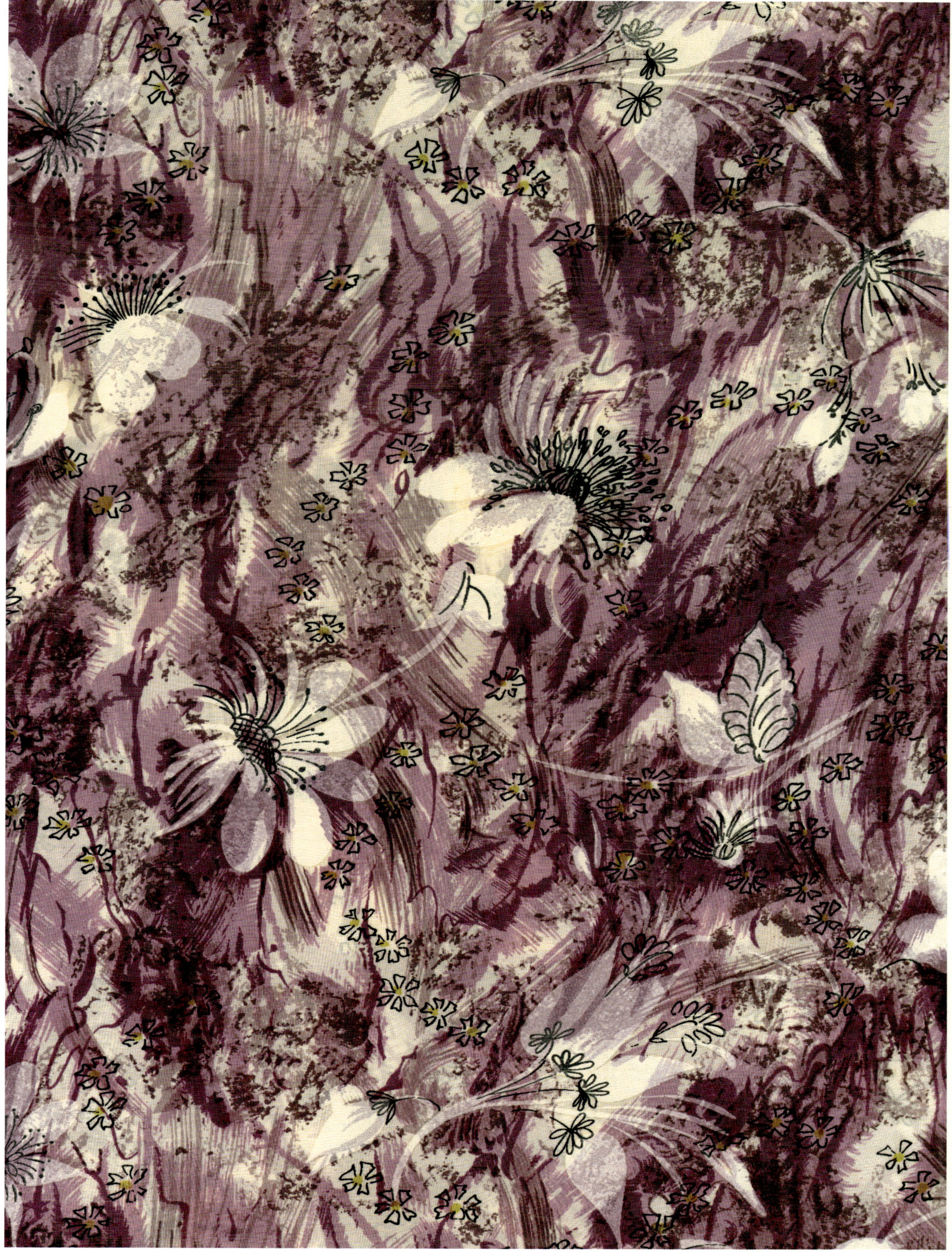

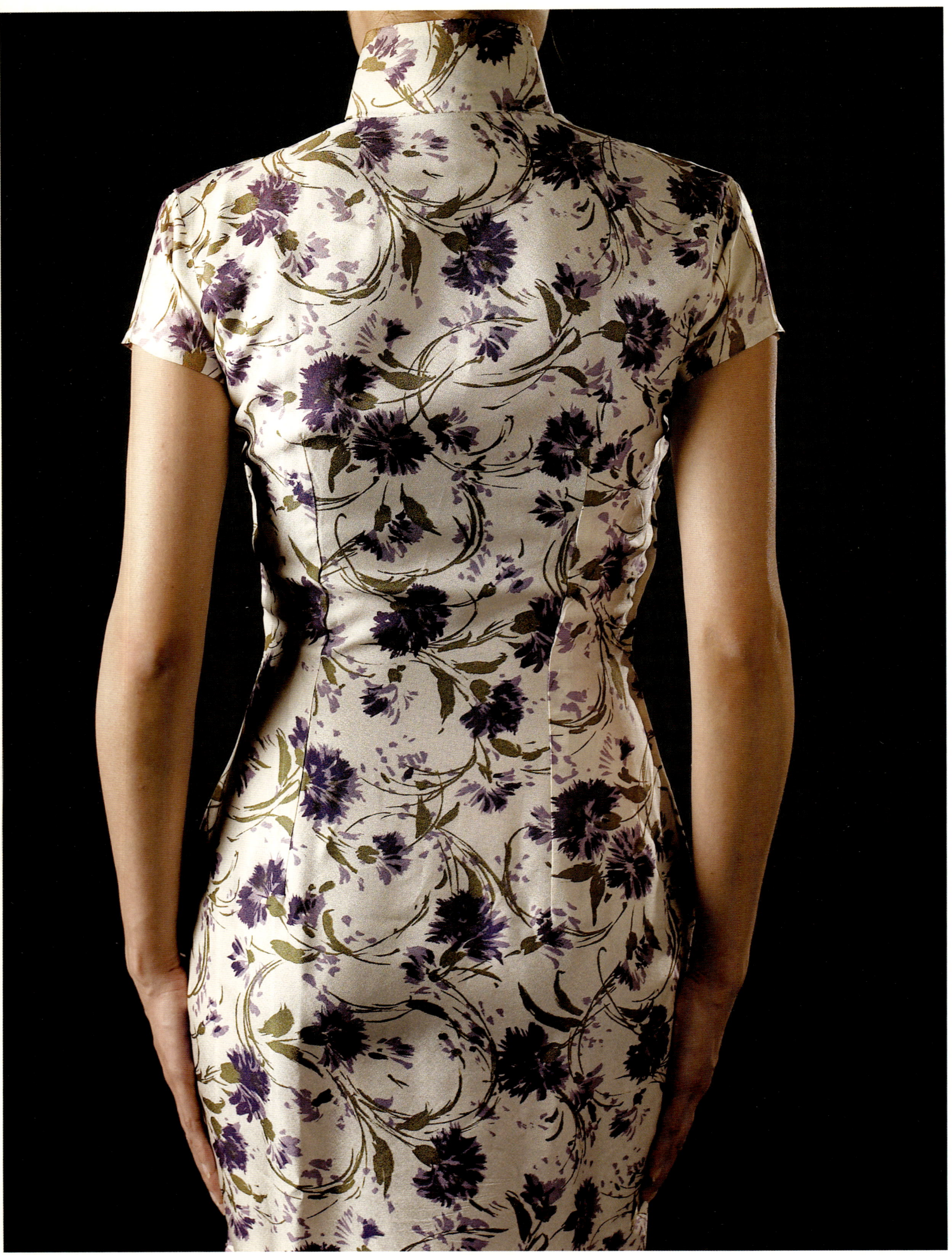

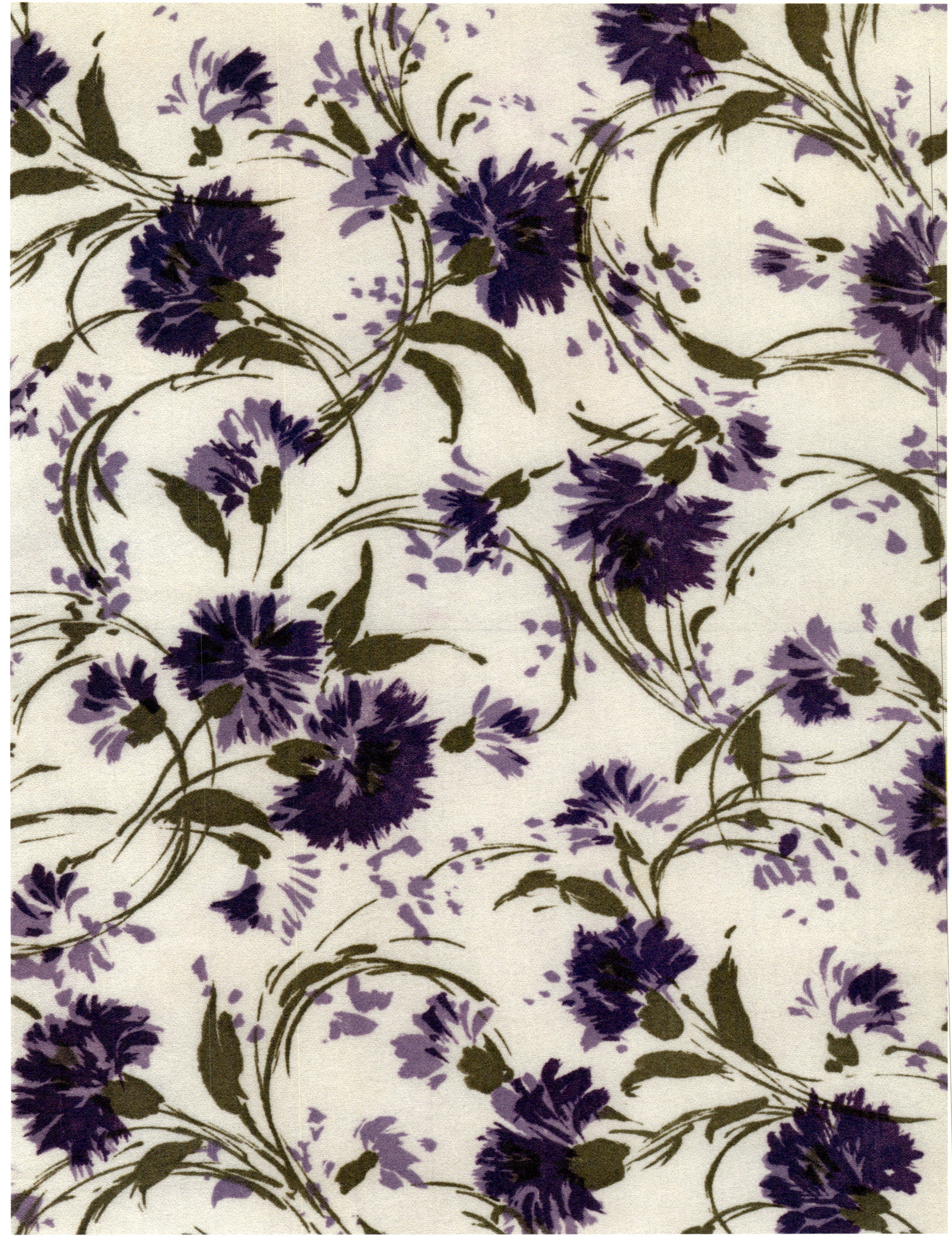

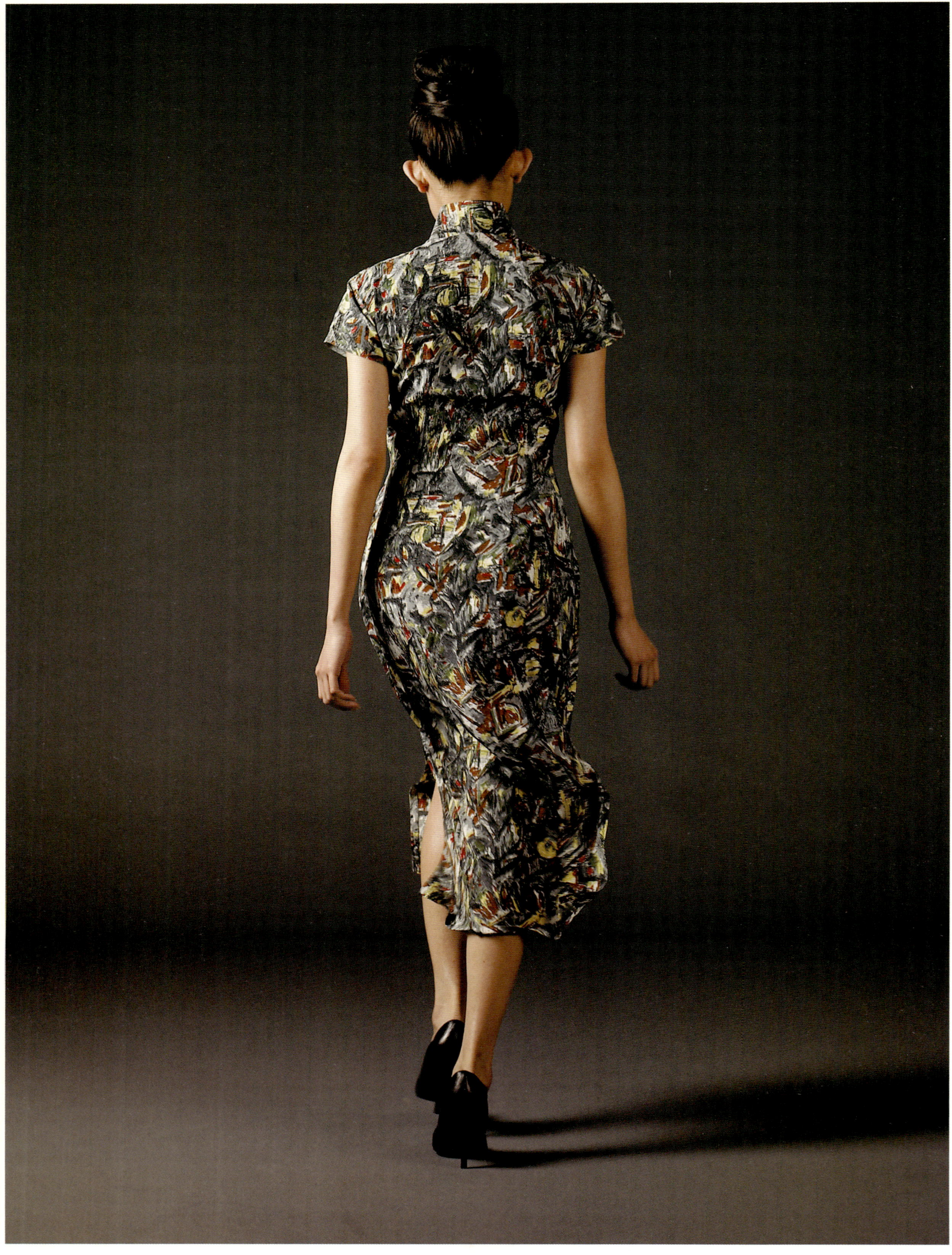

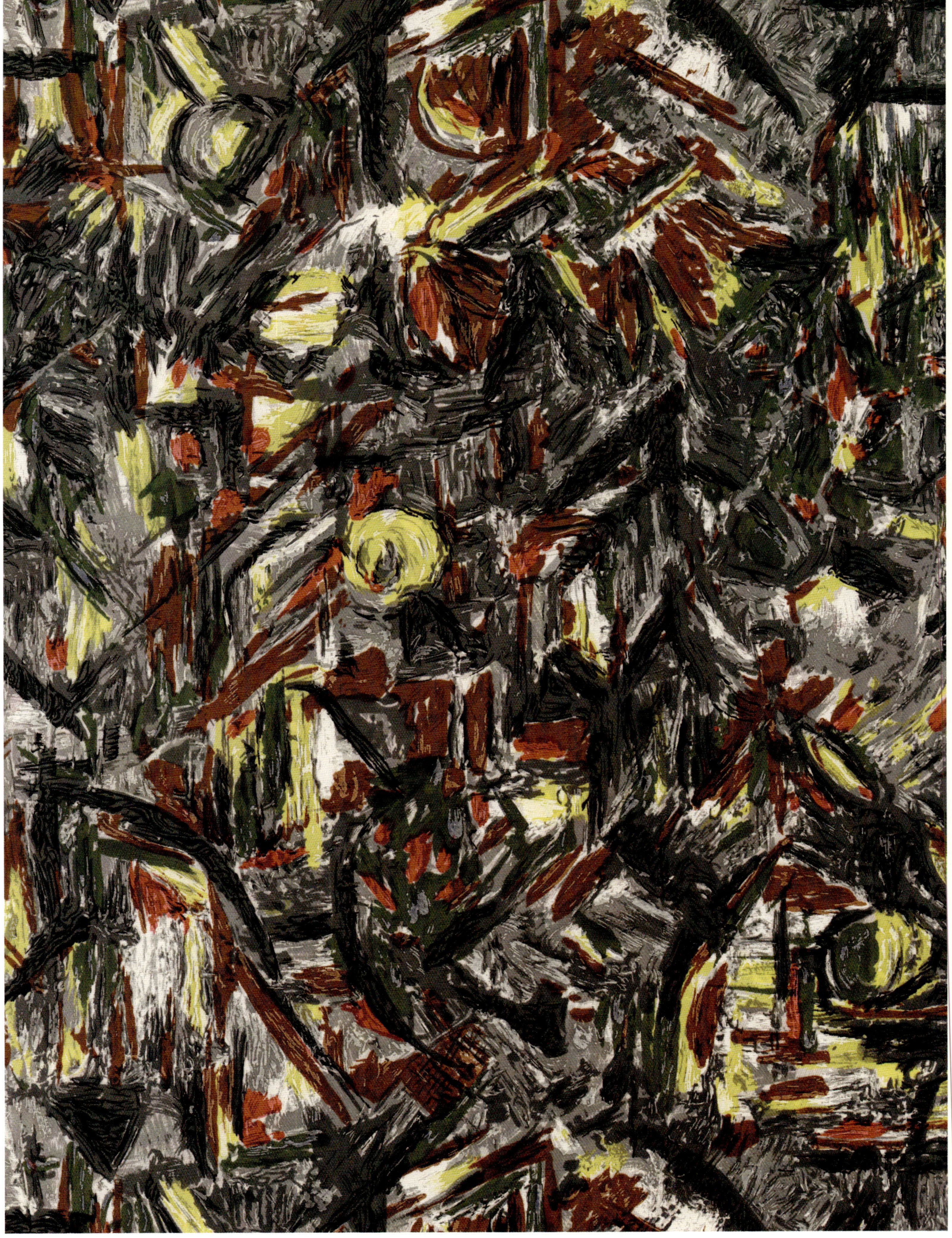

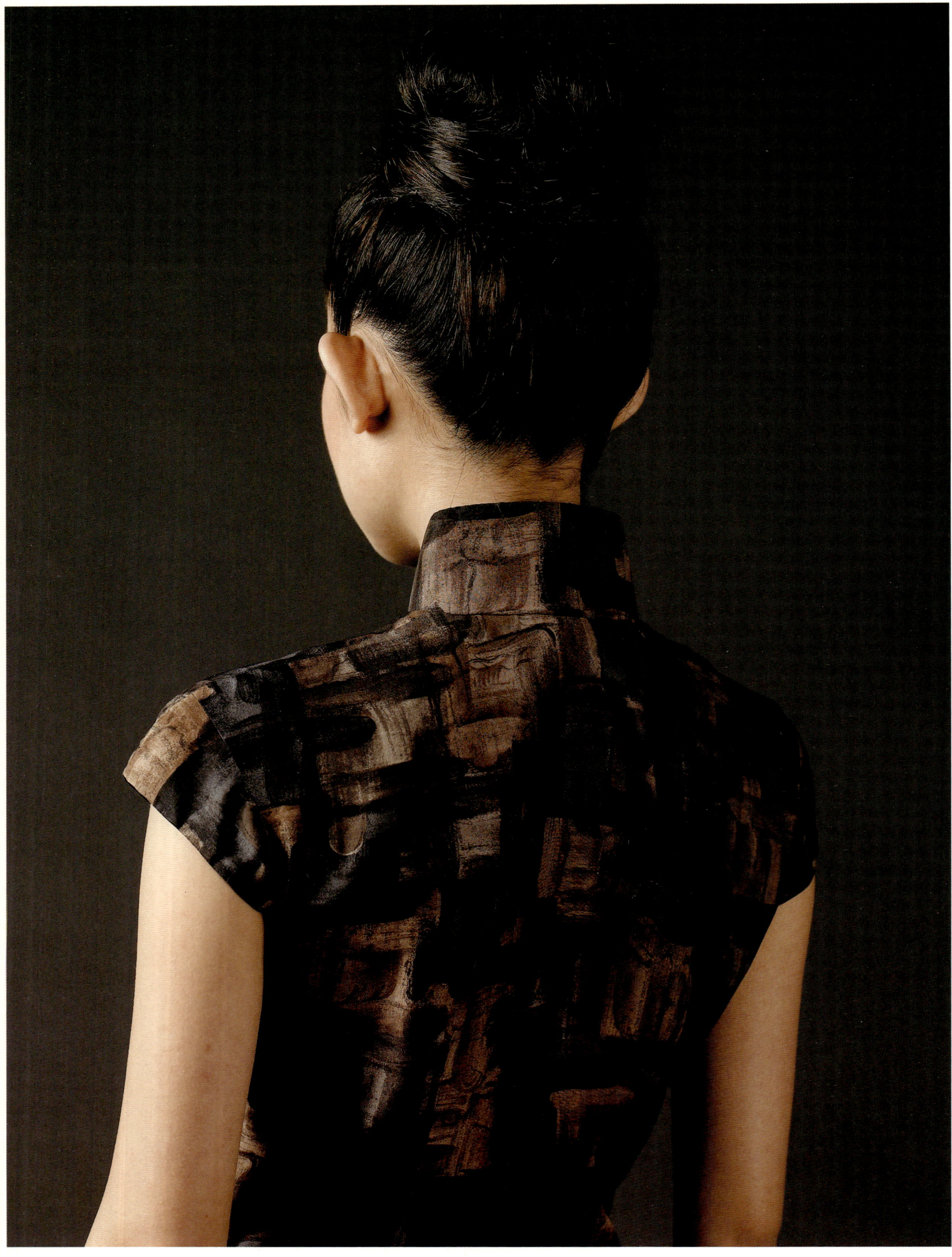

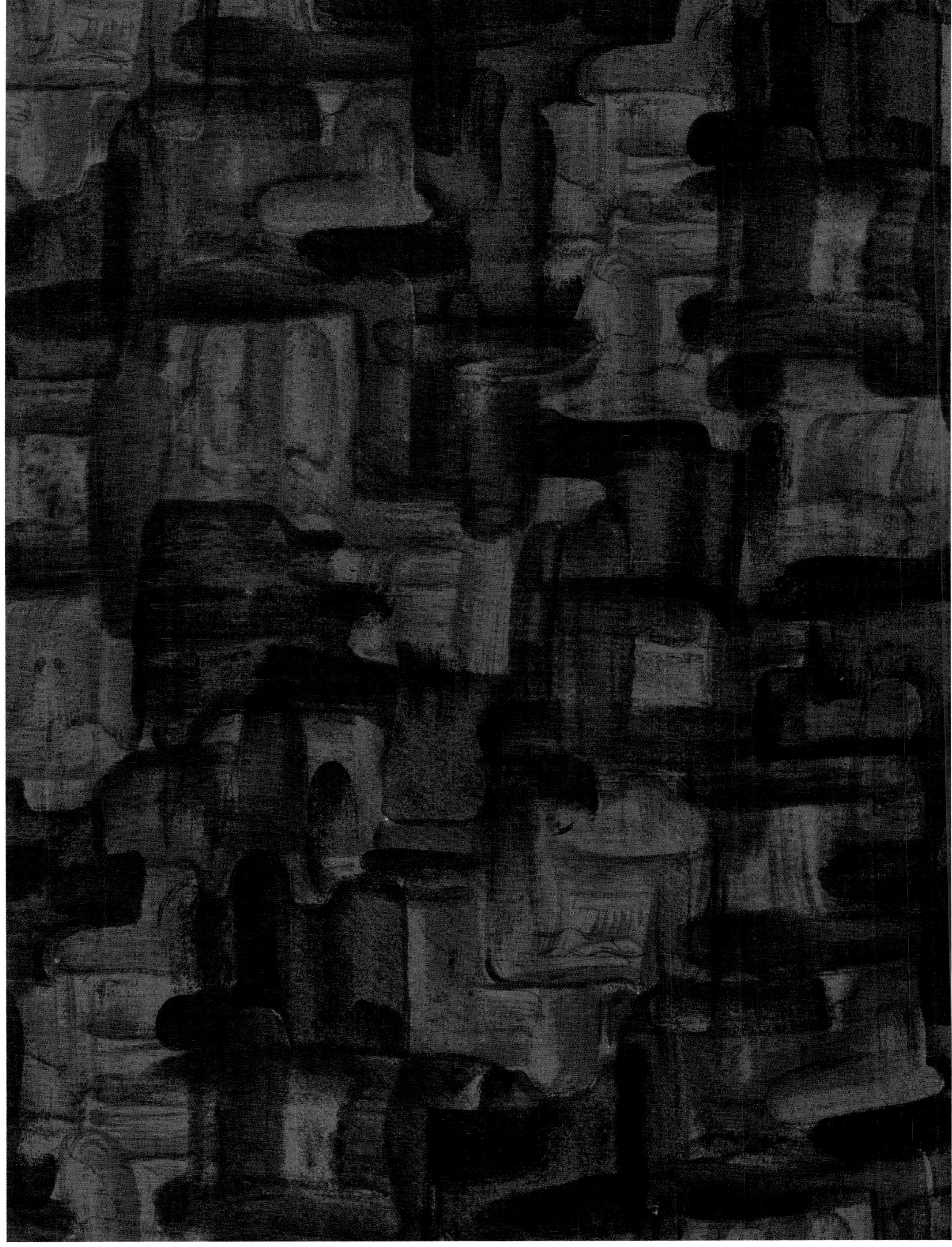

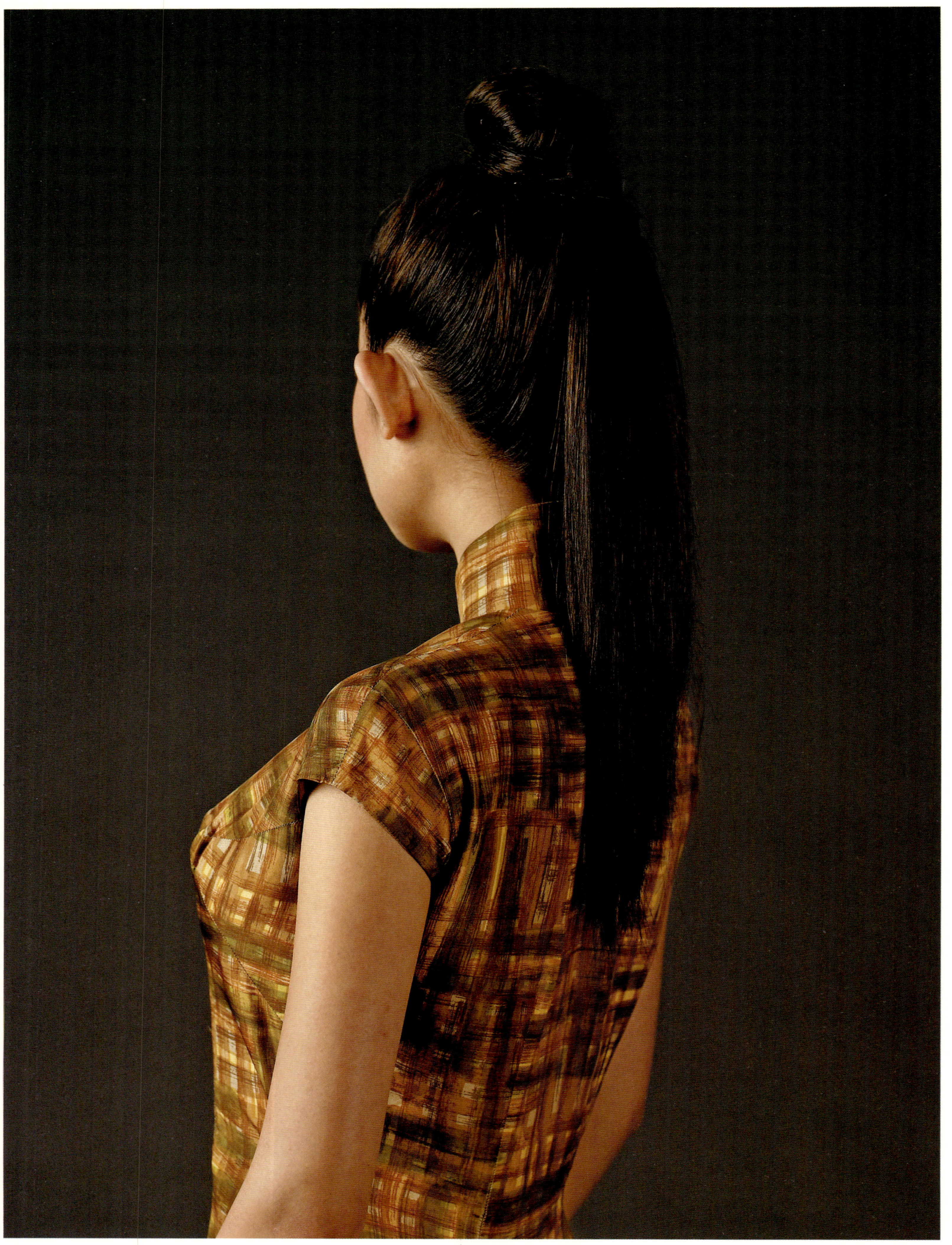

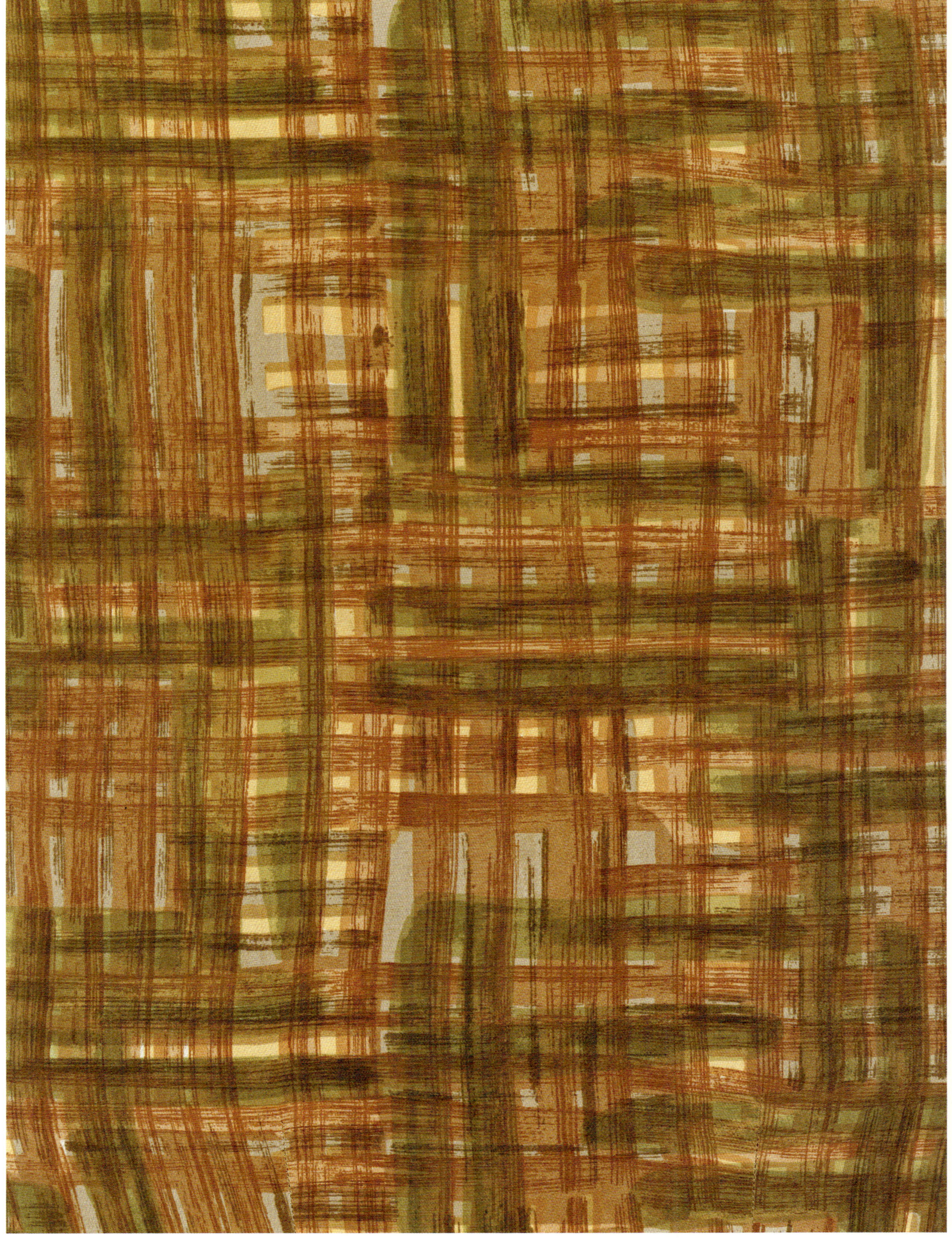

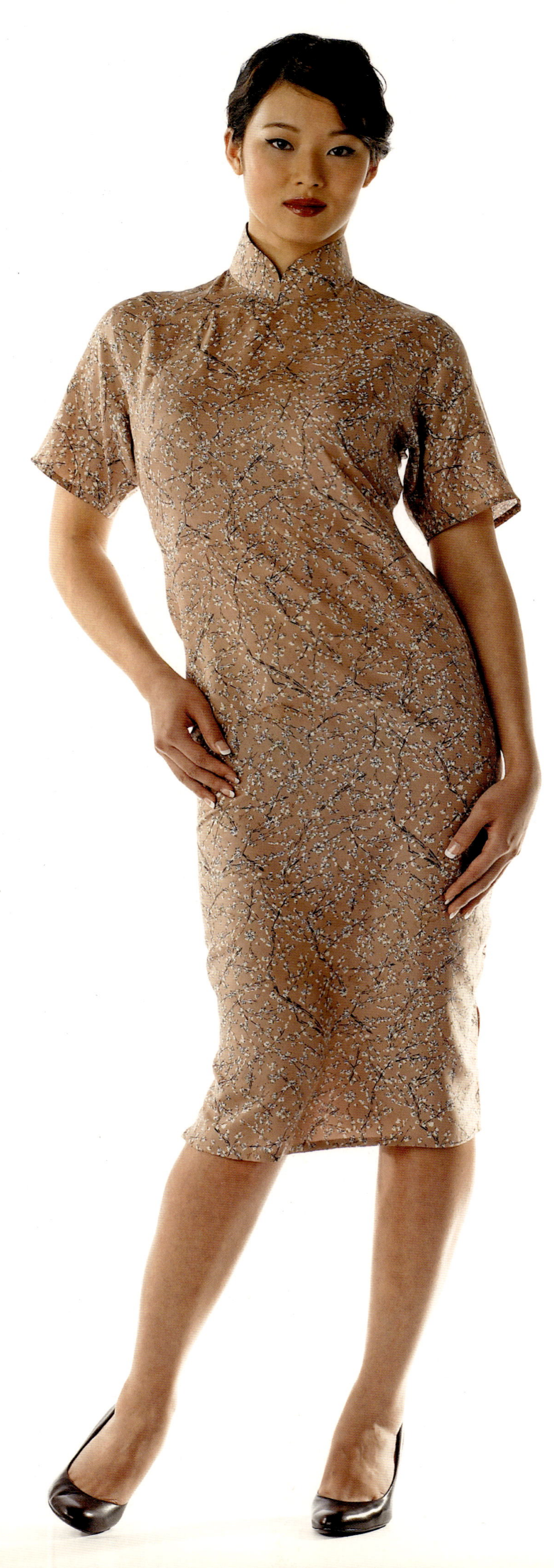

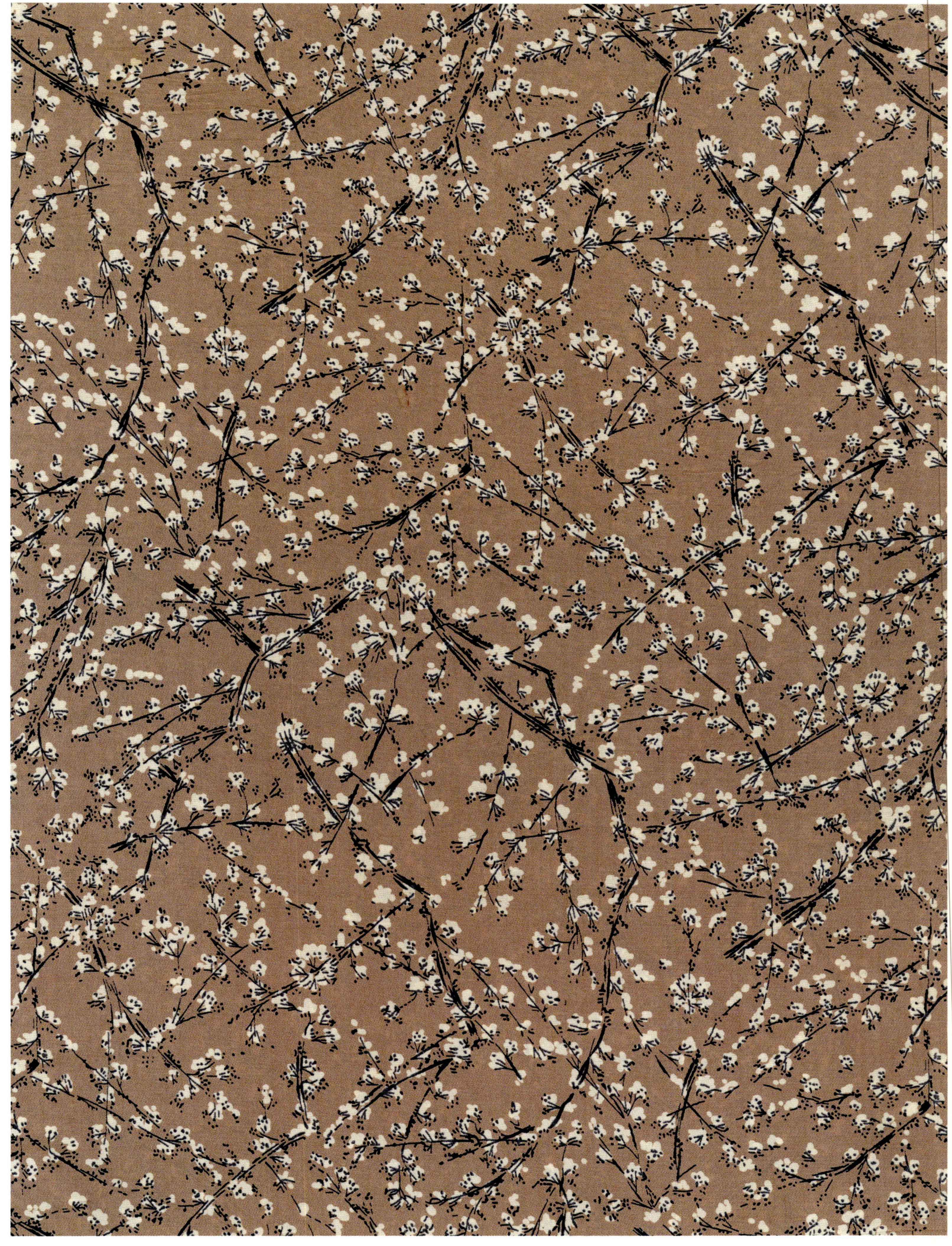

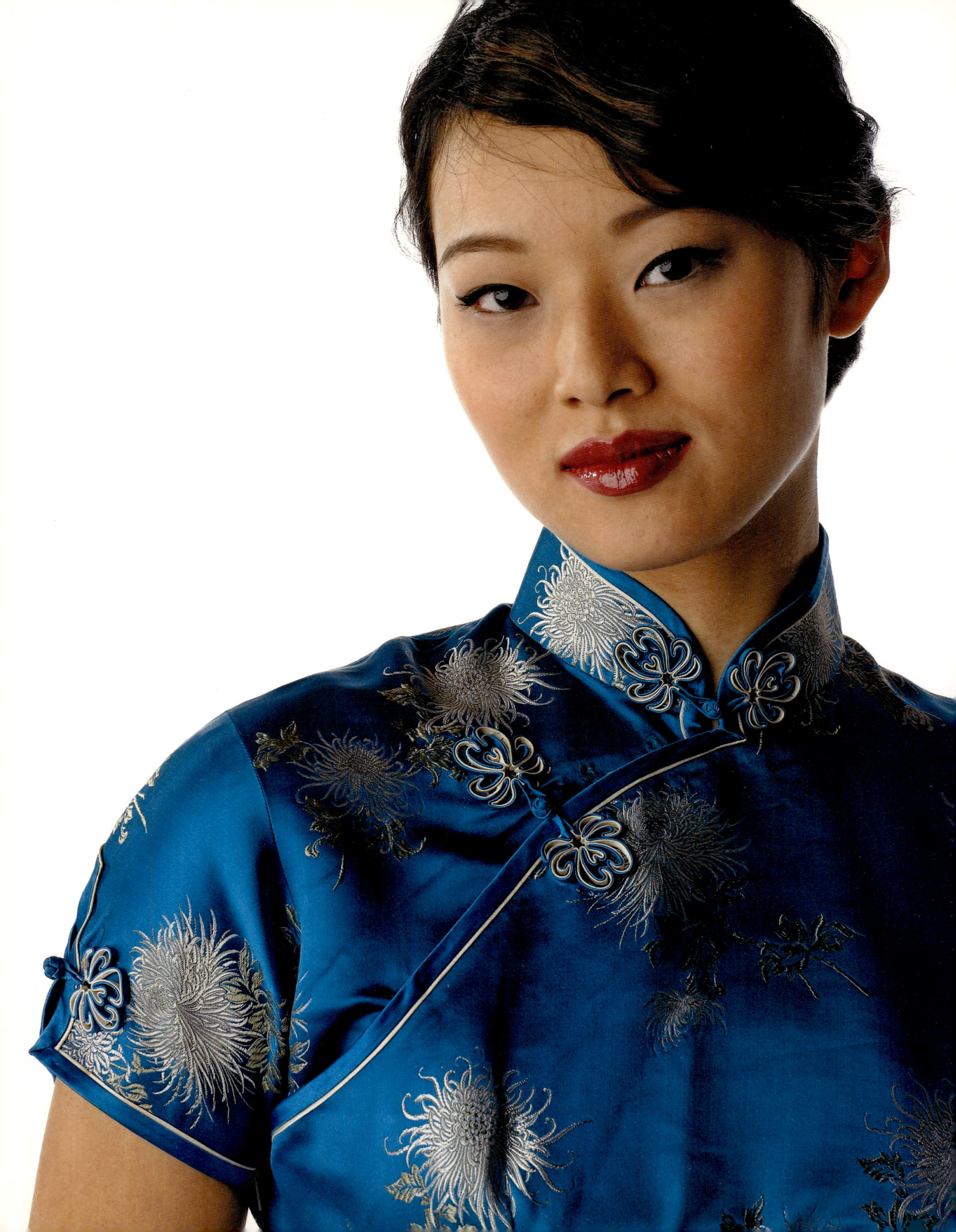

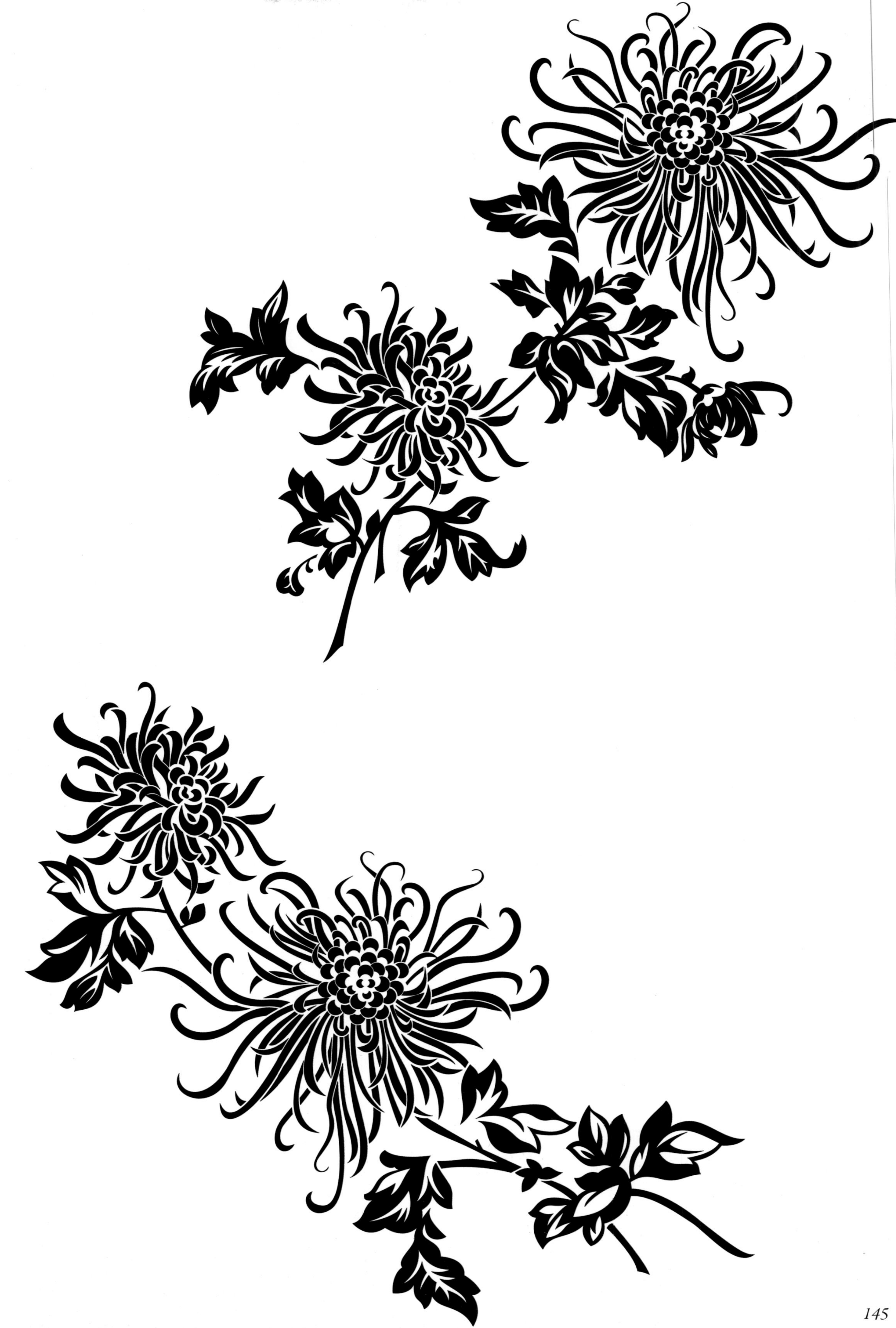

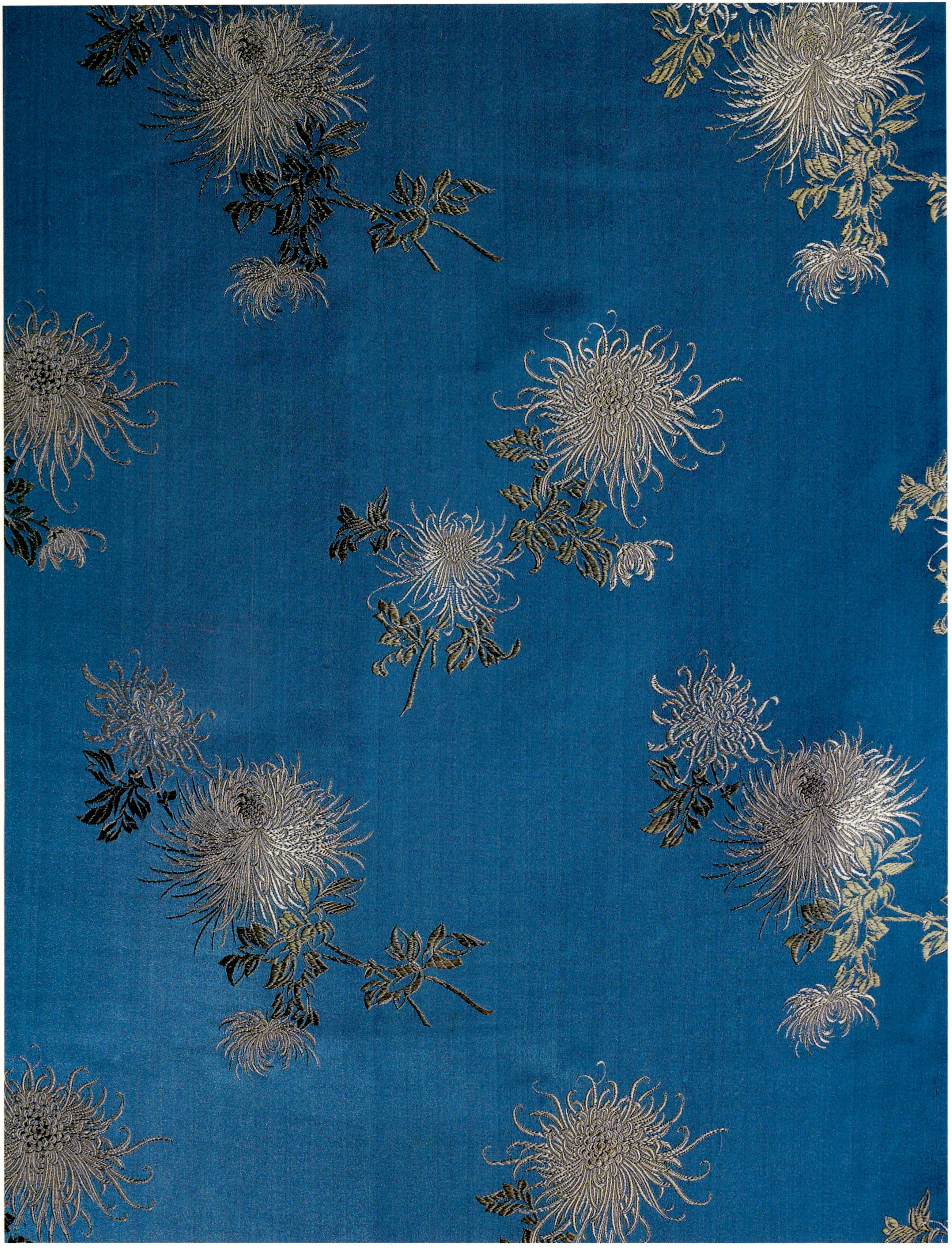

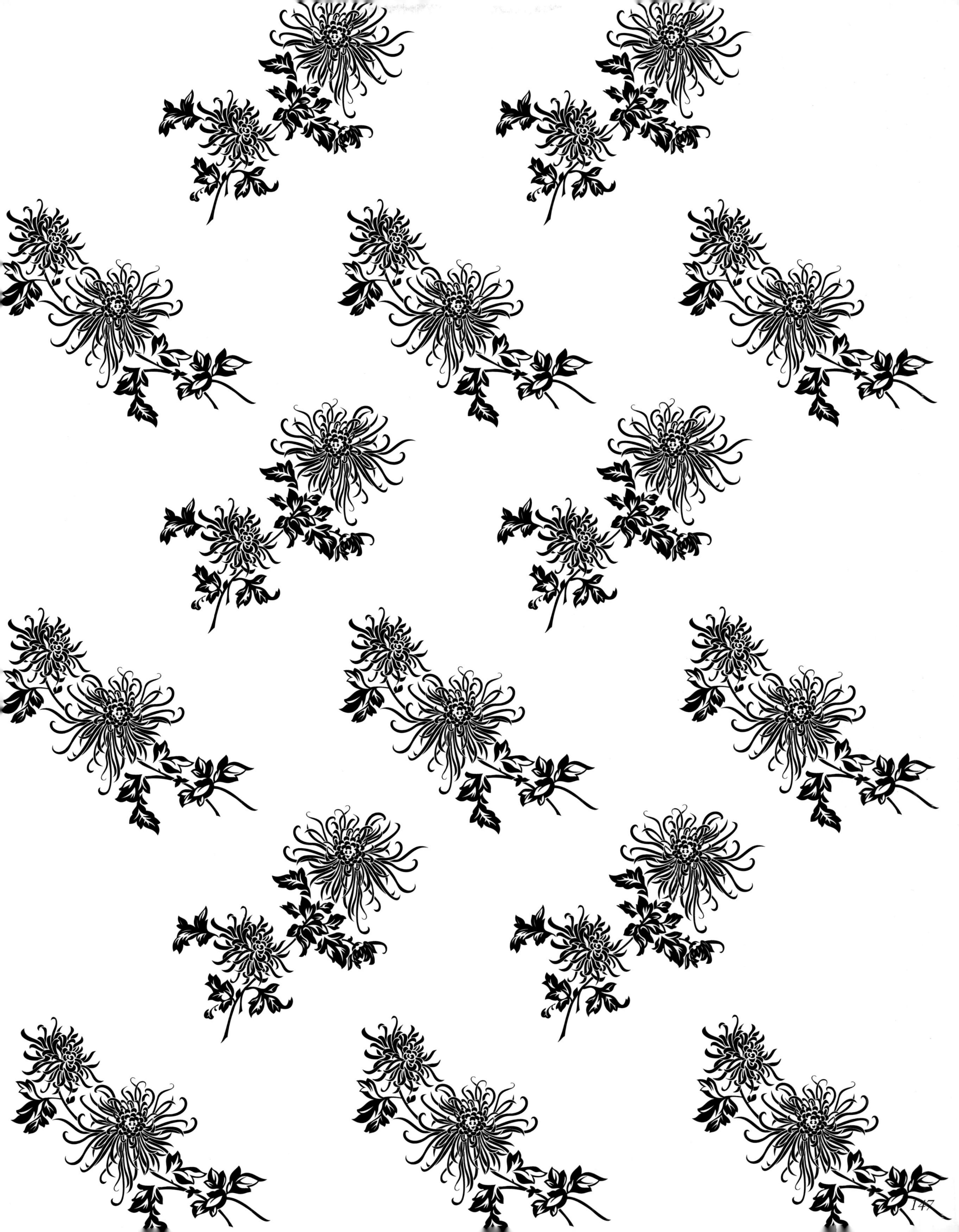

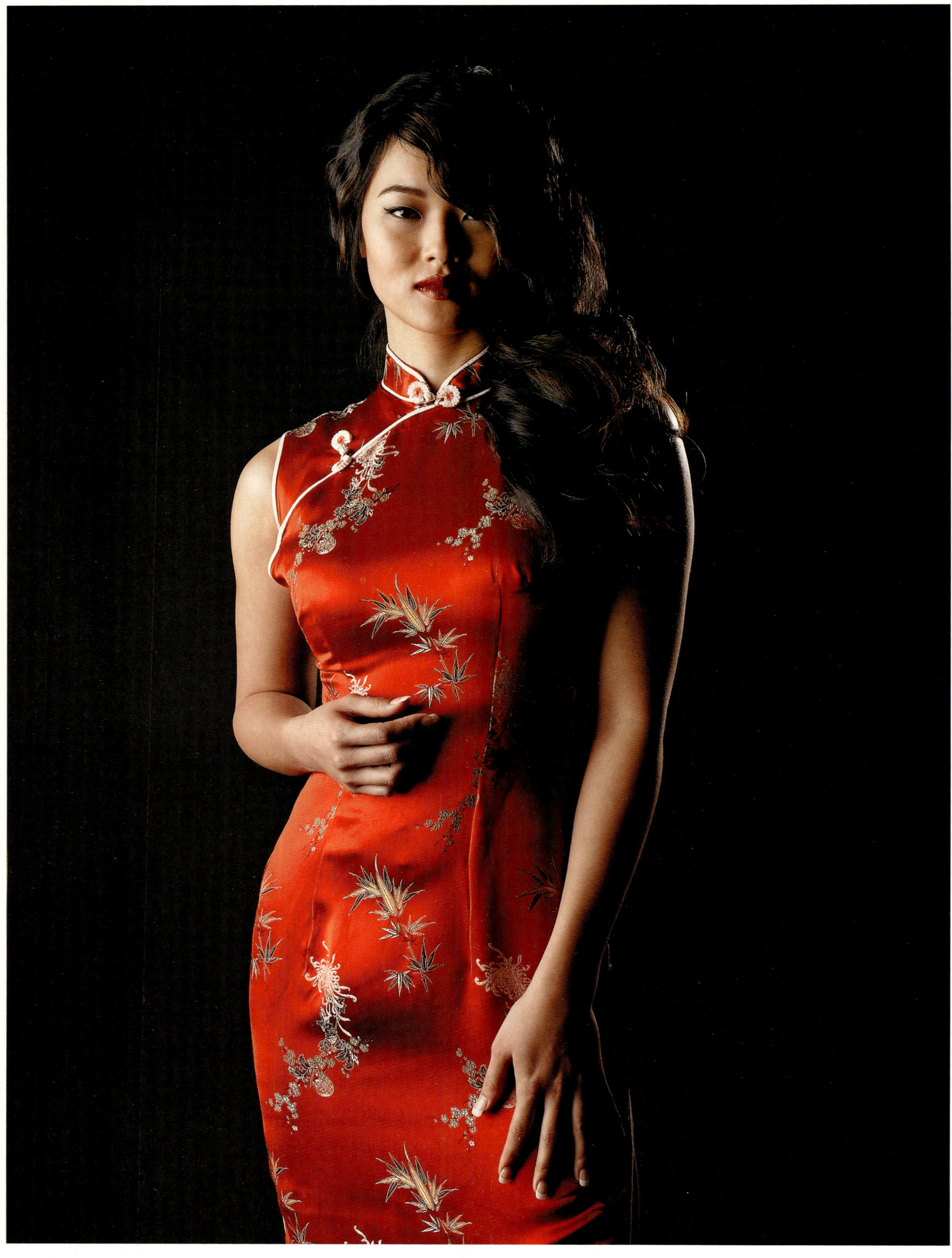

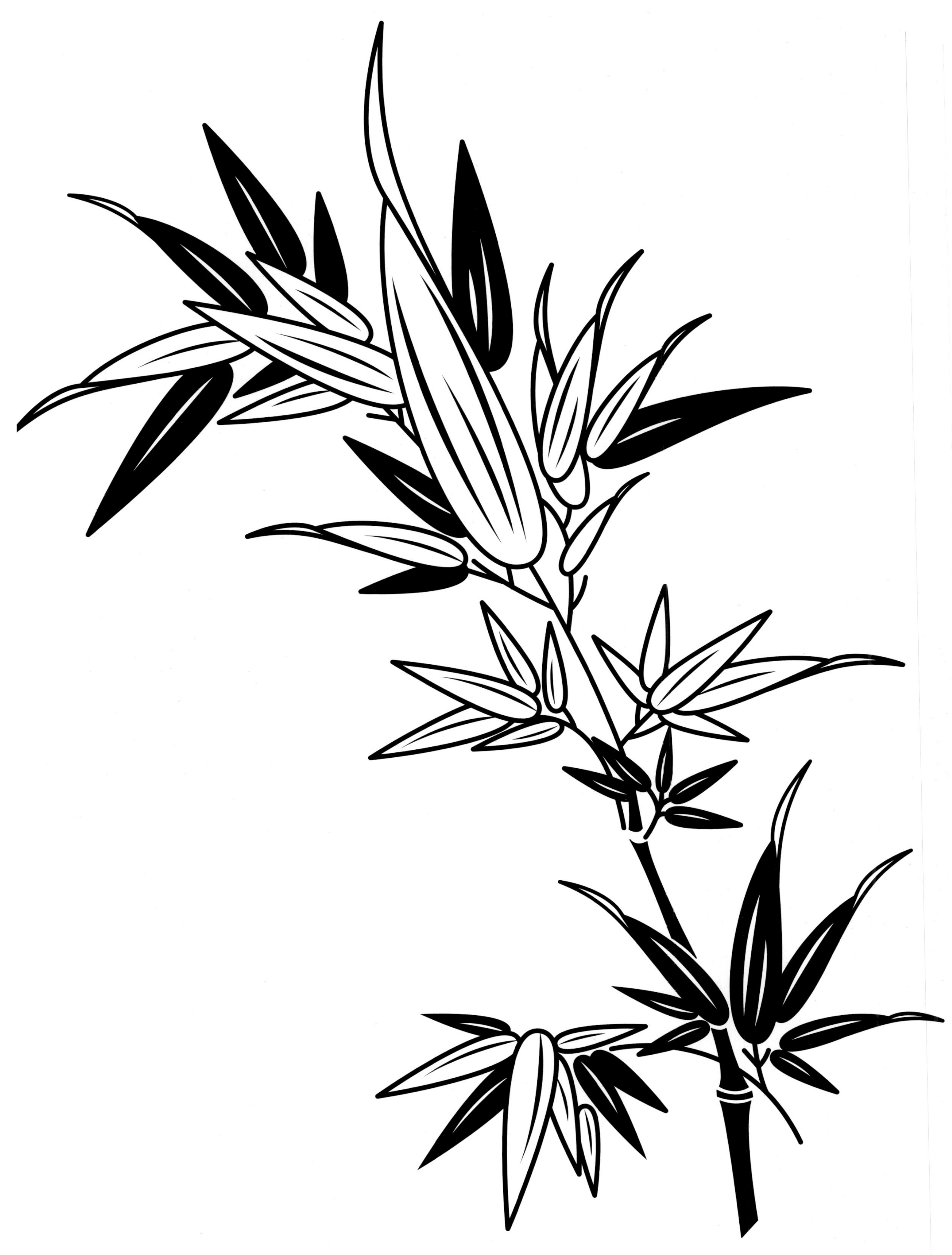

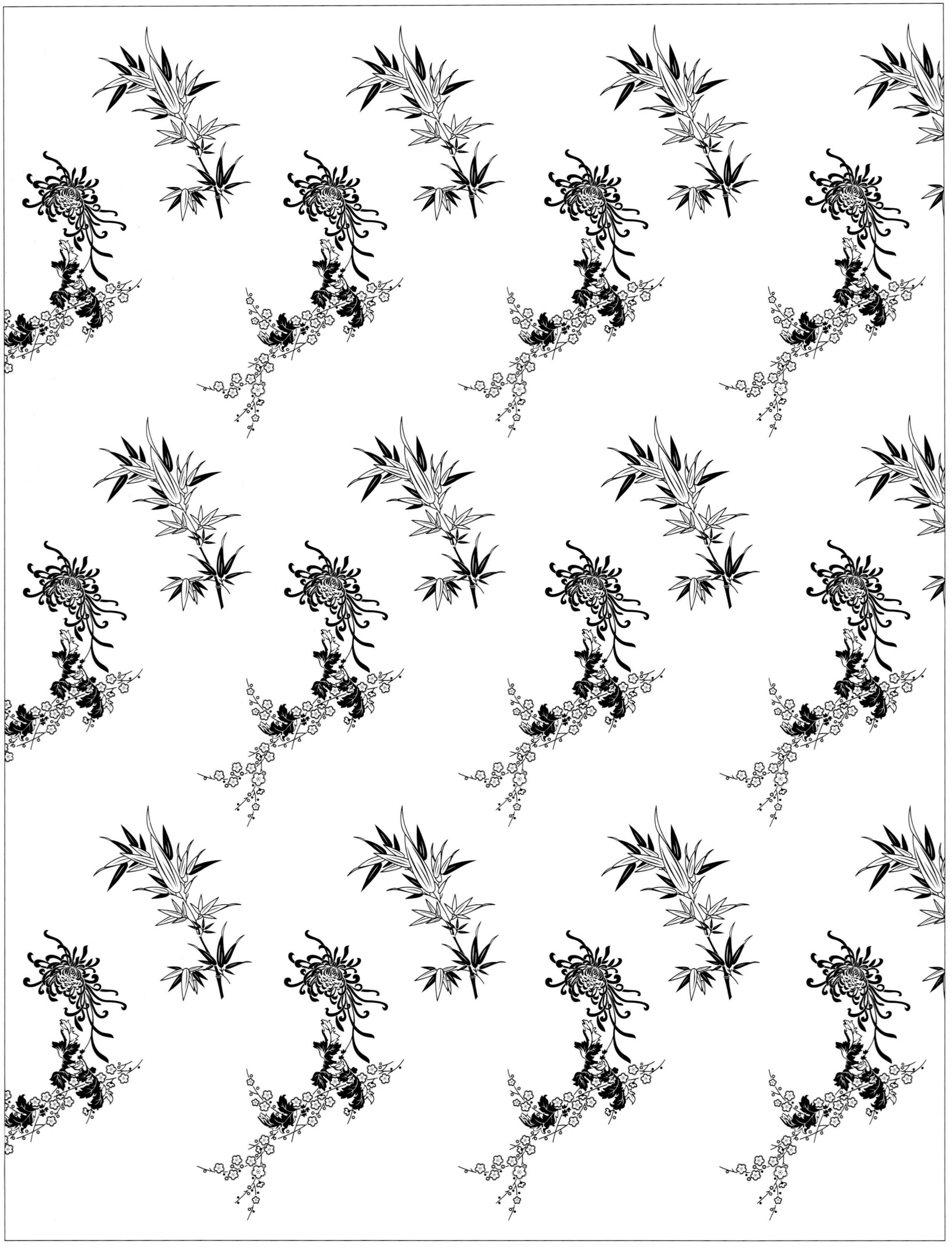

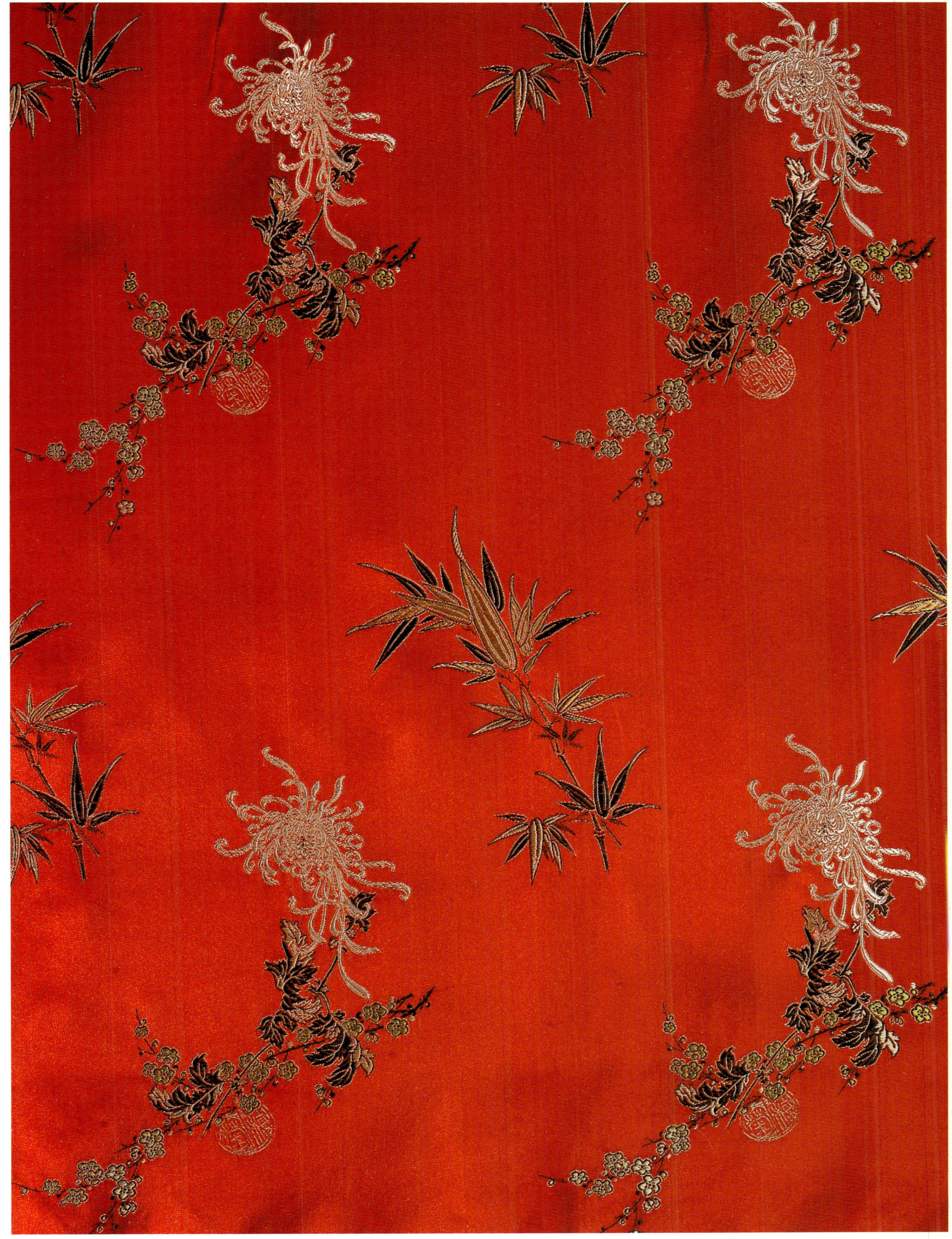

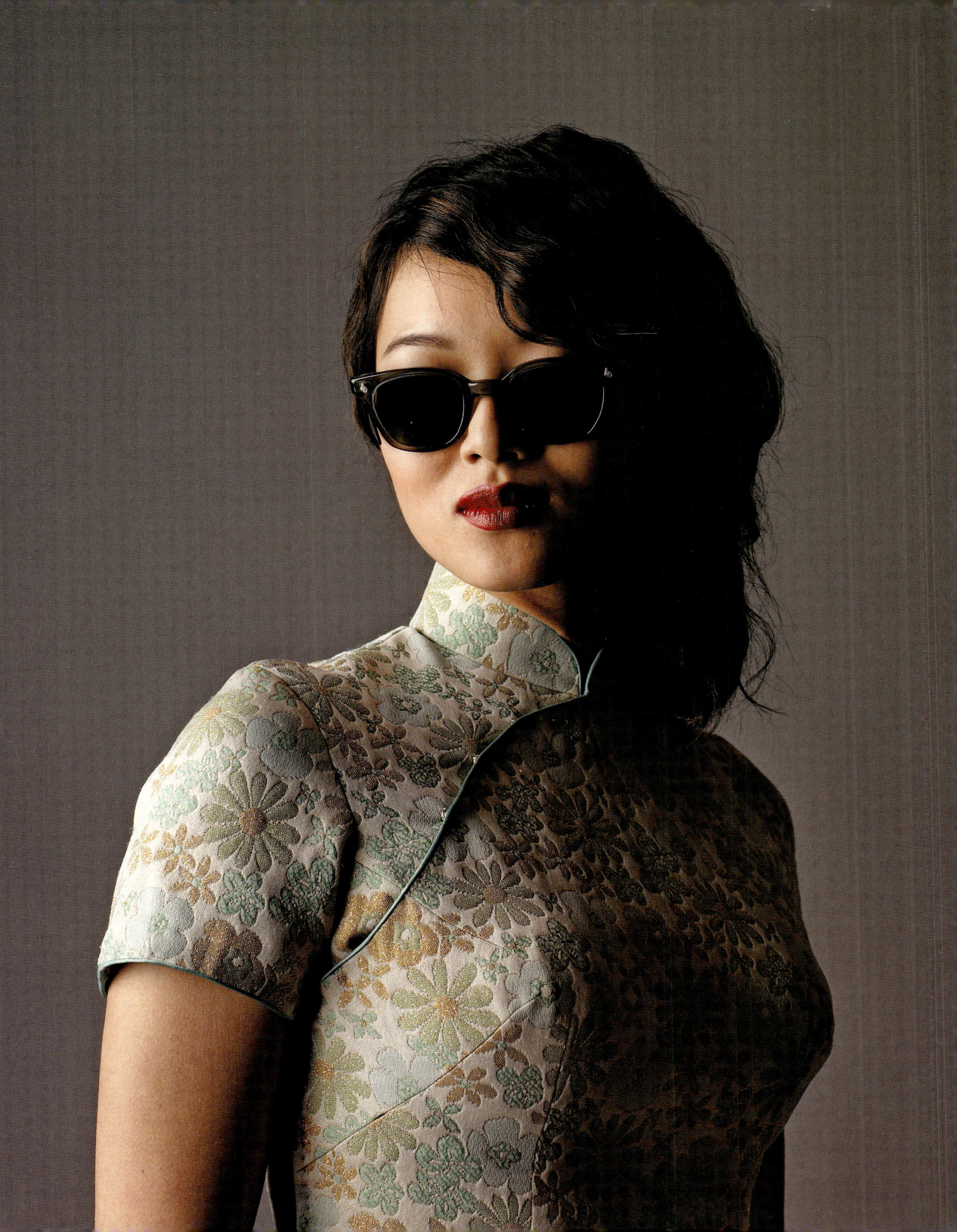

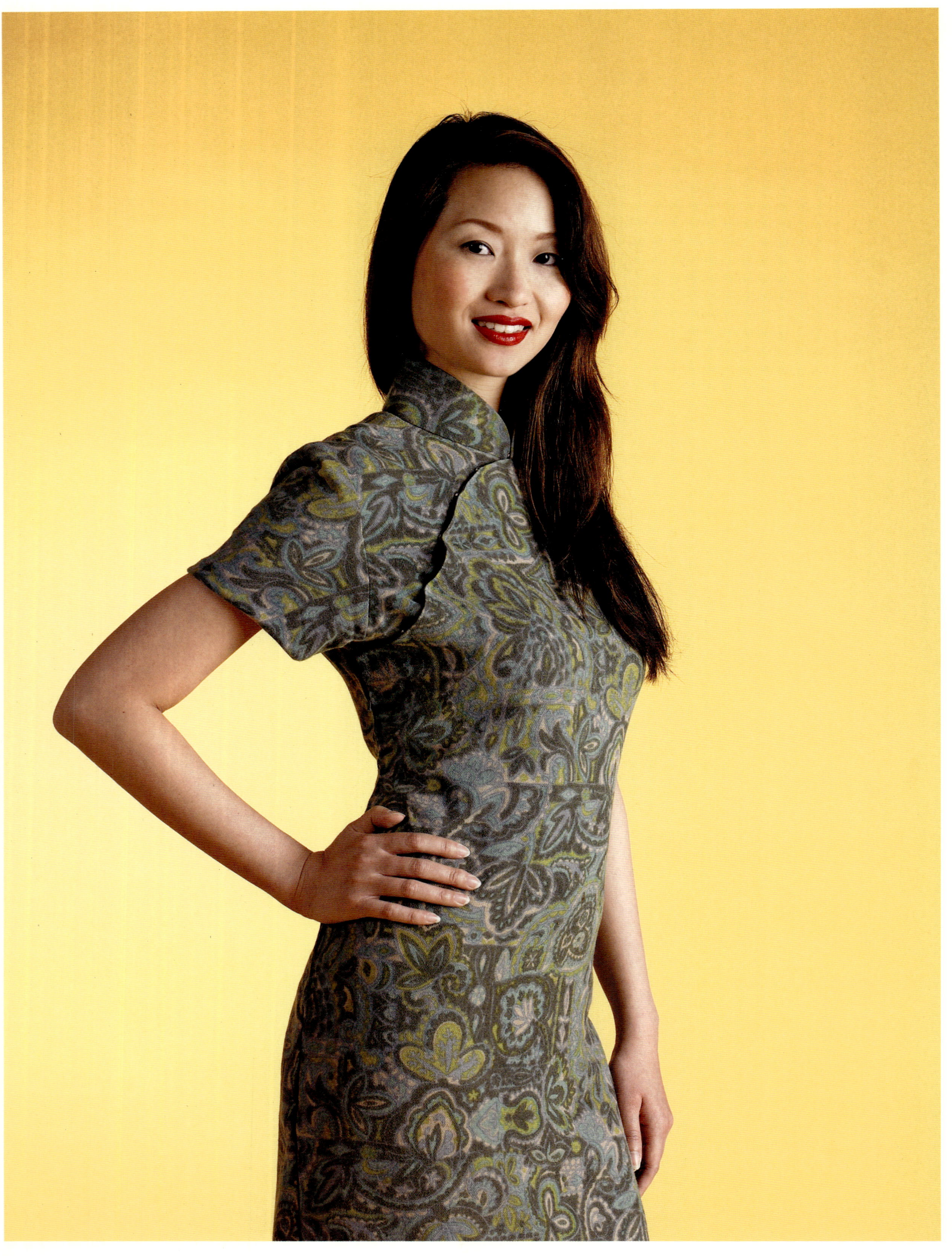

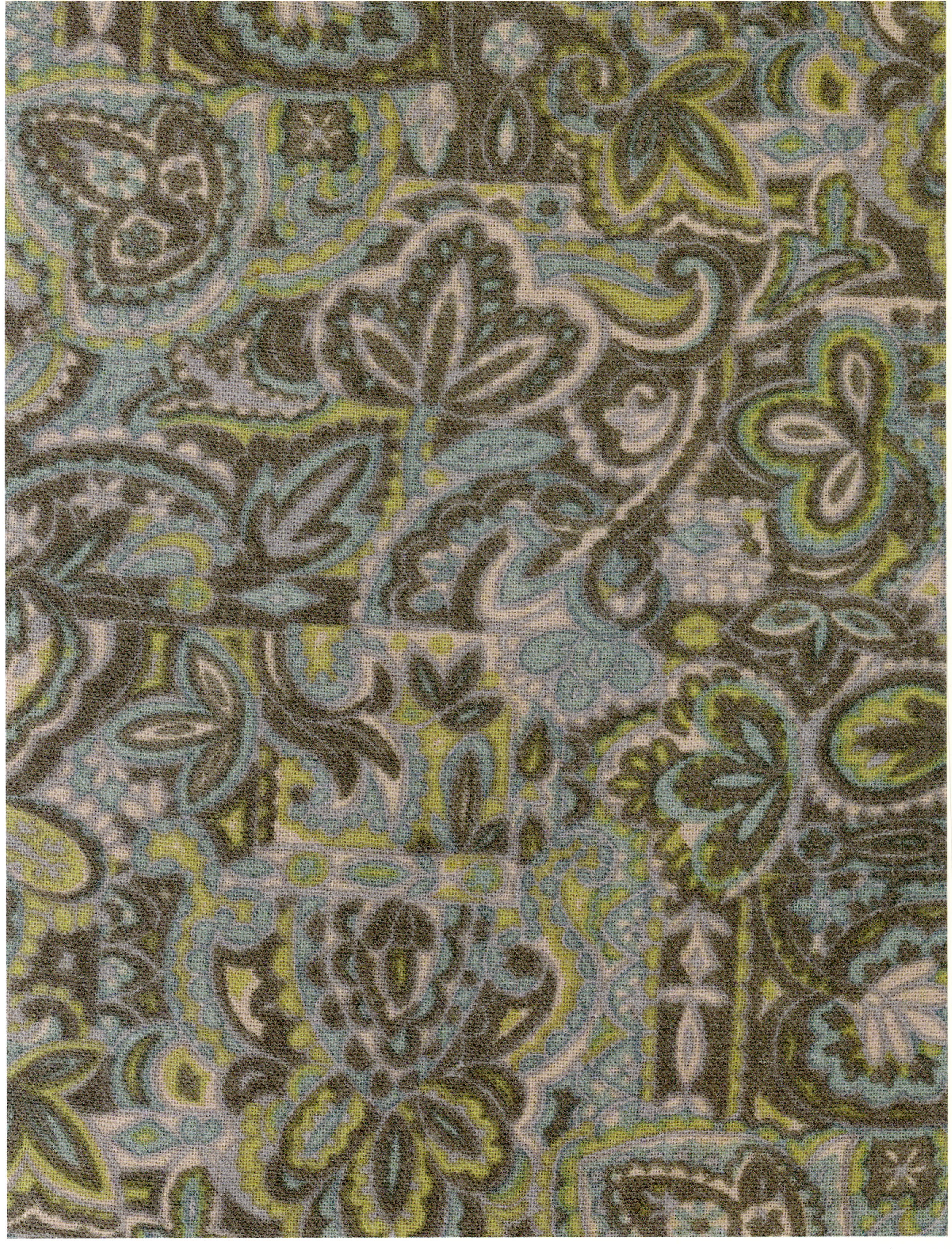

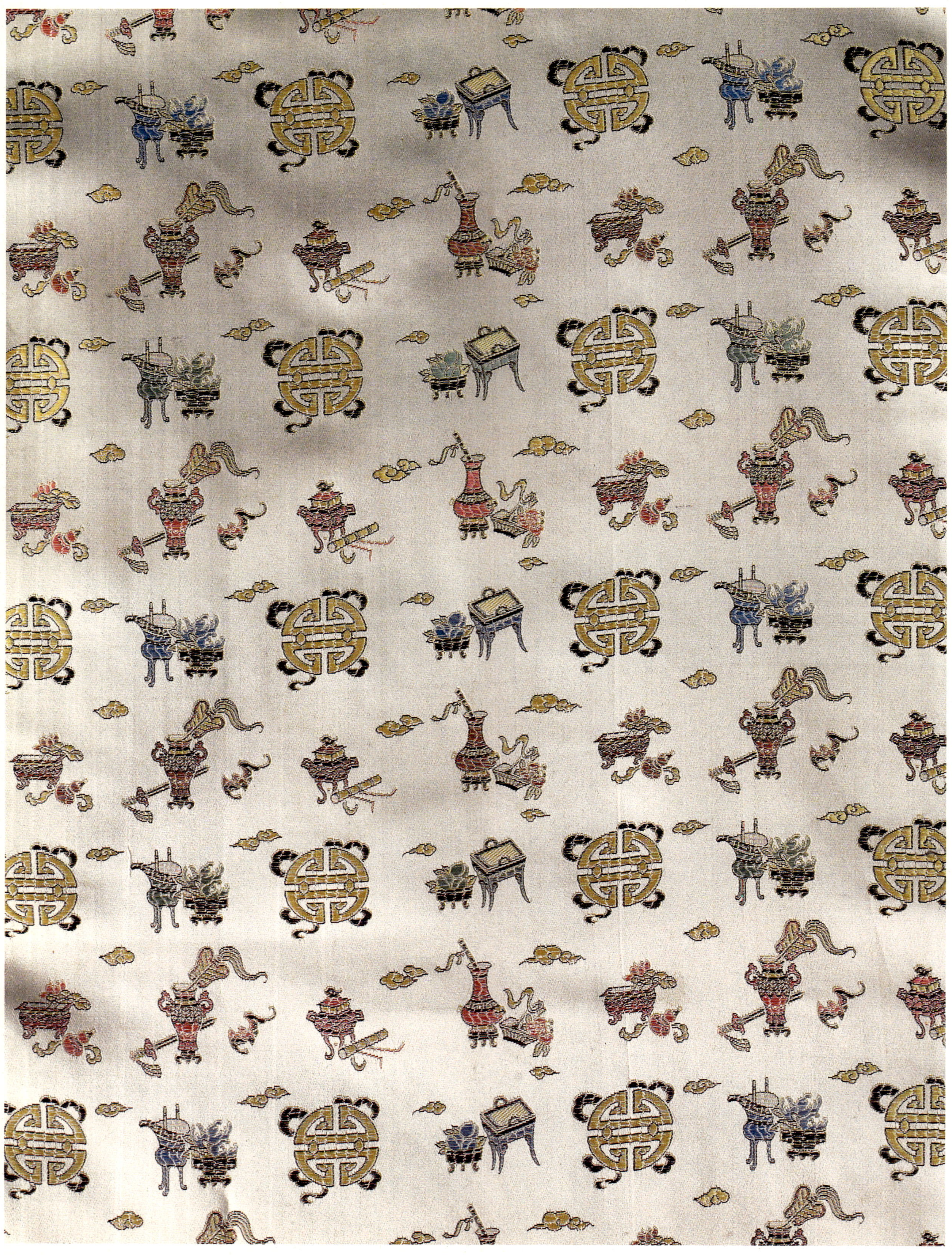

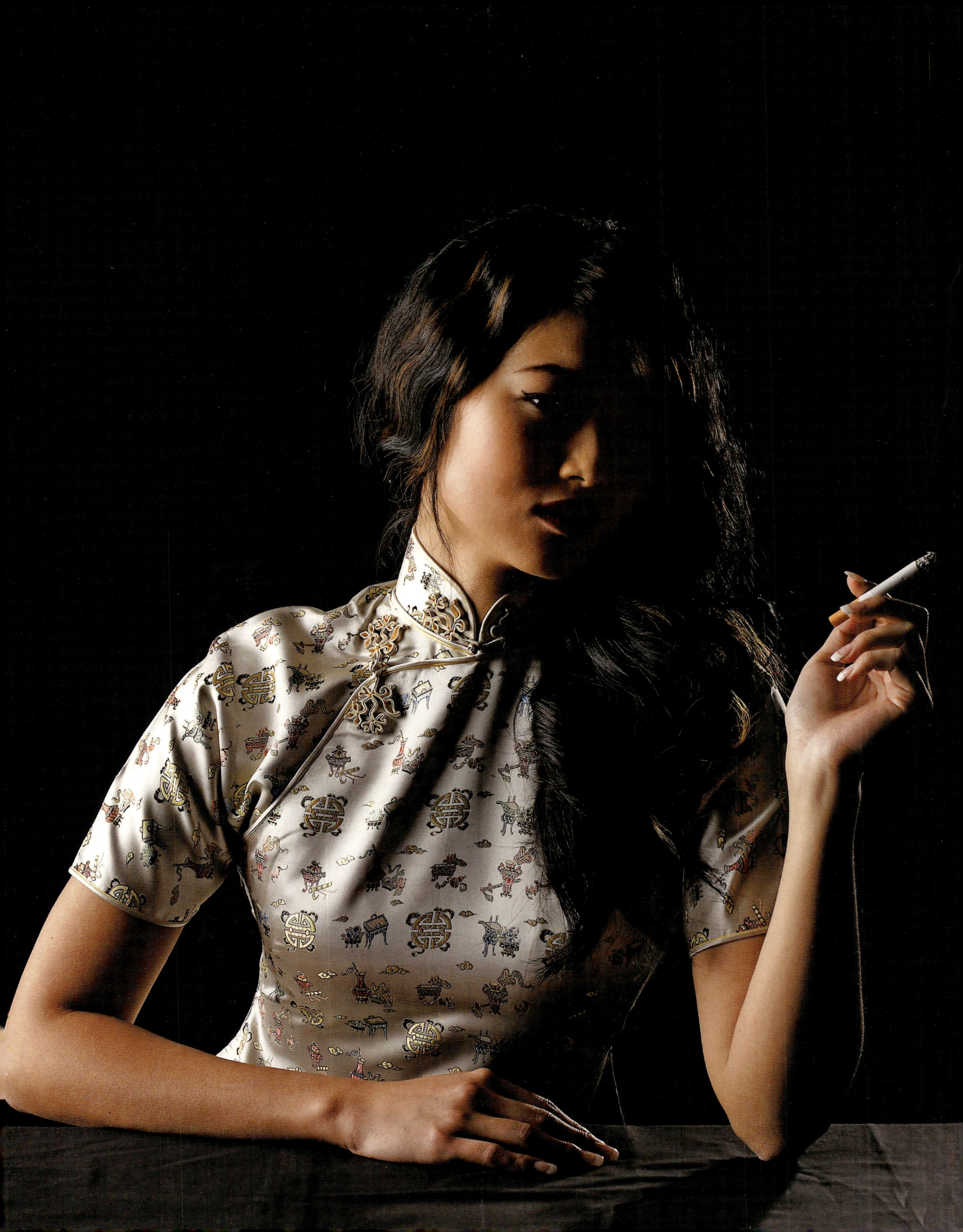

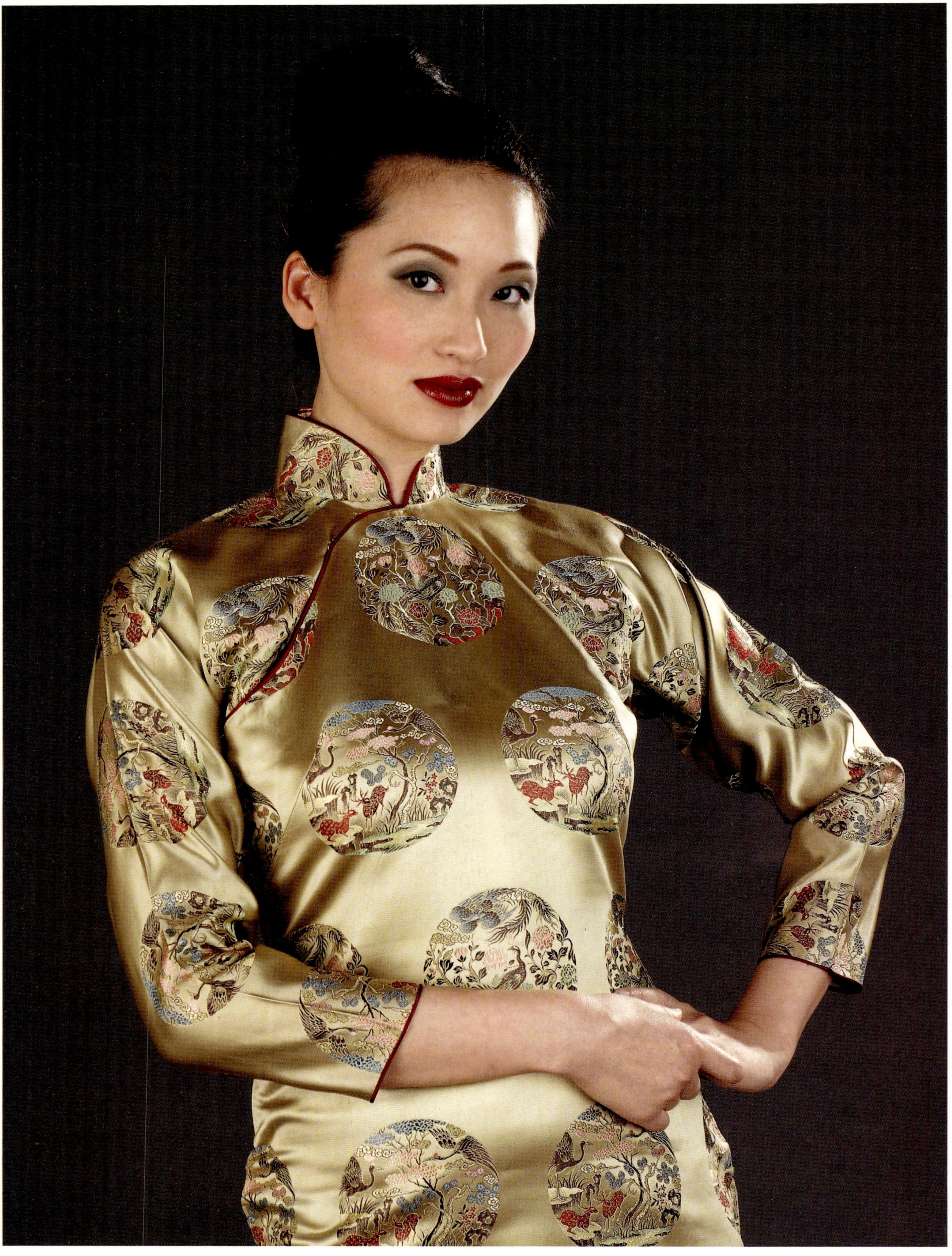

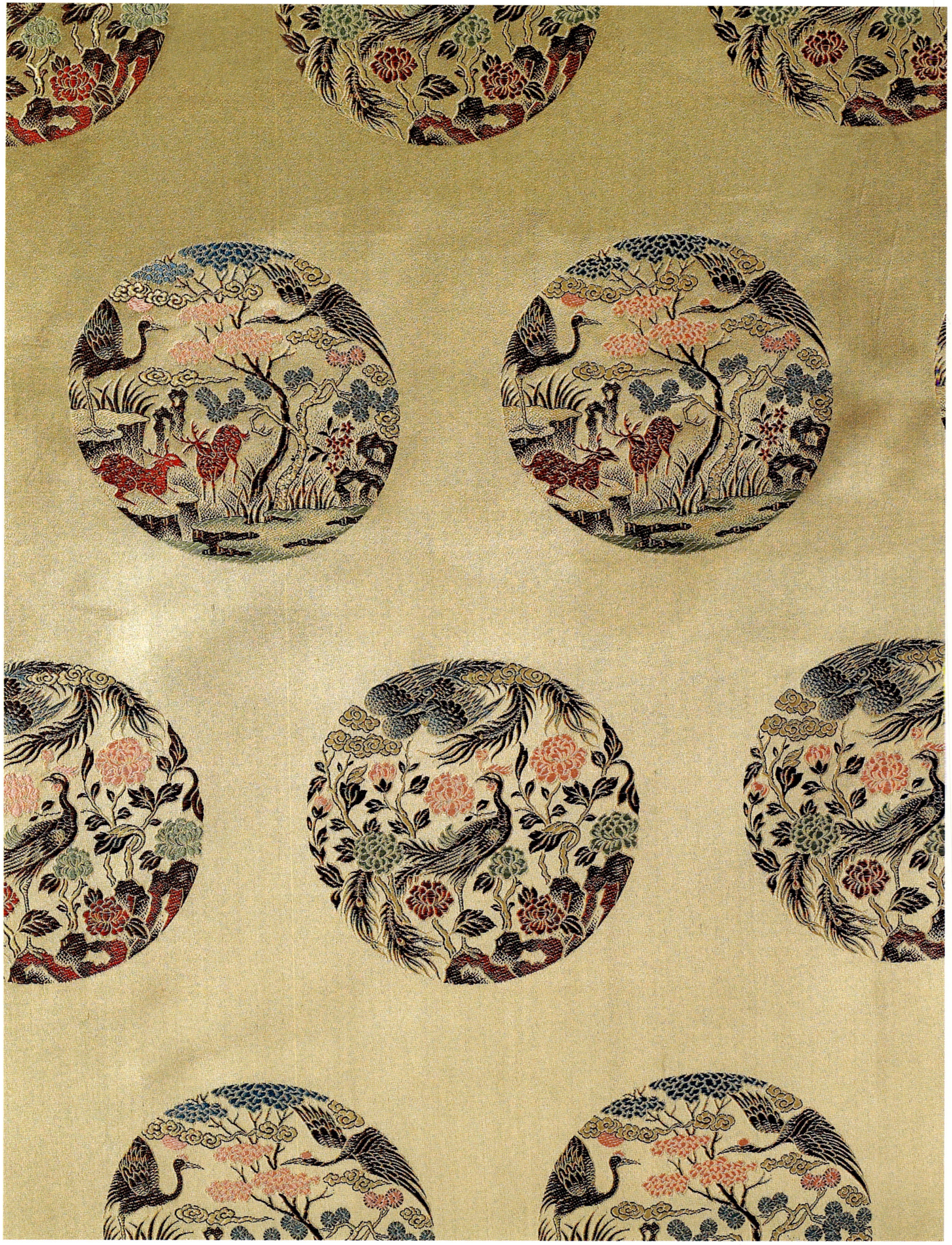

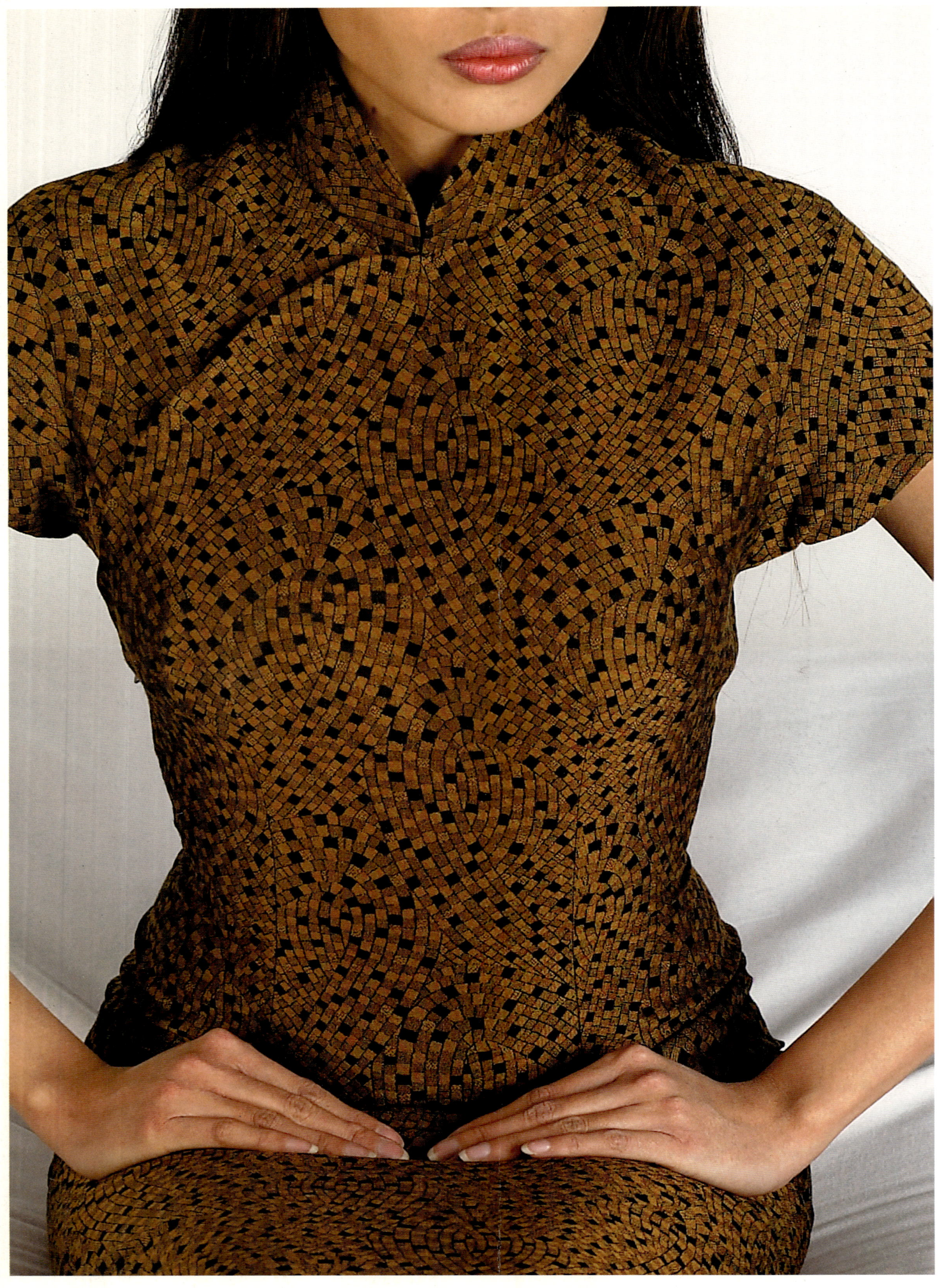